TOUTES LES SAVEURS
DE LA VIE

PIERRE HERMÉ
avec CATHERINE ROIG

TOUTES LES SAVEURS DE LA VIE

BUCHET • CHASTEL

ISBN 978-2-283-03526-9

À Valérie, ma Merveille
À Hadrien, mon fils

Introduction

UN FORMIDABLE APPÉTIT

« Je suis amnésique au passé. »

Cette phrase de Karl Lagerfeld, je l'ai faite mienne.

Pas tant par rejet du passé que par besoin viscéral de toujours regarder vers l'avenir.

Je distingue très nettement le passé de la mémoire. Dans mon esprit, s'appesantir sur hier, c'est regarder en arrière, avec tout ce que cela comporte de lourdeurs.

La mémoire, elle, constitue la personne que l'on est, avec tout ce que cela apporte de richesses et d'enseignements.

Philosophiquement, c'est très différent.

En tant que fils unique ayant perdu ses deux parents, je peux éprouver des manques liés à mon histoire qu'il serait vain de vouloir combler. Et encore plus de commenter.

En revanche, raconter comment je me suis construit à partir du bagage mémoriel qui est le mien me paraît avoir du sens, notamment si cela peut inspirer des jeunes gens qui cherchent leur voie ou qui aimeraient marcher dans mes pas.

M'appuyer sur les ressources de la mémoire pour me projeter dans le futur, je crois que je l'ai toujours fait, plus ou moins consciemment.

C'est la source de mon énergie. Et si cette énergie est parfois décrite comme phénoménale par ma femme Valérie et certains de mes proches, c'est qu'elle est constamment alimentée par un carburant inépuisable : ma passion pour mon métier.

Cette passion, qui m'anime depuis ma plus tendre enfance et qui m'animera toujours, est une chance inouïe. Car cultiver, développer, partager une passion quelle qu'elle soit est un moteur puissant pour avancer sur le chemin d'une vie riche et réussie. Cela me donne une soif dévorante d'aimer, de manger, d'apprendre, de voyager, de découvrir, d'échanger avec des gens aussi passionnés que moi, par la pâtisserie, la peinture ou toutes les formes d'art, y compris celui du kimono.

Cette force vive m'a propulsé de mon Alsace natale à l'école Lenôtre alors que je n'avais que quatorze ans. Elle m'a fait gravir les échelons : d'apprenti, je suis devenu commis, puis chef adjoint, puis chef tout court, créateur et entrepreneur. Dans le même temps, je progressais sur le plan personnel. En allant vers les autres, en leur demandant leur aide, leur éclairage, leurs conseils. Et puis, ayant quitté l'école très jeune, je me suis toujours appliqué à m'abreuver de culture, pas tant pour combler mes lacunes que pour alimenter mon insatiable curiosité. De la pâtisserie à la cuisine, de l'art à l'architecture, du vin au parfum en passant par la littérature, la mode, la photographie ou le design, j'explore chaque domaine avec une inextinguible appétence.

Car, j'en suis persuadé, tout est lié et tout fait sens.

Un voyage m'inspire un gâteau, un jardin me guide vers un arôme, une œuvre imprimée dans ma mémoire me dicte le motif d'une tablette de chocolat...

Ce formidable appétit nourrit en permanence ma créativité. Peut-être est-ce là le moindre de mes secrets : chercher, encore et toujours. Et trouver.

Partie I

LES BASES

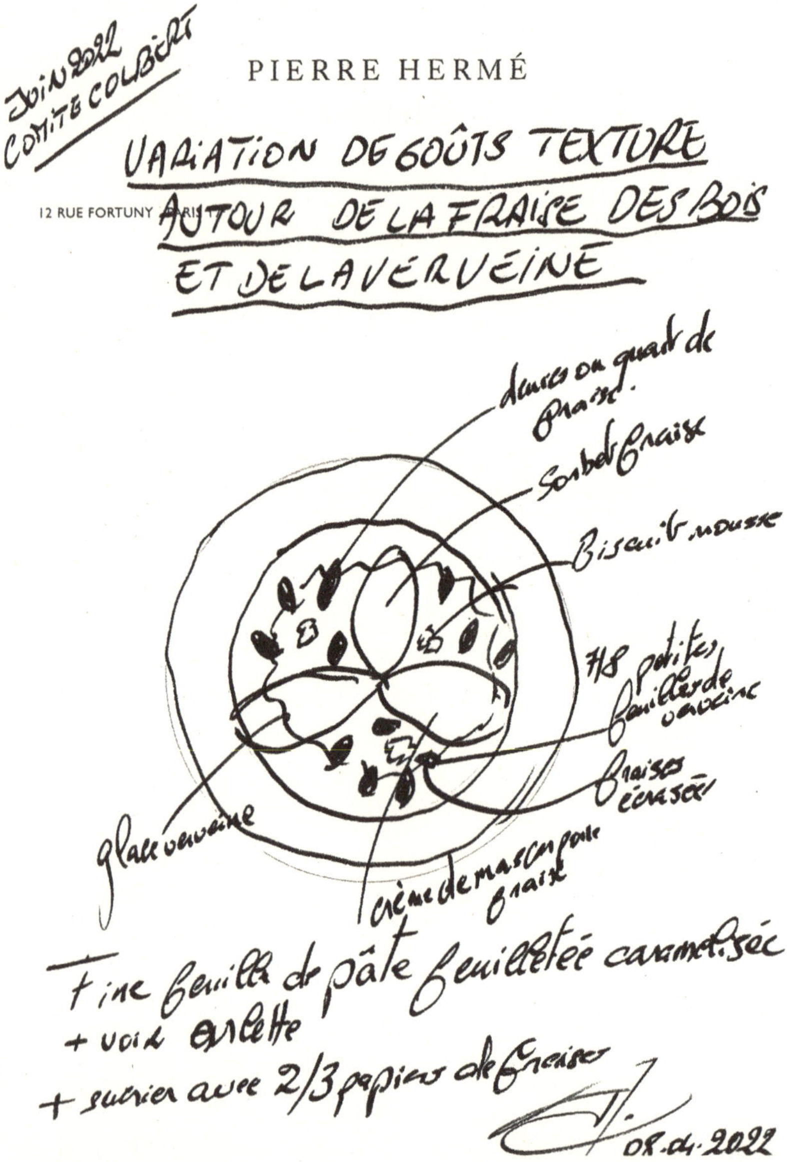

Les dessins de chaque chapitre viennent des carnets de Pierre Hermé qu'il tient depuis son apprentissage chez Gaston Lenôtre. À chaque fois qu'il crée un gâteau, il le dessine.

Chapitre 1

IMPRÉGNATION

Mémoire & myrtilles

J'ai deux ans, trois peut-être. C'est l'été. Dans la forêt, les rayons du soleil se faufilent entre hêtres et sapins. Sur le chemin, je trottine aux côtés de ma nourrice, qui me tient par la main. Ensemble, nous partons cueillir les myrtilles sauvages qui abondent sur les terres fraîches et acides des Vosges. Maman Jacques incarne pour moi la douceur. Épouse du boulanger de Labaroche, elle fait d'excellentes tartes et confitures aux fruits des bois.

« Ne mange pas tout ! » me dit-elle en riant, alors que je saisis les myrtilles à pleines mains sur leurs arbrisseaux, les enfournant dans ma bouche en toute gourmandise. Le jus sucré des baies coule entre mes doigts, barbouille mes lèvres, ravit mes papilles déjà avides.

Le goût de la myrtille sauvage est le premier dont je me souvienne.

La profondeur de ce petit fruit noir est à jamais gravée au fond de moi. On ne la retrouve pas du tout dans les myrtilles cultivées, qui n'ont aucun relief. Lorsque j'y pense, ce goût si subtil me revient immédiatement en bouche. Mais je n'ai jamais travaillé la myrtille dans mes créations. J'aurais trop peur d'être déçu. Cette saveur est intouchable, elle doit rester dans mes souvenirs...

Elle fait remonter beaucoup de choses en moi. Des images, des émotions, des saveurs qui dessinent ma toute petite enfance par touches impressionnistes et douces-amères. De l'âge de trois mois jusqu'à mes trois ans, j'ai été placé en nourrice à Labaroche, à une vingtaine de kilomètres de Colmar où vivaient et travaillaient mes parents. Ma grand-mère paternelle avait décidé que sa bru – ma mère, donc – ne pouvait pas s'occuper à la fois de la boulangerie-pâtisserie familiale et de son bébé. Cette aïeule était une femme autoritaire au tempérament difficile. Elle habitait au-dessus de chez nous. Elle se pensait supérieure à ma mère, au prétexte que celle-ci venait d'un milieu modeste.

Du plus loin que je m'en souvienne, je n'ai pas de ressenti particulier sur cette séparation ; j'étais trop petit. En revanche, ma mère l'a vécue comme un arrachement. Elle en a beaucoup souffert. Cela a durci son caractère, peut-être même fissuré sa vie. Mes parents n'ont pas eu d'autres enfants car elle craignait de revivre le cauchemar de cet éloignement, qu'elle a toujours reproché à mon père et à ma grand-mère. Les relations familiales s'en sont trouvées entachées, alourdies.

Ma mère s'est toujours bien occupée de moi, m'a donné une éducation stricte et constructive, des valeurs qui m'ont fait avancer dans la vie. Mais ce n'était pas une tendre. Le fait que je lui ai été enlevé alors que je n'étais qu'un nourrisson l'avait coupée de ses émotions. Elle ne me faisait pas de cadeaux, ne me prenait pas dans ses bras. Toutefois, je n'ai pas le sentiment d'avoir été marqué par cette froideur qui habitait ma mère. L'ayant toujours connue, elle me paraissait normale. Je note simplement, en voyant à quel point ma femme Valérie est attentive au bien-être et au bonheur de son fils Hadrien qu'elle câline encore alors qu'il a plus de trente ans, que je n'ai pas connu cela. Je me dis que les parents des années soixante avaient d'autres comportements. Peut-être cela explique-t-il que, par contraste, je sois si démonstratif, que je montre si facilement mes sentiments à mes proches. Peut-être est-ce aussi pour cela que j'ai consacré ma vie aux douceurs...

Pour en revenir aux myrtilles, je prends conscience aujourd'hui seulement que l'une des premières choses que j'ai réalisées chez Lenôtre était... une tarte aux myrtilles ! Le fond de tarte en pâte sablée avait un goût de beurre que je trouvais incroyable. Je ne connaissais alors que la pâte à la margarine que mon père utilisait, à l'instar de la plupart des boulangers-pâtissiers de l'époque. Les myrtilles, elles, provenaient de Pologne. Elles étaient conservées en bocaux, de la marque Krakus. On égouttait soigneusement les fruits mais on gardait le jus, dont on faisait de la gelée. Leur goût se rapprochait étonnamment de celles ramassées dans la forêt.

La mémoire est décidément une drôle de chose !

Tarte aux questches & complicité

Je me souviens très bien de mon environnement de petit garçon. Nous habitions au-dessus du commerce familial, dans un appartement tout en longueur. Ma chambre était placée entre la salle à manger et la salle de bains. Tapissée de papier peint marouflé beigeasse, elle était meublée d'un lit cosy corner rustique, d'une vieille armoire, d'une petite table et d'un secrétaire que je n'utilisais pas. Une maquette de locomotive et un Pollux en peluche constituaient mes plus précieux trésors. Quant au balcon, orné de géraniums rouges comme il se doit en Alsace, il donnait sur les pompes funèbres voisines ! Mais le principal, c'était que ma chambre se situait juste au-dessus de l'atelier de boulangerie de mon père.

Chaque jour, l'odeur du pain et des brioches me réveillait en me chatouillant le nez. Le vendredi, les effluves de kouglofs (recette page 24) annonçaient le week-end. Tous les jours, Georges, mon père, descendait au fournil à deux heures du matin. Suzanne, ma mère, le rejoignait vers quatre heures. Ils étaient nés tous les deux en 1930 et tenaient la boulangerie-pâtisserie créée par mes arrière-arrière-grands-parents paternels. Il allait plus ou moins de soi que je reprendrais le commerce un jour, même si cela n'était pas réellement exprimé. Nous habitions en périphérie du centre-ville de Colmar, dans le quartier Jean-Macé. Pour le clin d'œil, je précise que Jean-Macé était un grand enseignant et pédagogue du XIXe siècle, auteur d'un ouvrage intitulé *L'Histoire d'une bouchée de pain*.

Nous vivions donc dans le faubourg ad hoc ! Quand on allait dans le centre, on disait : « on va en ville », alors que ce n'était qu'à six cents mètres. Ma mère ouvrait la boutique à cinq heures, pour les ouvriers de l'usine de textile voisine, qui passaient acheter leur pain ou leur casse-croûte avant d'embaucher.

À cette époque, mon père faisait essentiellement des pains sur poolish, gros et longs, à la mie blanche, douce et goûteuse. Plus tard, il s'est mis à proposer des pains de seigle ou aux céréales, qui n'avaient rien à voir avec le pain au levain que l'on aime aujourd'hui. S'il était boulanger par habitude et par nécessité, c'est le métier de pâtissier qu'il aimait. Il vendait surtout des forêts-noires, des tartes aux fruits, des vacherins, des kouglofs traditionnels ou glacés. Des produits conventionnels pour une clientèle qui l'était tout autant. Pourtant, il était curieux et n'hésitait pas à suivre les stages que lui proposaient ses fournisseurs. Cela lui donnait envie de créer des nouveautés qui, hélas, ne remportaient pas le même succès que ses classiques. Ma mère racontait en riant que si les clients étaient intrigués par les nouveaux gâteaux, ils finissaient toujours par conclure : « Oh, c'est original ! Mais bon, finalement, donnez-moi une forêt-noire ! » Et les créations du jour nous restaient sur les bras... ce qui me permettait d'en manger quelques-unes au passage, au grand dam de ma mère qui mettait, à juste titre, un point d'honneur à surveiller mon alimentation.

Mon enfance est intimement liée à la pâtisserie. Plus qu'à la boulangerie, car le pain se fabrique la nuit, et mes parents tenaient à ce que je dorme plus qu'eux !

J'ai vite compris que pour passer du temps avec mon père, il fallait que je le rejoigne dans son atelier, l'endroit où il était le plus heureux. Passionné, il faisait tout lui-même, surtout les choses délicates. Nos moments privilégiés, c'étaient les week-ends d'avant les fêtes. Il fabriquait alors des choses qui sortaient de l'ordinaire : les moulages, les chocolats et les bredele, ces sablés de Noël qui sont une véritable institution en Alsace.

Je me souviens avec émotion des mannala (recette page 27), ces petits bonshommes doux comme des brioches que l'on mange pour la Saint-Nicolas. On en a élaboré récemment dans notre atelier de création, et quand bien même j'essaie de ne pas trop manger de gâteaux au quotidien, j'en ai croqué au moins trois car leur saveur me transporte illico dans la pâtisserie de mon père...

Pour Pâques, tradition alsacienne oblige, il confectionnait des lamala (recette page 30), des biscuits de Savoie en forme de moutons, cuits dans des moules en terre cuite, saupoudrés de sucre glace et glissés dans des sachets ornés de petits drapeaux. Cette recette-là, je l'ai longtemps servie au brunch de Pâques de l'hôtel Royal Monceau. Mon père faisait aussi des sablés au zeste de citron (recette page 28) en forme de lapins. Je les vois, je les sens, je les goûte encore dans ma tête ! La pâte était très bonne, pourtant elle était à base de margarine. Formé en Suisse – la référence pour les Alsaciens à l'époque –, il avait appris à faire comme ça. Sans doute le beurre était-il alors trop coûteux. En tout cas, il ne l'utilisait que pour les kouglofs.

En semaine, lorsque je sortais de l'école, je jouais au foot derrière l'église Saint-Antoine ou dans la cour de la cité HLM, avec mes copains issus pour la plupart de la communauté italienne qui y vivait à l'époque. Mais le week-end et les jours fériés, je n'avais qu'une idée en tête : être au cœur de l'atelier de pâtisserie. Ma grand-mère maternelle m'avait d'ailleurs confectionné un tablier et une toque.

Pour satisfaire ma curiosité insatiable et mon envie de mettre la main à la pâte, mon père me donnait des petites choses à faire, comme le nettoyage des plaques de cuisson ou l'épluchage des marrons pour les torches aux marrons (le nom alsacien du mont-blanc). Je ne sais pas pourquoi on les appelle « torches ». Peut-être à cause de la forme du vermicelle ? Toujours est-il que mon père en faisait beaucoup, et qu'il me fallait peler des kilos et des kilos de marrons frais. J'avais horreur de ça ! Je mettais le nez partout, j'observais, je touchais à tout. Un jour, je me suis profondément entaillé le pouce avec une machine à couper la pâte à pain. On voit encore la cicatrice. Non seulement j'ai cru perdre mon doigt, mais en plus, je me suis fait copieusement engueuler ! Loin de me rebuter, ces tâches ingrates et cette « blessure de guerre » ont aiguisé ma curiosité et mon envie de faire ce métier.

Mon père ayant très vite capté ma motivation, il m'a confié au fil du temps des tâches plus intéressantes. Dans une pâtisserie, on fait rarement un gâteau de A à Z, aussi je ne saurais dire quelle fut ma première réalisation complète. Au début, il me déléguait le montage des vacherins : je devais assembler des disques de meringue et de la glace. Puis il m'a montré comment dresser les fruits sur les tartes. Plus les années passaient, plus j'étais dévoré par la curiosité. Je demandais sans cesse à apprendre. Je posais des questions sans relâche, quitte à assommer mon père et le chef pâtissier Bernard Sessa qui travaillait avec lui – et qui, par la suite, racheta la boulangerie-pâtisserie de mes parents. C'est ainsi que j'ai appris à foncer une tarte, à réaliser des rosaces de crème, à masquer un gâteau (c'est-à-dire enduire de crème et peigner ses bords), à confectionner des œufs en chocolat, des copeaux, des moulages…

Je faisais aussi les tournées avec mon père dans sa camionnette, une 2 CV, qu'il remplaça plus tard par une Dyane. Il était très Citroën, comme d'autres, à ce moment-là, pouvaient être Peugeot ou Renault. En tout cas, il ne dérogeait pas à cette marque. Au point que, lorsque la SM est sortie, je rêvais qu'il l'achète, mais ce n'était pas dans nos moyens. Pour les déplacements familiaux, nous avions une DS. Avec la Dyane, nous livrions du pain, des tartes, des confiseries aux clients qui passaient commande. On couvrait tout le quartier maraîcher de l'ouest et du sud-ouest de Colmar. Mon père connaissait tout le monde et, du coup, tout le monde me connaissait, car c'était moi qui descendais de voiture pour déposer les paquets. J'adorais ça. J'avais le sentiment de rendre les gens heureux en leur apportant des gâteaux. De quel plus beau métier aurais-je pu rêver ?

À la fin de l'été, il y avait la période bénie de la tarte aux quetsches, que mon père faisait si bien. C'est sans doute l'une des choses qui éveillent le plus en moi son souvenir.

Si je sais reconstituer la recette (voir page 32), je n'ai jamais réussi à la refaire comme lui. Pourtant, la base en était simple : de l'eau, de la farine, de la margarine, du sucre, du sel. Cela donnait une pâte brisée basique, assez ferme, pas croustillante, presque « cartonnée ». Dessus, il mettait des brisures de biscuits à la cuillère un peu secs, puis des quetsches d'Alsace, que l'on ne récolte que pendant cinq à six semaines, entre mi-août et fin septembre. Ensuite, il saupoudrait la tarte de sucre à la cannelle – une épice qu'il ne dosait pas et qu'il sourçait encore moins –, et cuisait le tout dans un four à sole, ce qui donnait un résultat bien particulier : ce n'était que du fruit ! Je n'ai jamais retrouvé le goût ni la texture de cette tarte aux quetsches... Cela ne s'explique pas, c'est lié aux beaux moments passés avec mon père.

Certes, comme tout Alsacien de cette génération qui se respecte, il ne montrait pas ses sentiments. Mais nos rapports étaient complices. C'était un homme que son métier rendait heureux. En dehors de son atelier, il aimait la philatélie et les marches en montagne en famille et avec ses copains. Le lundi après-midi, il chantait avec la chorale des boulangers de Colmar, et la séance se terminait par un dîner entre confrères.

Inconsciemment, sa passion pour la pâtisserie a constitué un exemple pour moi. Il m'a beaucoup transmis. Au point que, lorsque j'ai commencé mon apprentissage, je pensais savoir beaucoup de choses. Je me trompais, bien sûr. Ne serait-ce que sur la qualité des matières premières, j'avais beaucoup à apprendre. Mon père utilisait toujours des fruits exceptionnels, que nous allions ramasser dans nos deux vergers, à deux kilomètres de la maison : des groseilles, des quetsches, des mirabelles, des cerises qu'il fallait cueillir sans en abîmer la queue, car il les mettait en bocaux avec de l'alcool ; puis lorsqu'elles avaient bien macéré, il les couvrait de fondant et enfin de chocolat. Mais pour le reste, comme la plupart des pâtissiers de l'époque, il ne faisait pas de recherches spécifiques sur les ingrédients. Chez lui, je n'ai jamais vu une gousse de vanille ; il n'utilisait que de l'extrait liquide. Idem pour le zeste de citron, qu'il remplaçait par un arôme acheté en Allemagne. Il m'a fallu arriver chez Lenôtre pour découvrir les ingrédients de qualité, ce qui m'a ouvert des perspectives infinies que je continue d'explorer aujourd'hui.

Le kouglof à la façon de mon père

Pour 2 kouglofs de 6 personnes (2 moules en terre cuite de 18 cm de diamètre)
préparation 45 min
cuisson 40 min
repos 2 h 30

• Pour la pâte à kouglof :
250 g de farine
35 g de sucre en poudre
8 g de levure fraîche de boulanger
3 gros œufs (ou 4 petits)

225 g de beurre doux
6 g de fleur de sel de Guérande
185 g de raisins blonds

• Pour le façonnage et le moulage :
25 g de beurre doux pommade
35 g d'amandes entières mondées

• Pour le sirop amande à la fleur d'oranger :
50 cl d'eau minérale
750 g de sucre en poudre
65 g de poudre d'amande blanche
5 g d'arôme naturel de fleur d'oranger

• Pour les finitions :
200 g de beurre clarifié
200 g de sucre glace

Dans le bol du robot muni du crochet, mettez la farine, le sucre, la levure émiettée et 70 % des œufs (130 g). Faites tourner le batteur en vitesse lente. Laissez corser la pâte, ajoutez les œufs restants, puis mettez en vitesse moyenne (jamais en vitesse rapide). Dès que la pâte se décolle bien du bol, incorporez-y le beurre et la fleur de sel et attendez que la pâte se décolle à nouveau du bol (cela prend environ 20 minutes). Elle doit avoir une température finale de 24° à 25°. Ajoutez les raisins et mélangez 1 à 2 minutes de plus jusqu'à ce qu'ils soient régulièrement répartis dans la pâte. Tapissez un saladier de papier film, placez-y la pâte et mettez-la au réfrigérateur pendant 2 heures 30 minimum. La pâte est prête à l'emploi dès qu'elle est uniformément froide.

Procédez au façonnage et au moulage. Faites ramollir le beurre au four à micro-ondes afin de le rendre pommade. À l'aide d'un pinceau, beurrez les moules et posez une amande dans chaque cannelure. Détaillez la pâte en 2 morceaux et façonnez-les en 2 boules. Puis creusez un trou au centre de chaque boule en écartant la pâte avec les doigts farinés et posez les boules dans les moules. Réservez dans une pièce à 28° pour environ 3 heures. Si le lieu est sec, couvrez les moules d'un linge humide.

Préparez le sirop à l'amande et à la fleur d'orange : dans une casserole, portez à ébullition l'eau et le sucre, incorporez la poudre d'amande et l'arôme de fleur d'oranger et laissez refroidir. Versez dans une boîte hermétique et conservez-la au réfrigérateur.

Pour faire cuire les kouglofs, préchauffez le four à chaleur tournante à 170° (th. 5-6), et enfournez-les pour 35 à 40 minutes. Sortez le sirop du réfrigérateur. Démoulez les kouglofs encore chauds, trempez-les dans le beurre clarifié chaud et posez-les sur une grille en inox avec le trou en haut. Laissez-les reposer 5 minutes, trempez-les dans le sirop à l'amande et à la fleur d'orange puis posez-les sur une grille en inox avec le trou en haut. Laissez-les reposer pendant 5 minutes. Le trou des kouglofs ne doit pas forcément être rempli de beurre ou de sirop lors des phases de repos. Saupoudrez-les de sucre glace. Laissez refroidir entièrement.

Utilisez toujours des moules en terre cuite qui donnent les meilleurs résultats. Avant la première utilisation, beurrez-les et faites-les brûler au four à 250° pendant 7 à 8 minutes pour les culotter. Ne les lavez jamais à l'eau, essuyez-les simplement. Ce n'est qu'après la sixième ou septième utilisation qu'ils donneront ce goût si particulier aux kouglofs.

Les mannala de mon amie Christine Ferber

Pour 25 mannala
préparation 1 h
cuisson 40 min
repos 4 h 45 en tout

• Pour la pâte :
35 cl d'eau minérale
50 g de levure fraîche de boulanger
3 gros œufs (ou 4 petits)
1 kg de farine type 45
120 g de sucre en poudre
20 g de sel fin
300 g de beurre doux
Quelques pépites de chocolat ou raisins secs

• Pour la dorure :
1 petit œuf
Le jaune d'un gros œuf
2 g de sucre
1 pincée de sel fin

Préparez la pâte : dans le bol du robot muni du crochet, versez l'eau et la levure émiettée et mélangez en 1re vitesse. Ajoutez tous les ingrédients sauf le beurre. Pétrissez en 2e vitesse pendant 20 minutes environ jusqu'à ce que la pâte se décolle et soit bien lisse. Ajoutez le beurre tempéré et coupé en morceaux. Pétrissez jusqu'à ce que le beurre soit bien incorporé et que la pâte se décolle des parois du bol du robot. Récupérez la pâte et couvrez-la de papier film. Laissez reposer pendant 45 minutes si la température ambiante est fraîche, 30 minutes s'il fait 25° ou plus.

Façonnez les mannala : divisez la pâte en morceaux de 80 g chacun, et roulez chaque morceau en boudin de 10 cm de long et 3 cm de large. Puis donnez-leur la forme de petits bonshommes : à l'aide d'une paire de ciseaux, réalisez une entaille jusqu'aux deux tiers de la hauteur du boudin pour former les jambes, puis deux entailles au-dessus des jambes pour former les bras. Vous pouvez poser des pépites de chocolat ou des raisins secs pour figurer les deux yeux. Posez les mannala sur des plaques à four recouvertes de papier cuisson. Laissez reposer dans une pièce à 28° pendant 3 à 4 heures, jusqu'à ce que la pâte gonfle.

Préparez la dorure : mélangez les ingrédients au mixeur plongeant et filtrez.

Préchauffez le four à chaleur tournante à 170° (th. 5-6). À l'aide d'un pinceau, appliquez délicatement la dorure sur les mannala. Enfournez-les pour 40 minutes. Sortez-les du four et laissez-les refroidir.

Mes sablés au citron

Pour 75 sablés
préparation 40 min
cuisson 18 min
repos 2 h

- Pour la pâte :

400 g de beurre demi-sel
150 g de beurre doux
3 g de fleur de sel de Guérande

1 jaune d'œuf cuit dur et passé à travers un tamis ou une passoire
180 g de sucre glace
10 g de zeste de citron jaune
25 g d'écorces de citrons jaune confites
530 g de farine
100 g de fécule de pomme de terre

• Pour le glaçage au citron :
250 g de sucre glace
6,5 cl de jus de citron jaune (soit le jus de 1 citron ½)

Préparez la pâte à sablés : faites tempérer les beurres. Dans le bol du robot muni du crochet, mélangez les ingrédients dans l'ordre, sans trop mixer pour éviter de donner trop de corps à la pâte. Réservez au frais pendant 1 heure.

Détaillez les sablés : sur un plan de travail fariné, étalez la pâte sur 5 mm d'épaisseur. Détaillez-y des disques de 5 à 6 cm de diamètre et placez-les dans les moules de cuisson (procédez en plusieurs fois si vous n'avez pas assez de moules). Placez les moules sur une plaque à four et mettez-les au frais pendant 1 heure.

Préparez le glaçage : mélangez le sucre glace et le jus de citron.

Préchauffez le four à chaleur tournante à 165° (th. 4). Enfournez la plaque de sablés pour 18 minutes. Dès leur sortie du four, démoulez-les en retournant les moules sur une plaque. Laissez-les tiédir, trempez la surface de chaque sablé dans le glaçage et laissez-les sécher à température ambiante, sur une grille posée sur une plaque.

Vous pouvez confectionner cette grande quantité de pâte, en congeler une partie, la faire cuire ultérieurement en fonction de vos besoins.
Les sablés peuvent être conservés quelques jours dans une boîte hermétique, à température ambiante.

Les lamala à la noisette

Pour 3 grands lamala (moules en forme d'agneau pascal grands modèles 21 x 11 cm)
préparation 25 min
cuisson 55 min

• Pour les noisettes grillées :
80 g de noisettes brutes du Piémont

• Pour le biscuit noisette :
6 œufs + 3 blancs d'œufs
250 g de sucre en poudre
230 g de farine
20 g de Maïzena
45 g de pâte pure de noisette
70 g de noisettes du Piémont grillées et concassées

• Pour le beurre farine :
200 g de beurre doux
60 g de farine

• Pour la finition :
50 g de sucre glace

Préparez les noisettes grillées et concassées. Préchauffez le four à chaleur tournante à 170° (th. 5-6). Disposez les noisettes en une seule couche sur une plaque de cuisson recouverte d'une feuille de papier cuisson. Glissez-les au four pour 15 minutes. Laissez refroidir puis retirez la peau des noisettes en les frottant entre vos mains. Posez-les sur une planche à découper et tapez dessus à l'aide d'une casserole pour les concasser grossièrement. Réservez.

Confectionnez le biscuit : tamisez ensemble la farine avec la Maïzena, puis ajoutez les noisettes du Piémont grillées et concassées. Dans le bol du robot muni du fouet, faites monter les œufs, les blancs et le sucre jusqu'à obtention d'une consistance très légère. Mettez la pâte de noisettes dans un saladier, détendez-la à l'aide d'une spatule en incorporant un peu d'œufs montés. Ajoutez le mélange farine/fécule/noisettes ainsi que la pâte pure de noisettes détendue en soulevant délicatement la préparation.

Préparez le beurre farine : malaxez le beurre en pommade, ajoutez la farine et mélangez. À l'aide d'un pinceau, beurrez les moules à lamala avec cette préparation, puis fermez-les à l'aide de la pince.

Faites cuire les lamala. Préchauffez le four à chaleur tournante à 190° (th. 6-7). Remplissez les moules de pâte en égalisant le dessus à l'aide d'une petite palette, puis enfournez au plus vite. Laissez cuire 40 minutes. Démoulez-les sur une grille et laissez-les refroidir. Quand ils sont à température, saupoudrez-les de sucre glace. Nouez un ruban autour de leur cou et plantez un petit drapeau sur leur dos.

Les lamala se conservent 5 jours à température ambiante.

La tarte aux quetsches de mon père

Pour 6 à 8 personnes
préparation 40 min
cuisson 1 h 15
repos 7 h en tout

• Pour la pâte brisée :
250 g de farine
190 g de beurre doux ramolli à température ambiante
5 g de fleur de sel de Guérande
3,5 g de sucre en poudre
½ jaune d'œuf
5 cl de lait frais entier à température ambiante

• Pour le biscuit cuillère :
8 blancs d'œufs (environ)
150 g de sucre semoule
7 jaunes d'œufs
85 g de farine
85 g de fécule de pomme de terre

• Pour le sucre à la cannelle :
50 g de sucre en poudre
2,5 g de cannelle en poudre

• Pour le nappage exotique :
25 cl d'eau minérale
1 zeste d'orange
1 zeste de citron jaune
1 gousse de vanille de Madagascar fendue et grattée
100 g de sucre en poudre
10 g de pectine NH (au rayon sucres-confitures)

Le jus de 2 citrons jaunes
3 feuilles de menthe grossièrement hachées

• Pour la cuisson :
900 g de quetsches d'Alsace fraîches

Confectionnez la pâte : tamisez la farine dans une jatte. Dans le bol du mixeur muni d'une lame plastique, mettez le beurre divisé en morceaux, la fleur de sel et le sucre. Ajoutez le jaune d'œuf et le lait. Mixez jusqu'à obtention d'un mélange homogène. Introduisez alors la farine. Mixez et arrêtez dès que la pâte forme une boule. Enroulez-la dans un film étirable. Laissez-la reposer au réfrigérateur pendant 2 heures. Sur un plan de travail fariné, étalez-la finement (environ 2 mm). Laissez-la reposer 2 heures au réfrigérateur puis détaillez-y un disque de 35 cm de diamètre. Mettez-le sur une plaque au réfrigérateur pendant 30 minutes avant de foncer la tarte. Beurrez un moule à fond amovible de 24 cm de diamètre et de 3 cm de hauteur. Réservez-le quelques instants au réfrigérateur, foncez-le, piquez-le à la fourchette et coupez le surplus de pâte. Laissez encore reposer 2 heures au réfrigérateur. Faites alors cuire la pâte à blanc : préchauffez le four à 170° (chaleur tournante, th. 5-6), garnissez le fond de haricots secs et enfournez pour 20 à 25 minutes.

Préparez le biscuit cuillère : tamisez ensemble la farine et la fécule. Dans le bol du robot mélangeur muni du fouet, montez les blancs avec le sucre jusqu'à ce qu'ils soient fermes, puis versez les jaunes sur les blancs et laissez mélanger doucement encore quelques secondes. Incorporez le mélange farine/fécule en soulevant la préparation avec une spatule. Préchauffez le four à chaleur tournante à 230° (th. 7-8). Étalez le biscuit cuillère à plat, à l'aide d'une spatule, sur une plaque à four recouverte d'une feuille en silicone et enfournez pour

5 minutes. Retirez du four et laissez refroidir sur grille. Laissez sécher à température ambiante puis mixez au robot mixeur. Réservez dans une boîte hermétique.

Préparez le nappage : faites chauffer l'eau, les zestes et la gousse de vanille jusqu'à 45°. Ajoutez le sucre en poudre préalablement mélangé avec la pectine et portez à ébullition pendant 3 minutes. Retirez du feu, ajoutez le jus de citron et la menthe, laissez infuser pendant 30 minutes et filtrez. Réservez au frais.

Pour le sucre à la cannelle, mélangez les deux ingrédients et réservez.

Préchauffez le four à chaleur tournante à 160° (th. 4). Parsemez le fond de tarte précuit de biscuit cuillère séché en poudre. Coupez les quetsches en deux et dénoyautez-les. Disposez-les bien droites sur le fond de tarte en les serrant au maximum. Saupoudrez-les de la moitié du sucre à la cannelle et enfournez pour 30 à 40 minutes. Laissez refroidir à température ambiante puis procédez à la finition.

Pour terminer, faites fondre le nappage dans une casserole. À l'aide d'un pinceau, recouvrez-en le pourtour de la tarte et saupoudrez l'ensemble de la tarte de sucre à la cannelle, juste avant de servir.

NOEL 2016

PIERRE HERMÉ

BUCHE HOTTAGE

12 RUE FORTUNY PARIS 17e

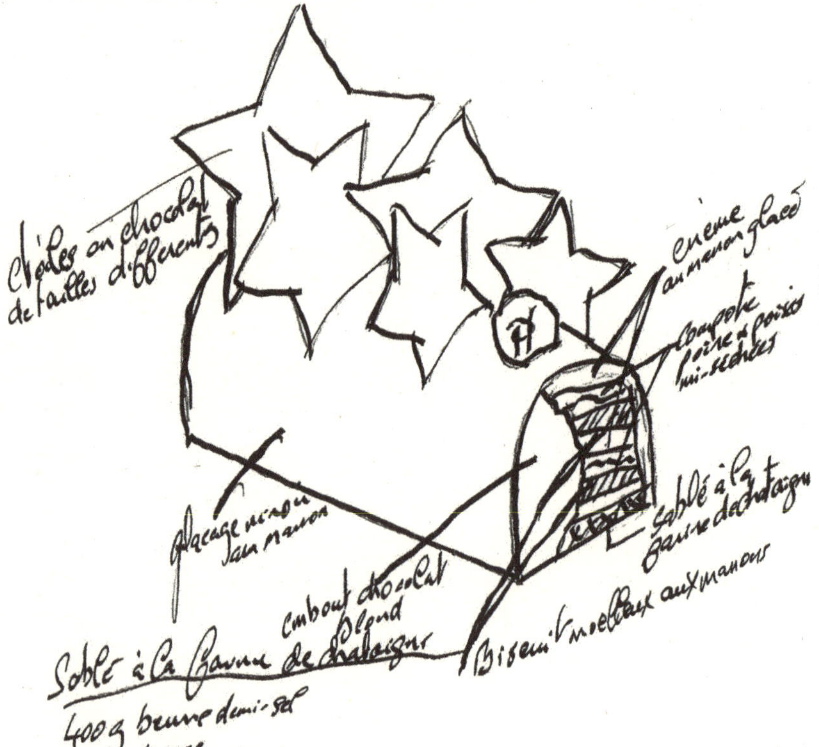

Sablé à la farine de châtaigne

400 g beurre demi-sel
150 g sucre
110 g sucre glace
3 g fleur de sel
20 g de jaunes d'oeufs cuits durs
530 g de farine de chataigne (faire torréfier la farine 150°C)
100 g de fécule de pomme de terre

26.02.2016

Chapitre 2

FONDATIONS

Lobbying & glace royale

31 août 1976. En ce début de matinée, il fait déjà chaud sur le quai de la gare de Colmar. L'été a été caniculaire, en Alsace comme ailleurs. Je transpire en hissant ma valise dans le train pour Paris. Mes parents, qui m'ont accompagné, n'en mènent pas large en me regardant monter dans le wagon. Ni eux ni moi n'avons la moindre idée de ce que je vais trouver à la capitale. Mais s'ils sont légitimement inquiets de voir leur fils unique de quatorze ans s'envoler, moi, je suis surexcité. À partir de demain, je serai officiellement apprenti et cela me remplit de joie.

Cinq ans plus tôt, j'avais dévoilé à ma mère mon désir de devenir pâtissier. « Ce n'est pas un bon métier, mon garçon ! Tu ne trouveras jamais de femme si tu fais ça ! » m'avait-elle alors répondu.

Dans sa bouche, ce « ça » était lourd de sens et d'amertume. Je l'entends encore... Elle a vraiment essayé de me dissuader de me lancer dans la pâtisserie. Sans doute se référait-elle à sa propre vie, qu'elle avait imaginée différente. Avant leur mariage, de ses quatorze à trente ans, elle était vendeuse en mercerie et en confection ; je crois qu'elle aurait préféré poursuivre dans cette voie, mais le cadre familial rigide lui enjoignait d'être la femme du boulanger-pâtissier. Elle avait choisi mon père, et mon père avait choisi ce métier. Alors elle s'est conformée à ce que l'on attendait d'elle. Me concernant, les arguments de ma mère n'ont pas porté leurs fruits. Ni à ce moment-là, ni plus tard.

Je serais pâtissier, jamais je n'en démordrais.

Pendant mes années de collège, lorsque je rentrais de l'Institut Champagnat (Issenheim) où j'étais interne depuis le début de la sixième, je n'avais qu'une obsession : travailler à la pâtisserie avec mon père. Lui, il soutenait ma détermination. Et comprenait d'autant mieux mon ambition qu'il adorait son métier. C'est lui qui m'avait trouvé une première place d'apprenti, chez l'un de ses collègues, à Colmar. Mais ledit collègue ayant finalement décrété qu'il ne formerait plus les « fils de patrons » pâtissiers, il fallut me trouver autre chose. Dans un premier temps, mon père me casa chez un autre de ses confrères, à Ribeauvillé. Mais au début de l'année 1976, il tomba sur une petite annonce dans les *Dernières Nouvelles d'Alsace* : la Maison Lenôtre cherchait des apprentis.

« On va leur écrire ! » s'exclama mon père. J'étais exalté. Un peu stressé aussi. Certes, je connaissais la séparation d'avec mes parents puisque j'étais en internat depuis quelques années, mais là, on parlait d'un saut dans l'inconnu. Tout juste savais-je que Gaston Lenôtre avait inauguré sa pâtisserie parisienne en 1957, au 44, rue d'Auteuil, avec son épouse Colette.

« C'est une maison d'excellence, me disait mon père. Moderne, avec ça, et réputée pour sa pâtisserie au beurre ! » soulignait-il.

M. Lenôtre avait ouvert son école en 1971 à Plaisir, dans les Yvelines. Mon père a été très heureux que j'y sois admis. À la fin de l'année scolaire, j'ai décroché mon BEPC et profité des vacances en famille. Et en ce fameux 31 août 1976, après plus de cinq heures de voyage, je débarquais à la gare de l'Est avec ma valise. J'ai pris le métro jusqu'à Michel-Ange-Auteuil, à l'autre bout de la capitale, j'ai rempli les formalités au service du personnel de la Maison Lenôtre et l'on m'a attribué une chambre de bonne au huitième étage sans ascenseur. Je ne le savais pas encore, mais j'allais vivre six ans dans cet immeuble, au 24 de la rue Félicien David. La chambre que je partageais avec mon colocataire, un dénommé Régis Durand, également apprenti chez Lenôtre, donnait sur une cour intérieure. Pas de vue, donc. Pas de salle de bains non plus, juste un lavabo : nous étions censés nous doucher à l'école. Quant aux toilettes, elles étaient sur le palier. En forme de L, notre chambrette était dotée d'un long couloir, presque plus grand que la pièce elle-même mais dont on ne pouvait rien faire ! J'avais acheté une télé, un frigo et rien d'autre.

Régis fumait comme un pompier, ce qui m'incommodait au plus haut point et me rappelait mes parents qui avaient toujours une cigarette à la bouche. Mais il était sympa et bricoleur. On avait d'ailleurs refait le papier peint ensemble.

Bref, ce n'était pas le grand luxe, mais après tout, je n'allais pas passer beaucoup de temps dans cette chambre. Dès le lendemain de mon arrivée, j'étais debout à quatre heures du matin pour monter dans le bus qui nous emmenait à l'école Lenôtre.

C'était parti pour la vie. Ma vie.

Pendant les deux premiers mois de formation, on travaillait au laboratoire de cinq à huit heures, avant d'enchaîner à l'école Lenôtre par des cours théoriques pour assimiler les techniques, les produits, les recettes de base et l'histoire du métier. Ces leçons ont constitué mon socle. J'en ai rempli une vingtaine de classeurs, contenant les savoir-faire fondamentaux de la pâtisserie. Ces classeurs ne me quittent jamais, ils sont toujours près de moi au bureau. Cela me rassure, même si je les connais par cœur ! Tout y est : les différentes farines, toutes les pâtes à gâteaux, la cuisson du sucre, le travail du beurre, de la crème, des œufs, les noisettes, les amandes... C'est là que j'ai compris à quel point il est fondamental d'entrer dans ce métier avec une connaissance approfondie des ingrédients. Je me réfère encore souvent à ces cours : j'utilise par exemple celui des décors pour enseigner l'écriture au cornet à l'anglaise aux jeunes pâtissiers de la maison.

Écrire un message d'anniversaire ou un prénom sur un gâteau n'est pas un jeu d'enfant, et je me revois m'entraîner à tracer des lettres le soir, dans ma chambre de bonne. Pour ne pas gâcher de chocolat, j'utilisais du dentifrice que je mettais dans un cornet en papier en guise de poche à douille. Passionné, déterminé à réussir, j'y passais mes soirées ! Ma soif d'apprendre était inextinguible. Elle l'est encore aujourd'hui.

Si cette école a été pour moi un formidable point de départ, c'est en grande partie grâce à son directeur, Gilbert Poné, et aux professeurs Paul Rey et Joël Bellouet. Mais mon modèle absolu, c'était M. Lenôtre. C'était une sacrée personnalité, à qui j'ai dédié mon titre de « meilleur pâtissier du monde », décerné par les World 50 Best Restaurants en 2016. Cela tombait sous le sens, pour la simple et bonne raison qu'il m'a montré le chemin.

Dans les années soixante-dix, M. Lenôtre passait à la radio, à la télévision, dans les magazines... J'étais fasciné par le fait que son travail de pâtissier l'ait rendu aussi célèbre. Pas pour la notoriété elle-même, qui m'a toujours indifféré, mais parce que cela me paraissait incroyable pour un métier d'artisan ! Il faut dire qu'il a énormément apporté à la pâtisserie. Mieux : il l'a révolutionnée. Très exigeant sur la qualité du moindre ingrédient, il portait une attention toute particulière aux détails et avait compris l'importance de l'organisation pour produire de bons gâteaux à grande échelle. Mais surtout, contrairement à la plupart des pâtissiers de l'époque qui gardaient jalousement tous leurs secrets, il partageait son savoir-faire – au point de créer sa propre école. Pour M. Lenôtre, il était plus intéressant de donner une recette que de la garder pour soi, car il était curieux de voir comment elle allait se transformer en passant de main en main. Un peu comme ce qui se joue aujourd'hui sur les réseaux sociaux ! Il était vraiment précurseur, et beaucoup de grands chefs pâtissiers des années soixante-dix, quatre-vingt et quatre-vingt-dix sont passés par son école. C'est la génération Lenôtre, dont je fais partie. Mon apprentissage au sein de ses équipes a été une vraie richesse. Homme généreux et passionné, M. Lenôtre a éveillé mon ambition, en me montrant la diversité du métier de pâtissier. Cela m'a fait prendre conscience de ce que je pourrais en faire. C'est d'autant plus fort que, dans les faits, je l'ai peu connu, n'ayant eu avec lui que des relations très épisodiques.

La première fois que je l'ai rencontré, c'était un mois après mon arrivée en apprentissage. Le service traiteur de Lenôtre avait besoin qu'un élève aille faire des crêpes pour un événement au Pré Catelan. Je m'étais évidemment porté volontaire. Mais une fois arrivé devant la galettière, un engin sur lequel je n'avais jamais travaillé, j'ai paniqué, et M. Lenôtre, qui supervisait ses équipes, s'en est aperçu. Il s'est approché de moi et m'a dit : « Regarde, mon petit, je vais te montrer les bons gestes. Tu vas voir, c'est pas compliqué. »

Et c'est ce qu'il a fait, calmement, sans s'énerver ni avoir l'air excédé. Pendant toute la journée qui a suivi, j'ai craint d'être viré, ce qui ne s'est pas produit. Il ne m'a fait aucune remarque, ni négative, ni positive. La seule chose qu'il ait dite de moi, à ma connaissance, est venue trois ans plus tard. J'avais dix-sept ans et nous participions à un congrès de pâtissiers à Metz. Mes parents avaient fait le déplacement, car ils voulaient rencontrer M. Lenôtre, pour lui demander si je travaillais correctement. Ce dernier leur a répondu : « Si j'avais un fils comme Pierre, je serais le plus heureux des hommes ! »

Je suis content qu'ils aient pu entendre cela. Pas pour qu'ils soient fiers de moi, car au fond, la fierté de mes parents n'a jamais été un moteur. Je m'en suis préservé parce que c'était quelque chose qui ne m'appartenait pas. En revanche, j'étais motivé par la volonté de ne pas les décevoir, ce qui est différent. Ils m'avaient laissé partir très jeune, alors je voulais leur prouver que j'étais digne de leur confiance. Certes, je faisais un peu la fête avec mes copains dans nos chambres de bonne, buvais parfois une bière ou un pastis. Mais j'étais très sérieux dans mon travail car je n'avais qu'une peur : être renvoyé en Alsace avec une étiquette « retour » sur ma valise ! Alors j'ai bossé, bossé, bossé.

Au bout de deux mois d'école, un examen élimina une grande partie de notre classe d'apprentis. De quarante élèves, on est passés à vingt-deux. Je pense que beaucoup de mes camarades échouaient car ils n'avaient pas idée de ce qu'était réellement le métier, alors que moi, j'avais la chance de le connaître grâce à mon père.

Par la suite, nous avons été répartis dans les différents postes de l'atelier.

J'ai commencé aux entremets, j'ai poursuivi par le tour (où l'on fabrique les pâtes), la chocolaterie-confiserie, les glaces, le tout, étalé sur deux ans. Comme on nous confiait évidemment les tâches les plus simples, je demandais sans relâche à mes responsables de m'enseigner des techniques plus intéressantes. D'abord, je le confesse, pour éviter les travaux ingrats. Une fois ou deux, je m'étais fait piéger aux macarons, une tâche répétitive consistant à les décoller du papier sur lequel ils cuisent en les mouillant à la vapeur d'eau. J'ai vite appris à esquiver ! Ce que je voulais, c'était avancer. J'avais déjà conscience que lorsque l'on cumule passion et détermination, rien n'est impossible. Je me suis rapproché de Richard Lecoq, qui confectionnait les pâtes des macarons et des biscuits. Je le harcelais, lui posais des questions sans arrêt. Je lui disais : « Montrez-moi » cent fois par jour. Je notais les recettes et les recopiais chez moi le soir pour les apprendre par cœur.

En conséquence, au bout de six mois, tout le monde savait qui j'étais, chez Lenôtre ! Si j'ai un conseil à donner aux jeunes qui ont envie de se lancer dans la pâtisserie ou dans tout autre domaine artisanal, c'est incontestablement d'envisager le parcours menant à ces métiers comme des études classiques, et de fournir, comme en médecine ou en lettres, une grande part de travail personnel. Il est primordial de lire, de se documenter sur les produits, de s'exercer chez soi sur les techniques. Cela porte toujours ses fruits, je peux en attester.

Pendant ma deuxième année d'apprentissage, j'étais fasciné par le sucre d'art, également dit décor, un poste où l'on réalisait et décorait les pièces montées et les gâteaux d'exception. Je rêvais d'y travailler une fois mon CAP décroché. Pour moi, c'était le graal ! Le problème, c'est que Lenôtre ne mettait pas d'apprentis à ce poste délicat. Mais j'étais tenace. Puisque je rêvais de travailler au décor, il me fallait employer les grands moyens pour y parvenir. Alors, mes jours de repos, j'allais y proposer bénévolement mes services. Et si nécessaire, j'allais aussi aider à la cuisine chaude ou froide. J'ai même fait de la charcuterie, toujours avec le décor en ligne de mire. Je m'étais tellement entraîné dans ma chambrette avec le dentifrice que je savais manier la glace royale et le travail décoratif du chocolat. Dans le bus qui nous emmenait à l'atelier de Plaisir tous les matins, je me suis employé à le faire savoir à tous les responsables. C'est là que j'ai compris le sens du mot « lobbying », je crois. Résultat : lorsque j'ai décroché mon CAP, j'ai été nommé... au décor ! J'y ai passé un an. Je gagnais le SMIC, auquel s'ajoutaient des primes de week-ends et des bonus d'extras, car j'étais toujours partant pour aller travailler à des événements.

Sucre & raison

Lors de ma première année d'apprentissage, je retournais régulièrement à Colmar le week-end. Je n'aimais rien tant que confectionner pour mes parents les gâteaux emblématiques de la Maison Lenôtre : la charlotte Cécile, à base de biscuits à la cuillère, de crème bavaroise à la vanille et de mousse au chocolat ; la Feuille d'automne, une meringue italienne cuite et meringue succès aux amandes avec une mousse au chocolat sur une base de beurre ; le Casino, un biscuit roulé à la framboise et à la crème vanille. Je me souviens aussi du Clairefontaine, un gâteau recouvert de tranches d'orange, constitué d'un biscuit au Grand-Marnier, d'un sablé et d'une bavaroise à l'orange.

J'étais convaincu de les épater en leur montrant ce que j'avais appris. Ils goûtaient religieusement à « mes » gâteaux, mais ne terminaient pas leurs assiettes.

« Vous n'aimez pas ? leur demandais-je.

– Si, si, c'est très bon, répondaient-ils prudemment. Mais…

– Mais quoi ? m'énervais-je.

– En fait, c'est beaucoup trop sucré ! » finirent-ils par lâcher.

Trop sucré ? Mais ils ne voyaient donc pas qu'il s'agissait de recettes Lenôtre, autant dire de l'Évangile, à mes yeux ? Que signifiait ce « trop sucré » ? Mes parents étaient eux-mêmes pâtissiers, et m'avaient fait baigner dans la saveur sucrée depuis mon plus jeune âge. Je n'allais quand même pas trahir les recettes de Lenôtre parce que leur palais ne les comprenait pas ! Bref, j'étais vexé comme un pou.

Mais les semaines et les mois passant, l'agacement s'est peu à peu effacé et leurs remarques ont commencer à infuser dans mes pensées. Sans le savoir, en exprimant leur goût et leur ressenti, mes parents m'ont appris à réfléchir à la gestion du sucre.

J'en ai tiré trois postulats fondateurs :

- le sucre est la mère des saveurs ;
- cette saveur s'analyse au prisme de l'équilibre ;
- il s'agira, pour toujours, du cœur de mon travail : privilégier le sens sur la forme.

L'utilisation du sucre a beaucoup évolué depuis mon enfance. On tend depuis quelques années à tout désucrer, et à raison, car l'excès de sucre est réputé nocif pour la santé. Quand j'étais apprenti chez Lenôtre, pour faire une crème pâtissière, on utilisait 300 grammes de sucre pour un litre de lait, contre… 150 grammes aujourd'hui !

Néanmoins, le sucre reste indispensable sur la scène de la bonne pâtisserie, car il y joue plusieurs rôles.

Le premier, c'est celui d'assaisonnement. Le sucre basique (blanc en poudre ou cristal) relève le goût des gâteaux et des entremets. Il appartient au pâtissier d'en gérer au mieux les quantités pour qu'il révèle sans les écraser les saveurs des produits utilisés (fruits, chocolat, crème, etc.).

Le deuxième, c'est l'apport de goût. Lorsqu'ils ne sont pas raffinés, et selon leur provenance et la façon dont ils sont produits, les sucres possèdent leurs propres saveurs et développent d'étonnantes palettes aromatiques. Pour rehausser une tarte aux abricots ou le gâteau Odyssée (biscuit à la noix, gelée de marron, crème à l'eau de noix) de notes réglissées, j'utilise le sucre noir d'Okinawa. Si je souhaite des notes plus caramélisées, voire vanillées, comme pour la galette des Rois aux marrons glacés que j'avais créée en 2012, je choisis le sucre noir muscovado de l'île Maurice. Je me suis également penché sur le sucre de fleur de coco, qui, s'il n'a pas un très bon bilan carbone, développe un goût intéressant, notamment dans des sablés (recette page 55), que je réalise pour mes filleules Lily et Jill Levy-Waitz.

Le sucre a aussi un rôle « physique » en pâtisserie. Ce qui signifie que l'on ne peut pas le réduire impunément, au risque de mettre en péril la structure même du gâteau. Le sucre fait partie des fondations de la meringue, de la dacquoise ou du biscuit du macaron. Sans une quantité suffisante, ils ne tiennent pas debout ! Quant aux glaces, si elles manquent de sucre, elles brûlent littéralement le palais.

Donc s'il importe de réfléchir à la dose de sucre utilisée pour maîtriser l'apport gustatif et nutritionnel de chaque gâteau, il est tout aussi crucial de ne pas commettre l'excès inverse qui consiste à supprimer le sucre.

Il arrive que l'on me dise : « Vos gâteaux sont trop sucrés. » Je réponds toujours la même chose. À savoir que oui, puisque c'est de la pâtisserie et que la pâtisserie, par définition, a vocation à être sucrée. Après quoi, je précise que j'utilise la quantité de sucre nécessaire selon mon goût, en lequel j'ai confiance.

Saveurs mères

En dehors du sucré, toutes les autres saveurs retiennent mon attention : elles constituent autant de « briques » gustatives qui m'aident à concevoir mes pâtisseries, mes macarons, mes chocolats et mes desserts.

Ainsi, impossible de parler du sucre sans parler du sel, pour la bonne raison que le sel met le sucre sur un piédestal. Je dis parfois que le meilleur dans le sucre, c'est le sel. Voilà qui est facile à vérifier : goûtez un gâteau au chocolat sans sel. Même s'il est réalisé par un bon pâtissier avec des ingrédients de qualité, il vous paraîtra fade. Alors que la quantité optimale de sel rehaussera sa saveur. L'inverse est vrai aussi : une bonne sauce tomate est encore meilleure si on la fait mijoter avec un morceau de sucre. Dans ma pâtisserie, j'utilise de la fleur de sel, au goût plus délicat. Pour un résultat parfait, nous la pesons soigneusement. Car en pâtisserie, l'excès de sel est pire que son absence. J'en ai fait l'expérience il y a quelques années dans un restaurant triplement étoilé à New York, où l'on m'a servi en guise de dessert une omelette norvégienne littéralement recouverte de fleur de sel. Peut-être n'ai-je pas compris l'effet recherché par le chef, mais je n'ai pas pu la manger ! Alors que chez Guy Savoy, j'avais beaucoup apprécié une sorte de brioche nommée « Le Salé », qui est un dessert signature de la maison. Tout est question de mesure…

Autre saveur majeure : l'amertume. Ayant un faible pour les goûts marqués, je l'aime beaucoup… mais jusqu'à un certain point. En effet, elle demande à être maniée avec subtilité. Dans le cas contraire, elle écrase le goût, et il faut tout le talent d'une cheffe pâtissière comme Jessica Préalpato pour la pousser jusqu'à la limite du supportable et la marier avec d'autres saveurs. L'amertume m'évoque avant tout le chocolat noir. Entre 64 et 75 % de cacao, il offre un équilibre parfait entre le parfum spécifique des fèves, l'amertume, le sucre et les notes de torréfaction. Le pure origine Brésil, plantation Païneiras, le pure origine Belize, plantation Xibun (district Cayo) et le pure origine Pérou, plantation Asprobo (province de Morropòn), que les experts de Valrhona m'ont fait découvrir au fil du temps, sont à mon goût optimaux sur ce plan. L'amertume s'exprime aussi dans certains fruits passionnants à travailler : pamplemousse, citron, amandes… Et dans la livèche, la berce, l'estragon, des herbes que j'ai de plus en plus de plaisir à introduire dans mes gâteaux, tant elles leur apportent de la fraîcheur et de l'inattendu.

Quant à l'acidité, que l'on utilise en pâtisserie essentiellement via les jus d'agrumes ou le vinaigre blanc, elle agit de la même façon que le sucre et le sel : en révélant le goût. J'aime mettre une pointe d'acidité là où on ne l'attend pas. D'ailleurs, dans certaines de mes créations, elle n'est pas perceptible. Elle réveille un sorbet à la fraise, elle tempère un macaron ananas-livèche, emmenant cette dernière vers une note herbacée et d'épine de pin plutôt que vers une note de céleri. Elle enlève aux haricots rouges du Japon leur côté « légumes » dans un cheesecake au thé vert et aux azukis. Idem dans le macaron Métissé (carottes cuites, crème à l'orange, jus d'orange, jus de citron, cannelle), où elle efface la note potagère de la carotte tout en mettant en valeur sa sucrosité.

Et puis il y a ce que certains appellent la cinquième saveur : l'umami. Difficile à définir, insaisissable, c'est un révélateur de goût aussi puissant que subtil. Généré par la fermentation, qui fabrique de l'acide glutamique (base du glutamate), l'umami est généralement associée à la cuisine salée (bouillon dashi, sauce soja, anchois, parmesan...), mais sa profondeur m'a donné envie de l'introduire dans la pâtisserie. J'ai commencé avec le miso blanc, que j'aime marier au chocolat, et je poursuis ce travail avec le macaron au kinako, une fine poudre de soja torréfiée, qui donne au gâteau une douceur, un velouté et un caractère uniques.

Bugnes & mentoring

Par leurs critiques constructives, mes parents m'ont appris à regarder au-delà du prisme Lenôtre. Mais j'ai mis du temps à dépasser ce que l'on m'avait enseigné dans cette maison qui, à mes yeux, représentait ce qui se faisait de mieux. D'autant qu'après avoir obtenu mon diplôme, j'y suis resté un bon moment, travaillant sous la houlette des chefs Daniel Raguin (qui, pour la petite histoire, est l'oncle du pâtissier Carl Marletti),

Jean-Pierre Després, Yves Mellot, Philippe Rousselet, Michel Chaudun et Joël Bellouet. Je n'ai que d'excellents souvenirs de ces maîtres, notamment de Bellouet, qui m'avait pris en affection malgré ou peut-être *grâce* à ma curiosité débordante. Il m'avait demandé d'être son apprenti pour présenter son brevet de maîtrise. Cette marque de confiance m'a énormément touché.

Après une année au fameux poste décor, le chef adjoint de la pâtisserie Lenôtre de l'avenue Victor-Hugo (Paris 16e), mon ami Philippe Traineau, m'a fait part d'une drôle d'idée : « Tu sais quoi ? On pourrait échanger nos postes ! Je viendrais au décor et toi à la boutique Victor-Hugo pour assurer les cuissons et les finitions. »

C'était loufoque mais tentant. Et évidemment, j'ai dit oui tout de suite. Le plus drôle dans cette histoire, c'est qu'on nous a laissés faire, et ça a très bien fonctionné. De plus, Gérard Prosper, le chef pâtissier chargé de cette entité de la maison, m'a appris à prendre des responsabilités et à les assumer. Du coup, quelque temps plus tard, quand la boutique a déménagé dans un espace plus grand, on nous a attribué une équipe plus importante. Là encore, j'ai pu compter sur Gérard, qui m'a fait gagner un temps fou en m'apprenant à gérer l'activité de la boutique et des collaborateurs. À la façon d'un coach, il m'a aidé à me développer sur le plan relationnel, m'a ouvert des horizons, m'a appris à entretenir de bons rapports avec les équipes de vente, les fonctions support, la direction. En réalité, il m'a offert une véritable formation, qui complétait les savoir-faire techniques. Le métier rentrait, dans tous ses aspects. Plus les mois passaient, plus j'étais avide de conseils.

Fabien Foenix – aujourd'hui glacier à Paris – qui avait fait son apprentissage chez Lenôtre un peu avant moi, m'a aussi beaucoup guidé, en me donnant des clés et des codes plus intuitifs, très utiles pour naviguer dans une grande maison comme Lenôtre. Il m'indiquait sur qui je pouvais compter, qui il valait mieux éviter. Cela m'a fait avancer, sur le moment et par la suite, et m'a permis plus tard d'endosser la fonction de chef pâtissier adjoint en dirigeant une équipe de huit personnes dès l'âge de vingt et un ans, chez le traiteur-pâtissier François Clerc.

Mais pour l'heure, on était en 1981 et le service militaire approchait. J'ai alors pris les devants, en allant voir M. Lenôtre.

« J'aimerais rester à Paris et garder ma chambre de bonne si c'est possible, lui ai-je dit, ne doutant de rien.

– C'est tout ? » m'a-t-il répondu en riant.

Moyennant quoi, il m'a décroché un rendez-vous avec le chef qui dirigeait alors les cuisines du palais de l'Élysée. Marcel Le Servot était un homme de cœur, qui n'avait pas sa langue dans la poche et dont les faveurs n'allaient manifestement pas au Parti socialiste.

« Je veux bien m'occuper de ton cas, petit, mais si la gauche passe, on va me virer et je ne pourrai plus rien pour toi ! » m'a-t-il lancé.

Au-delà de toute considération politique, je me suis mis à prier pour que Valéry Giscard d'Estaing reste président de la République. Ce qui, comme on sait, ne fut pas le cas. Pourtant, contre toute attente, Marcel Le Servot est resté le chef de l'Élysée et, tout en essayant de satisfaire le palais délicat de François Mitterrand à coups de fins friands au foie gras, il a réussi à me placer comme pâtissier au ministère de la Défense. Quant à M. Lenôtre, il avait accepté de me laisser bénéficier de ma chambre dont je « payais » le loyer en travaillant pour la maison Lenôtre le week-end. Bref j'étais le plus heureux des conscrits !

Après un mois et demi de classes à Fontainebleau, je me suis retrouvé propulsé sous les ors du palais de Brienne, rue Saint-Dominique (Paris 7e), qui abrite les bureaux et le logement de fonction du ministre des Armées. Il s'agissait de Charles Hernu, nommé deux mois plus tôt. On était en juillet 1981, et je n'ai plus jamais revu la caserne. Pendant dix mois, j'ai vécu une sorte de rêve. C'était à peine croyable. L'atelier de pâtisserie était situé à côté du bureau du majordome, que l'on appelait « Patron ». Ce monsieur d'origine vosgienne se disait alsacien, ce qui n'est pas tout à fait la même chose, mais bon, passons, cela nous faisait des points communs.

Mes collègues me soufflaient sans arrêt : « Vas-y, fais-lui des kouglofs pour te faire bien voir ! » Il était très gourmand et comme il passait par la pâtisserie pour entrer dans ses quartiers, je l'abreuvais de gâteaux. En retour, il m'accordait très facilement des « perms ».

Mais plus que des kouglofs, ce sont surtout des bugnes que j'ai souvent cuisinées pour Charles Hernu. Breton de naissance, il fut longtemps député-maire de Villeurbanne. Très attaché à la région lyonnaise, il l'était aussi à ses douceurs, dont les bugnes sont reines. Le ministre adorait ces petits beignets longs saupoudrés de sucre. Souvent, en début de journée, il passait une tête dans mon atelier en se dirigeant vers son bureau.

« Tout va bien, mon petit ? me demandait-il. Vous êtes heureux à ce poste, j'espère ? »

Il enchaînait invariablement par des questions plus gourmandes : « Dites-moi, quand allez-vous nous refaire ces délicieuses bugnes ? Ou bien cette irrésistible brioche aux pralines ? »

Lui et son épouse Dominique étaient des gens chaleureux, gentils, au contact simple et direct. Je discutais souvent de pâtisserie avec Mme Hernu qui tenait à ce qu'il y ait toujours quelque chose de sucré à offrir à toute heure aux visiteurs du ministère. Nous parlions de la texture des sablés, des parfums des macarons, que je réalisais selon ses envies. J'étais au comble du bonheur et je débordais tellement d'énergie que le soir, pour gagner un peu d'argent, je travaillais au restaurant La Ferme Saint-Simon, que tenait Francis Vandenhende, le mari de Denise Fabre. C'est son chef pâtissier, André Heslebeuf, qui m'avait proposé ce job. C'était une période intense, riche, géniale.

Mes créations pâtissières de l'époque étaient encore très inspirées par celles de Lenôtre, chez qui je travaillais le week-end. J'ai mis du temps, au moins quatre ou cinq ans, à oser faire autrement, à transgresser. De tempérament loyal, cela ne me paraissait pas correct.

Même chose avec mes parents. Il m'a fallu des années pour leur avouer – et m'avouer à moi-même – que je ne reprendrais pas l'affaire familiale, contrairement à leurs souhaits. Je crois que je ne l'ai clairement exprimé qu'au moment où ils ont pris leur retraite, en 1992 ! J'esquivais, j'avais peur de leur dire que je n'avais pas envie de vivre comme eux.

Sablés au sucre de fleur de coco

Pour 35 sablés
préparation 20 min
cuisson 18 min
repos 2 h

200 g de beurre demi-sel
75 g de beurre extra-fin
90 g de sucre de coco
1,5 g de fleur de sel de Guérande
½ jaune d'œuf cuit dur et passé à travers un tamis ou une passoire
265 g de farine T55
50 g de fécule de pomme de terre

Faites tempérer les beurres. Tamisez ensemble la farine et la fécule de pomme de terre. Dans le bol du robot muni du crochet, introduisez et mélangez les ingrédients dans l'ordre en donnant le minimum de corps à la pâte. Débarrassez sur une plaque, couvrez de film alimentaire et réservez au réfrigérateur pendant 1 à 2 heures.

Sur un plan de travail légèrement fariné, étalez la pâte sur 5 mm d'épaisseur et détaillez-y des disques de 5 à 6 cm de diamètre (suivant le diamètre de vos moules anti-adhésifs). Placez ces disques dans les moules et réservez au frais avant de procéder à la cuisson.

Préchauffez le four à chaleur tournante à 165° (th. 4). Enfournez les sablés pour 18 minutes. Dès la sortie du four, démoulez-les en retournant les moules sur une plaque. Laissez refroidir et conservez en boîte hermétique à température ambiante.

PIERRE HERMÉ

12 RUE FORTUNY PARIS 17e

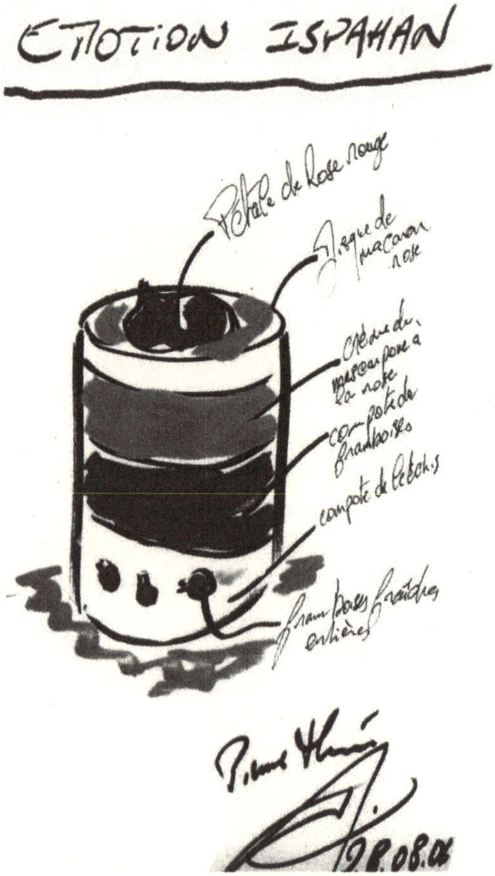

Chapitre 3

RÉVÉLATIONS

Baeckeoffe & indépendance

Au fond de moi, j'ai su très tôt que je resterais à Paris pour suivre mon propre chemin. J'avais dix-huit ans lorsque j'ai compris que je ne rentrerais pas en Alsace, même si j'ai un attachement profond pour ma région natale et que je suis toujours heureux d'y retourner.

J'apprécie beaucoup les Alsaciens, dont les valeurs me sont si chères : la fidélité, la précision, le sens du travail, la ponctualité. Une mentalité assez germanique, en fait. Les Alsaciens de la génération de mes parents étaient pétris de biculture. Nés en 1930, mon père et ma mère sont allés à l'école française pendant dix ans, puis allemande pendant la guerre, puis à nouveau française. À la maison, on regardait davantage la télévision en allemand qu'en français, et mes parents, de même que leurs contemporains, ne se parlaient qu'en alsacien, un dialecte issu de l'allemand, assez proche du suisse de la région de Bâle. Mais attention, il y a alsacien et alsacien : entre celui du nord et celui du sud, à vingt-cinq kilomètres de distance, certains mots diffèrent complètement ! Quoi qu'il en soit, mes parents me parlaient alternativement en français (avec un accent de Colmar à couper au couteau, surtout ma mère) ou en alsacien, mais je ne répondais qu'en français. Je comprends l'alsacien, mais je ne le maîtrise pas bien : quand je m'y essaie, je dérive vite vers l'allemand, une langue que j'ai apprise au collège, et que je parle couramment, comme la plupart des Alsaciens de mon âge.

Durant l'émission de Canal + « En aparté », où j'ai récemment été invité, la journaliste Nathalie Lévy a diffusé, par surprise, l'extrait de la seule interview de mes parents, réalisée en 2002, dans laquelle ils parlaient de moi. Le fait de les revoir tels qu'en eux-mêmes, sans filtre, sans posture, avec leur côté « pas commode » et leur accent si particulier, m'a vraiment remué. Quand on n'a plus de parents, on perd une partie de son histoire, car ils en sont les premiers détenteurs. Les voir ainsi raconter le petit garçon que j'avais été, ça m'a bouleversé.

Pour en revenir à l'Alsace, mes parents n'avaient le temps ni la volonté de me faire découvrir notre région, pas même pendant leurs congés. Lorsque nous partions en vacances l'été, on montait dans la DS, direction Cattolica, en Italie, au sud de Rimini. Parfois c'était Biarritz, Port-Barcarès ou encore la Bretagne. Nous séjournions toujours à l'hôtel, et j'adorais ces moments, les seuls que mes parents me consacraient pleinement, et où nous faisions des activités n'étant pas liées au travail.

Nous n'avons presque jamais visité l'Alsace en dehors de Colmar et de ses alentours. Tout ce que j'ai découvert sur ma région d'origine, je l'ai fait par moi-même en y retournant bien plus tard : la culture, les musées, la route des vins, les producteurs, les produits, les chefs et les restaurants… Je dis parfois que mon attachement à l'Alsace n'est pas aussi viscéral que celui de mon épouse Valérie pour sa Corse natale, mais à la sortie du confinement du printemps 2020 – passé sur l'île de Beauté – la première chose que nous avons faite, c'est de nous précipiter en Alsace. J'avais besoin de retrouver les plats de « chez moi ». En l'occurrence ceux de nos amis Isabelle et Marc Haeberlin, de l'Auberge de l'Ill à Illhaeusern, qui nous ont reçus chez eux, puisque les restaurants étaient encore fermés. Marc, chef émérite, avait cuisiné un œuf parfait avec une mousseline de pommes de terre et un morceau de lard, fait rôtir un beau carré de veau, et mon amie de toujours, la grande pâtissière de Niedermorschwir Christine Ferber, avait apporté le dessert.

La région regorge de chefs talentueux et au-delà des traditionnels choucroutes et baeckeoffes, la culture culinaire et gastronomique alsacienne est très riche. Rien de tel qu'un bon casse-croûte du vigneron – du munster et des pommes de terre, le tout arrosé de vin bourru –, qu'une salade de cervelas et de comté, un pâté en croûte ou une tourte de viande chaude… Lorsque j'étais petit, je n'aimais pas trop la choucroute. En revanche, j'adorais le suri ruewa, du navet blanc émincé, fermenté et cuisiné comme la choucroute, pour lequel j'ai gardé une tendresse particulière.

Bizarrement, lorsque j'étais enfant, mes parents ne m'ont pas inculqué la sensibilité au goût, ils ne m'expliquaient pas ce que l'on mangeait à la table familiale. Même si c'était plutôt bon, il s'agissait davantage de se nourrir que de cuisiner. Mes souvenirs gustatifs sont plutôt liés à mes grands-mères, chez qui je déjeunais ou dînais souvent. Elles me préparaient tout ce que j'aimais : des petits pois et des carottes à la crème, de la semoule à l'alsacienne – avec œufs durs et sauce tomate –, leurs pâtes maison ou encore des knepfles de foie, qui ressemblaient à des quenelles. Pour le dessert, elles cuisinaient des œufs à la neige, des charlottes, des choses que j'adorais, car je n'en mangeais pas à la maison et qui font remonter de jolis moments avec mes aïeux.

Je n'ai connu que mon grand-père maternel, un homme rude en surface mais profondément gentil, en réalité. Il était chauffeur-livreur, jardinier. Avec son épouse, femme de ménage, ils travaillaient pour des boulangers-pâtissiers de Colmar. Mon autre grand-père était mort en 1959, deux ans avant ma naissance. Boulanger-pâtissier comme son propre père, c'était un esthète. Numismate et philatéliste, il était aussi amateur d'antiquités, d'œuvres d'art, de meubles et de livres anciens. J'aurais beaucoup aimé le connaître, car on me l'a toujours décrit comme un homme charismatique, passionné et passionnant. Il avait repris la pâtisserie que son propre grand-père avait ouverte en 1870. Elle est toujours au même endroit depuis. C'est l'une des plus anciennes boulangeries-pâtisseries de Colmar. En quelque sorte, la Maison Hermé a fêté ses cent cinquante ans en 2020 !

Je n'ai jamais envisagé de m'installer en Alsace, je n'y ai d'ailleurs plus jamais habité après mon départ à l'âge de quatorze ans. En revanche, j'y vais régulièrement, ce qui me réjouit d'autant plus que j'y ai installé la manufacture de macarons et de chocolats Pierre Hermé Paris en 2008.

En vérité, ce n'est pas l'Alsace que j'ai fui très tôt, c'est plutôt le mode de vie familial.

Dès ma deuxième année d'apprentissage, j'ai espacé mes voyages à Colmar et j'ai beaucoup moins vu mes parents. Je commençais à gagner un peu plus d'argent, ce qui me permettait de faire des choses intéressantes à Paris lors de mes jours off. Ma mère, dont le fonctionnement était davantage basé sur le reproche que sur le compliment, s'en plaignait beaucoup. Elle sentait que lentement, mais sûrement, je me détachais de la cellule familiale.

À seize ou dix-sept ans, je ne savais pas exactement ce que je voulais, mais je savais que je ne voulais pas vivre comme eux, en mélangeant travail et vie personnelle, au prix de disputes incessantes. J'ai toujours souhaité me préserver de ça. Petit, j'ai souffert des querelles familiales, de la mauvaise entente entre mon père et sa sœur, ma mère et sa belle-mère, ma mère et son beau-frère... On me demande souvent des photos de moi enfant, mais je n'en ai que quelques-unes, dispersées çà et là, alors que tous mes documents professionnels sont toujours rangés au cordeau. Cela révèle une faille sensible, de toute évidence.

Si l'Alsace reste une base et un repère pour moi, je crois qu'inconsciemment, j'ai mis de la distance avec ma famille. Il me reste les deux sœurs de ma mère, quelques cousins et cousines, avec qui j'entretiens de bonnes mais rares relations. Pour moi, les obligations (quel mot !) familiales représentent un vrai poids.

Ma famille aujourd'hui, ce sont les amis que j'ai choisis. Lorsque je suis arrivé à Paris, je me suis vite créé un univers, des relations fortes. J'étais avide de rencontres enrichissantes et la vie m'a gâté dans ce domaine.

Tomates & libération

Après un service militaire enchanteur, il m'a fallu revenir à la réalité et trouver du travail. Pour ce faire, je me suis tourné tout naturellement vers la maison qui m'avait formé, et M. Lenôtre avait justement un projet me concernant. Il venait de s'associer aux chefs Paul Bocuse et Roger Vergé pour assurer la restauration du pavillon français de l'Epcot Center, un parc à thèmes signé Disney qui ouvrait ses portes tout près d'Orlando, en Floride. Il voulait m'y envoyer, m'assurant que ce serait très formateur pour moi. C'était un projet pharaonique, mais d'une part, je ne savais rien des conditions dans lesquelles j'aurais travaillé là-bas, et d'autre part, je pensais qu'il était trop tôt pour partir à l'étranger relever un tel challenge.

Au même moment, mon ami Philippe Traineau, qui était devenu chef pâtissier pour l'activité pâtisserie-traiteur chez le cuisinier-traiteur François Clerc, m'a proposé le poste de second que j'ai accepté. Dans un premier temps, j'ai travaillé dans la boutique que l'entreprise venait d'ouvrir à Saint-Germain-en-Laye, puis dans son laboratoire flambant neuf, situé à Saint-Ouen-l'Aumône, où j'ai été nommé chef pâtissier adjoint. Nouveau lieu, nouvelle équipe. À vingt-deux ans, c'était idéal pour (re)démarrer.

J'ai passé deux belles années chez François Clerc. J'y ai dirigé une équipe, créé des produits et mis au point mes premiers gâteaux. C'est là que j'ai timidement commencé à m'affranchir de ce que j'avais appris, même si quelques traces du style Lenôtre subsistaient dans mes créations.

J'ai gardé un souvenir assez précis de celles-ci : je faisais une charlotte aux fruits rouges, constituée d'un biscuit imbibé de kirsch à la framboise, de mousse à la framboise et d'un mélange de fruits rouges. Il y avait aussi le Caraïbe, un biscuit imbibé de rhum blanc, surmonté de crème mousseline à la noix de coco, de morceaux d'ananas, de zeste de citron vert et de groseilles. Ce gâteau est resté dans mon répertoire, et je l'ai fait évoluer au fil du temps : il s'appelle désormais « Victoria », et se compose d'une dacquoise, d'une mousse à la noix de coco, d'ananas, de zeste de citron vert et de coriandre fraîche.

Je ne l'ai pas compris tout de suite, mais imaginer des associations de saveurs, puis les réinterpréter dans plusieurs familles de produits (gâteaux, macarons, cakes, glaces, viennoiseries, tartes...) et ainsi faire évoluer mes créations, cela allait devenir l'une des particularités de mon travail. J'y reviendrai.

À ce moment-là, il fallait que j'évolue, moi aussi. Mon moteur intérieur m'y poussait. Aussi, quand Gilles Épié, chef du Pavillon des Princes – l'un des restaurants de François Clerc –, m'a informé qu'un certain Alain Passard cherchait un pâtissier prêt à le suivre à Bruxelles, où il était nommé chef du restaurant Le Carlton, j'ai sauté sur l'occasion. Sans le savoir, je m'embarquais dans une drôle d'aventure.

Alain Passard n'avait que vingt-six ans à l'époque, mais son talent était déjà reconnu, puisqu'il venait de décrocher deux étoiles Michelin pour sa cuisine au Duc d'Enghien (au casino d'Enghien). Il était le plus jeune chef à avoir obtenu cette distinction. Le cuisinier prodige avait répondu à l'appel de Jean Mailian, un entrepreneur qui faisait la pluie et le beau temps sur la scène gastronomique bruxelloise. Il y possédait plusieurs restaurants ainsi que Le Village gourmand, place du Sablon, une épicerie de luxe où il vendait du caviar, notamment. (Plus tard, en 1986, il ouvrirait une entreprise de distribution de produits alimentaires haut de gamme, le Marché des chefs, qui existe toujours).

Ce monsieur avait un peu la folie des grandeurs : le fameux Carlton, sur la très élégante avenue Louise, était un endroit somptueux, avec un plafond ouvrant, comme chez Lasserre à Paris. Un luxe très osé pour le Bruxelles des années quatre-vingt. Le restaurant a été inauguré en 1984. Je n'y suis pas resté très longtemps, et pour cause.

Je ne connaissais Alain Passard que de réputation, et on ne s'est pas entendus, mais alors pas du tout ! Alain, dans la fougue de sa jeunesse, avait besoin de s'affirmer. En plus, il subissait la pression de notre patron, qui exigeait l'obtention des trois étoiles pour Le Carlton. Tout cela rendait le chef très raide, c'est le moins que l'on puisse dire. Quant à moi, je n'avais pas beaucoup d'expérience de la restauration, j'étais trop formaté par la pâtisserie de boutique pour répondre à son niveau d'exigence. Résultat : la première fois que j'ai cuisiné des tomates sous forme de dessert, je les ai

« prises dans la figure ». Impossible de rester dans ces conditions, je suis donc parti au bout de trois mois pour intégrer une pâtisserie iconique en Belgique : la vénérable maison Wittamer, place du Grand-Sablon. C'était l'équivalent belge de Lenôtre, mais en taille plus modeste. J'ai de très bons souvenirs des liens noués avec la famille Wittamer, chez qui j'ai rencontré Pierre Marcolini et Luigi Biasetto. Jeunes apprentis à l'époque, ils sont devenus de grands professionnels et restés des amis. Hélas, je n'ai fait qu'un passage éclair chez Wittamer, car d'autres aventures me tendaient les bras, au Luxembourg, cette fois.

Rose & curiosité

À vingt-trois ans, je venais d'être « chassé » pour mon premier poste en hôtellerie, et ce, grâce à Serge Bréda, « meilleur ouvrier de France » et ancien chef pâtissier emblématique de Fauchon, qui m'avait pris en affection, bien que nous ne nous soyons rencontrés qu'une ou deux fois. Sachant que je cherchais à quitter Bruxelles, il m'avait mis en contact avec les responsables de l'Intercontinental de Luxembourg, qui s'apprêtait à ouvrir. J'ai été embauché dans la foulée. Le poste était d'une ampleur considérable. J'allais diriger une équipe de six personnes pour prendre en charge toute la pâtisserie de l'établissement : les desserts pour la brasserie, le restaurant gastronomique, les banquets mais aussi les viennoiseries pour les petits déjeuners, les mignardises pour les chambres, les gâteaux pour le goûter, etc. L'exercice était beaucoup plus large qu'en boutique et nécessitait, en plus d'une organisation minutieuse, un gros travail d'équipement, d'achats de produits et de matériel, puisqu'il s'agissait d'une ouverture d'hôtel.

J'ai eu la chance, à ce moment-là, de faire la connaissance de Pit Oberweis, le chef pâtissier luxembourgeois. Ce grand monsieur, qui a aujourd'hui plus de quatre-vingts ans, avait créé avec son épouse l'une des plus belles entreprises de pâtisserie-traiteur que je connaisse, aujourd'hui reprise par ses fils Tom et Jeff. Pit est vraiment l'une des personnalités les plus importantes de notre métier, on apprend toujours quelque chose auprès de lui. D'une immense modestie, il sait se remettre en question, même si ce qu'il fait est très bon et intelligent. Lorsque je suis arrivé au Luxembourg, il m'a accueilli, accompagné, aidé à installer les bases de mon travail, en toute bienveillance et par pure générosité.

Ce fut une rencontre déterminante pour moi, car en plus de son soutien, Pit Oberweis – qui est resté un ami – m'a aussi ouvert l'esprit sur de nombreux sujets, notamment en me présentant Relais & Desserts, une association créée en 1981 par Lucien Peltier (alors pâtissier rue de Sèvres à Paris 7e), dont l'objet était – et est toujours – de réunir l'élite de la pâtisserie en France et à l'international. Cela a contribué à mon enrichissement personnel, technique et gustatif. Cette association a toujours été extrêmement importante pour moi car c'est un lieu d'échanges entre professionnels, sans barrières ni secrets, au sein duquel on partage sans conditions nos connaissances des matières premières et nos savoir-faire. Lorsque je recherche quelque chose, comme la bonne façon d'imprimer un dessin de la tour Eiffel sur des macarons, j'interroge mes collègues sur l'outil ad hoc, et il y en a toujours un qui répond parmi la centaine de membres, répartis en France, en Europe, aux États-Unis ou en Asie.

Pit Oberweis a présidé Relais & Desserts dans les années quatre-vingt, suivi de Frédéric Cassel puis aujourd'hui de Vincent Guerlais, respectivement pâtissiers à Fontainebleau et à Nantes. Quant à moi, j'en suis vice-président depuis vingt ans. J'apporte des idées, du relationnel, mais je ne veux surtout pas être président, cela prend trop de temps et d'énergie ! J'assure déjà la présidence de la Coupe du monde de pâtisserie depuis 2019... je ne peux pas tout faire ! Mais je remercie chaque jour Pit Oberweis de m'avoir introduit dans cette association, qui m'est précieuse. Tout comme je lui suis reconnaissant de m'avoir soutenu à chaque fois que j'en ai eu besoin. Lorsque j'ai créé ma maison, il m'a conseillé sur l'organisation des boutiques, des laboratoires, de la manufacture... Si Gaston Lenôtre était ma figure tutélaire, Pit Oberweis est un homme exemplaire, qui m'a accompagné tout au long de mon parcours. Il est certain que si cette expérience au Luxembourg, qui était pour moi la première dans un hôtel et à l'étranger de surcroît, s'est bien passée, c'est en partie grâce à lui.

Mais pour être tout à fait exact, c'est également grâce à une jeune femme, prénommée Christine, avec qui je passais de plus en plus de temps. Très tôt, vers l'âge de treize ans, j'avais eu mes premières petites copines lorsque j'étais pensionnaire en Alsace. Par la suite, il y en avait eu plusieurs, mais jamais rien de sérieux. Avec Christine, ce n'était pas pareil. Elle me plaisait vraiment, même si elle n'était pas passionnée par la pâtisserie. En même temps, ce n'est pas la qualité première que je recherche chez une femme ! Dynamique et volontaire, cette Jurassienne passionnée d'équitation dirigeait l'un des restaurants de l'hôtel Intercontinental. À ce moment-là, nous étions proches, mais seulement amis. Puis elle partit travailler en Angleterre. Notre amitié se transforma petit à petit en relation amoureuse, quand elle revenait me voir, et nous avons fini par nous marier. L'éloignement nous avait rapprochés ! Et hélas, ce fut le rapprochement qui nous éloigna, quelque temps plus tard. En effet, dans les années qui ont suivi, elle revint travailler pour le groupe Flo à Paris, tandis que je venais de m'y réinstaller. Elle rentrait tard le soir, je partais tôt le matin, ce qui a fini par nous séparer. Mais nous sommes toujours restés en bons termes.

J'ai beaucoup appris pendant cette année luxembourgeoise. J'ai notamment fait une découverte importante pour mon parcours de pâtissier. Avec le recul, je pense même qu'il s'agit d'une étape fondatrice dans mon voyage au centre de l'univers gustatif.

L'hôtel avait organisé un événement autour de la cuisine et de la pâtisserie bulgares, auquel j'assistais avec le plus vif intérêt. J'observais attentivement les démonstrations et me livrais avec gourmandise aux dégustations de plats, de desserts et de gâteaux. Quelle ne fut pas ma surprise en constatant que le goût de la rose était omniprésent ! J'ai des souvenirs flous des spécialités dégustées, mais je garde nettement la sensation que fit naître la saveur de rose sur mon palais. Je savais que ce parfum était typique de la pâtisserie orientale, mais mes papilles n'y étaient pas préparées. Ce jour-là, en me mettant le goût de la rose en tête, des artisans bulgares ont déclenché chez moi une intense curiosité. Le fait que cette saveur soit traditionnellement cuisinée dans leur pays, principalement avec l'eau de rose, m'a interpellé. J'ai soudain trouvé crédible de l'interpréter à ma façon dans un gâteau, même si cela ne s'est pas fait immédiatement, en tout cas pas de façon satisfaisante selon moi.

Il m'a fallu quelques mois pour digérer ce choc gustatif et commencer à en discuter avec mon ami et collègue Yannick Lefort, un autre colmarien avec qui j'avais créé une petite société de conseil : H&L Proconcept. On travaillait chacun de notre côté, (il était chez Maxim's traiteur, passerait ensuite à la Grande Épicerie de Paris et créerait plus tard Macarons gourmands), mais nous partagions énormément de choses, et notamment cette fascination pour le goût de la rose autour duquel nous nous mettions à l'épreuve. C'était le premier parfum « original » que j'utilisais.

J'ai tenté de le marier avec le caramel, mais c'était trop doux, trop suave. Alors j'ai opté pour les notes acidulées de la framboise, qui contrebalançaient le côté doucereux de la rose. C'était déjà mieux, mais il me faudrait encore quelques années pour arriver à l'association de saveurs qui a fait le succès du gâteau Ispahan...

J'en étais là de mes expérimentations gustatives florales lorsque Serge Bréda, toujours lui, m'a fait savoir que Fauchon recherchait un chef pâtissier pour remplacer celui qui était en place, un dénommé Paul Berton.

« Bof ! Leurs pâtisseries ne sont vraiment pas terribles…, ai-je répondu.

– Eh bien, raison de plus pour présenter ta candidature », m'encouragea Serge.

Je l'ai écouté et bien m'en a pris. Reçu par Jean-Claude Crochard, l'un des membres de la direction de Fauchon, je n'ai pas mâché mes mots. Après tout, j'avais déjà un bon job et je me disais que je n'avais rien à perdre. Alors autant jouer franc-jeu !

« La maison Fauchon a une formidable réputation, mais ses gâteaux ne sont pas au niveau de celle-ci », lui ai-je lancé pendant l'entretien. Ambiance.

« Ah oui ? Et que feriez-vous si vous étiez engagé ? » m'a demandé mon interlocuteur, qui a eu le mérite de ne pas se démonter.

Je lui ai déroulé les quelques idées que j'avais préparées, et il m'a dit banco : « Cela tombe bien, mon ambition est justement de faire de Fauchon la meilleure pâtisserie de Paris. À vous de jouer, maintenant ! »

J'avais vingt-quatre ans et j'étais embauché par un établissement qui, s'il n'avait pas mes faveurs pâtissières, n'en était pas moins célèbre dans le monde entier. On était en novembre 1985, il était entendu que je prendrais mes fonctions au début de l'année suivante.

Quelques jours plus tard, le 20 décembre, un incendie ravageait le bâtiment, tuant la propriétaire du magasin, Josette Gulliemino Pilosoff, ainsi que sa fille Nathalie, alors âgée de vingt-deux ans. Le sinistre avait également fait treize blessés, dont certains gravement.

Les fêtes furent terriblement tristes cette année-là.

Quelques semaines plus tard, mes débuts dans la maison se déroulèrent dans un contexte compliqué.

Lorsque je suis arrivé, Paul Berton était encore là, sans doute tenait-il à faire son préavis dans les règles. J'ai rapidement protesté. Prendre la direction d'une équipe de trente-deux pâtissiers dans ces conditions, sous le regard de quelqu'un qui était sur le départ, allait s'avérer délicat. Alors M. Berton a été remercié un peu plus tôt que prévu. Qu'il me pardonne.

Autre obstacle, et pas des moindres : certains pâtissiers en place avaient vingt-cinq ans de maison, et mon jeune âge n'a pas plu à tout le monde. Malgré mes efforts de diplomatie, l'un des vieux de la vieille n'a rien trouvé de mieux que de m'insulter dès que je lui demandais de faire quelque chose. Comme j'étais sanguin à l'époque, pour ne pas dire très colérique, j'ai traîné l'impétrant chez le directeur du personnel, qui lui a signifié son congé définitif. Un autre, qui occupait le poste du tour, a fait valoir ses droits à la retraite. En dehors de ces deux personnes, j'ai gardé tous les chefs de postes. Après avoir pris la température durant quelques mois, j'ai recruté un excellent second, Jean-Michel Perruchon, aujourd'hui « meilleur ouvrier de France » et propriétaire de l'école de pâtisserie Bellouet Conseil.

On allait pouvoir se mettre au travail.

Il y avait du pain sur la planche : il s'agissait ni plus ni moins de faire éclore la nouvelle identité pâtissière de Fauchon.

PIERRE HERMÉ

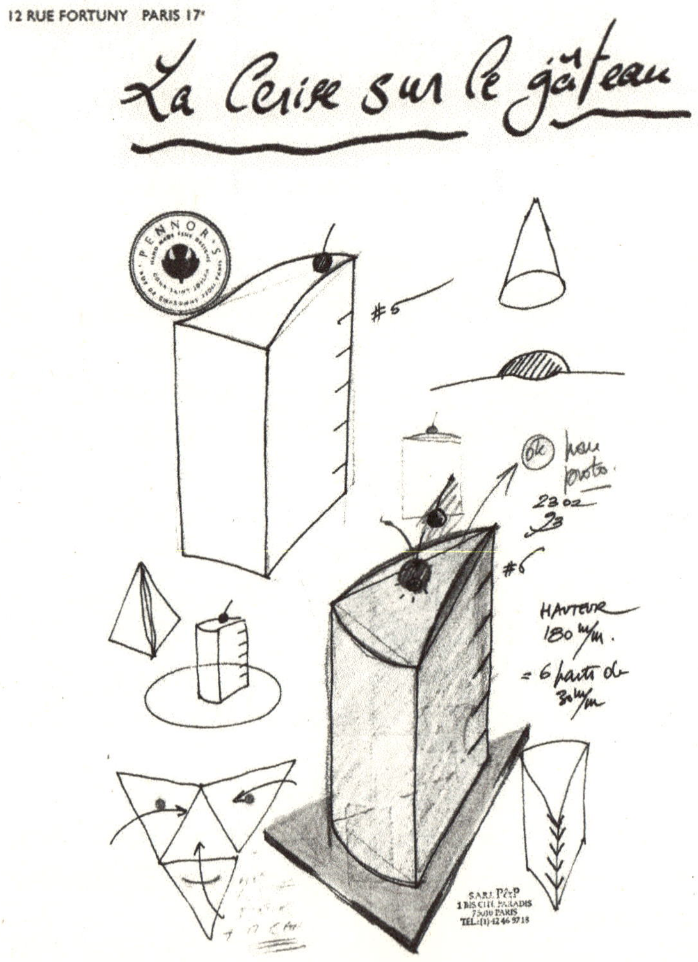

Chapitre 4

ACTION !

Méthode & crème au beurre

Comment faire évoluer une telle marque, perpétuer son histoire sans la transformer, tout en en faisant la meilleure pâtisserie de Paris ?

Cette équation à multiples inconnues n'était pas simple à résoudre.

Je ne me suis pas laissé submerger, cela n'est pas dans mon tempérament. J'étais pétri de doutes, mais j'avais confiance dans ce que je voulais faire. Le doute, il faut apprendre à le gérer, à trouver l'équilibre entre les questionnements incessants et l'excès de confiance en soi.

Pour cela, je ne connais qu'une solution : travailler, jour et nuit s'il le faut. J'ai beaucoup observé, réfléchi, pris des centaines de pages de notes pour m'imprégner des caractéristiques de la maison : ses forces, ses faiblesses, ses spécialités, son fonctionnement. En pâtisserie comme dans tout autre domaine professionnel, c'est un point de départ indispensable pour définir précisément les contours d'un poste.

Cette « enquête » sur le terrain, je la menais tout en assurant le quotidien de la pâtisserie, ce qui fût extrêmement sportif par moments, notamment pour mon équipe, dont j'exigeais le maximum. Très vif, beaucoup moins calme qu'aujourd'hui et parfaitement intransigeant, je voulais tout, tout de suite, en l'occurrence des gâteaux de très grande qualité, tous les jours. Je ne laissais rien passer, je dois avouer que mes gars ont dégusté à l'époque… et pas seulement des pâtisseries ! Je me souviens que Frédéric Bau (aujourd'hui directeur de la création chez Valrhona) qui, comme Christophe Felder ou plus tard Christophe Michalak, a fait partie des petits jeunes que j'ai engagés chez Fauchon, arrivait tout le temps en retard. Or la ponctualité est pour moi une obsession. En bon Alsacien, je suis indécrottable sur ce sujet ! Un matin, ne voyant pas Frédéric pointer son nez, je lui ai fait préparer un petit déjeuner, que l'on a soigneusement dressé sur une table au beau milieu de l'atelier. Quand il est arrivé, je l'ai installé avec son café, ses croissants et je lui ai dit devant tout le monde, histoire de l'accabler : « Vas-y, prends ton petit déj' tranquillement, nous, on bosse ! »

Bref, j'étais insupportable. Mais Frédéric n'est plus jamais arrivé en retard.

À ma décharge, la tâche qui m'attendait était considérable. Mon travail se divisait en deux volets : d'abord améliorer l'existant, mais surtout proposer du changement et des nouveaux produits.

J'avançais sur tous les fronts, mettant en œuvre ce que mes mentors m'avaient appris en termes d'exigence, de choix des matières premières, d'organisation, de méthodologie. J'ai instauré le fichage et le partage des recettes, comme chez Lenôtre, afin que chacun ait à sa disposition le bon mode opératoire, unique et validé pour chaque gâteau : des ingrédients soigneusement choisis, des pesées au gramme près, des cuissons hautement rigoureuses, des dressages codifiés... Cela paraît évident aujourd'hui, mais à l'époque, ce n'était pas monnaie courante. Chez Fauchon, les pâtissiers à l'ancienne écrivaient encore les recettes à la main dans leurs cahiers, ce qui pouvait engendrer des résultats pour le moins aléatoires et irréguliers. Il faut savoir qu'en pâtisserie, même lorsque l'on travaille à partir de fiches précises, ce qui est toujours le cas chez moi, le résultat change selon la personne qui est à l'œuvre. De même qu'une partition de musique jouée par dix artistes donne dix interprétations différentes. Ce qui rend la stricte codification d'autant plus nécessaire pour obtenir une qualité stable, y compris pour les gâteaux qui étaient déjà iconiques chez Fauchon, comme le Megève (meringue française et mousse au chocolat), le Sacher (un biscuit chocolaté à la pâte d'amandes imbibé de cognac avec une ganache au chocolat) ou le Capucine chocolat, un biscuit progrès avec une crème au beurre pralinée, que j'ai d'ailleurs rapidement allégée en y ajoutant de la texture et de la meringue italienne.

Pour mettre ces mesures purement techniques au carré, il m'a fallu un an. L'aide de mon second, Jean-Michel Perruchon, m'a été extrêmement précieuse sur ce terrain.

Style & maturation

Car pendant ce temps, je développais mes propres idées et créations. Je n'en avais pas conscience à l'époque, mais avec le recul, je comprends que c'est à ce moment-là que j'ai définitivement pris de la distance avec l'école Lenôtre. Tout en m'appuyant sur les savoir-faire qui m'avaient été enseignés et qui me sont encore utiles aujourd'hui, je marchais lentement mais sûrement vers quelque chose que j'ai toujours senti en moi : l'envie d'être différent, d'exprimer ma personnalité à travers mes gâteaux. Parler d'un basculement serait excessif, car à vrai dire, je ne l'ai pas réellement perçu. Pourtant, il se passait quelque chose : je commençais à écouter ma voix intérieure. Au lieu de me contenter d'interpréter des recettes existantes, j'en composais de nouvelles. Il me vient en tête, à ce sujet, une phrase puissante de Jean Cocteau qui m'a toujours guidé plus ou moins inconsciemment et que je conseille à tous de méditer : « Il faut faire aujourd'hui ce que tout le monde fera demain. »

Porté par mon poste chez Fauchon où la direction ne me contrariait pas, en tout cas pas encore, j'ai commencé à mettre ce principe en action. On me laissait globalement faire ce que je voulais, les gâteaux se vendaient bien, alors je me suis lâché de plus en plus. En termes de création pâtissière, cela s'est construit sur trois axes majeurs, trois piliers qui définissent mon style et dont je n'ai jamais dévié :

- la mise en place de collections saisonnières ;
- l'exploration de nouvelles saveurs ;
- une esthétique en rupture avec les codes traditionnels.

J'avais une ambition chevillée au corps : emmener la pâtisserie vers plus de qualité et de modernité. Je sentais qu'il y avait des choses à faire pour la hisser vers le haut.

Mais avant de poursuivre sur ce sujet, j'aimerais faire une mise au point. J'ai souvent lu ou entendu que j'avais « réinventé » le métier. Je n'ai jamais tenu ces propos présomptueux. J'ai certes contribué à faire évoluer la pâtisserie, comme les grands Lucien Peltier ou Yves Thuriès l'avaient fait avant moi, comme Philippe Conticini ou Cédric Grolet le font aussi. C'est le cycle des métiers artisanaux : via les traditions de transmission, une génération en fait éclore une autre. Nous sommes des passeurs : pour développer nos propres créations, nous nous appuyons toujours sur les recettes et les techniques de nos prédécesseurs, comme le feront nos successeurs. Ainsi, pour améliorer le goût d'une brioche feuilletée ou trouver une jolie typographie « Joyeux anniversaire » à apposer sur les gâteaux, il m'arrive encore de puiser dans mes cahiers de l'école Lenôtre. Et je ne peux pas nier que certaines de mes associations de saveurs comme Ispahan sont reprises par de jeunes confrères. C'est l'histoire de la vie !

Cela étant (r)établi, je reconnais que j'avais ma vision de la pâtisserie. Cette *vista* tient en trois mots, qui définissent sans doute la patte de ma marque : cultiver la différenciation. Être en rupture avec ce qui existait auparavant, c'était fondamental dans mon esprit. Et ça l'est encore. Je désirais ardemment faire entrer le métier dans une nouvelle dimension, car il restait trop conventionnel à mes yeux. Je voulais lui donner du sens, en travaillant les produits de saison.

Je voulais l'enrichir des codes du luxe, de la créativité, de l'audace dans les associations de saveurs. Cela passait aussi par l'une de mes obsessions : l'attention portée aux « détails » – essentiels en réalité ! – que sont le service en boutique, l'emballage, l'environnement. Tout cela existait à l'époque chez certains traiteurs et chocolatiers, mais pas chez les pâtissiers.

Cela ne s'est évidemment pas fait en un jour. Je parle d'un processus lent, d'une maturation qui trouve ses racines à ce moment-là mais qui s'est développée dans la décennie qui a suivi. D'après moi, cela n'allait pas assez vite, mais c'était finalement mieux ainsi car les changements auxquels j'aspirais semblaient parfois incongrus aux yeux de la clientèle.

Fraises & convictions

Dans les années quatre-vingt, introduire la notion de « collections saisonnières » en pâtisserie était une démarche assez mal comprise. Cela ne s'était jamais fait. Le respect de la planète n'encombrait pas grand-monde : on trouvait très chic d'acheter des cerises en décembre – c'était l'une des spécialités et des fiertés de Fauchon d'en faire venir du Pérou ou d'ailleurs – et personne ne s'étonnait de manger des tartes aux fraises en janvier. Au contraire, les clients se plaignaient si leur pâtissier n'en proposait pas !

Mes premiers essais de collections saisonnières chez Fauchon n'ont pas suscité un fol enthousiasme, c'est le moins que l'on puisse dire. Je me revois arriver, assez content de moi, dans le bureau de ma patronne Martine Prémat, pour lui présenter mes gâteaux. Alors que je lui demande ce qu'elle en pense, un silence embarrassant me répond.

« Vous n'aimez pas ? » la questionnai-je. Manifestement perplexe, elle ne demande même pas à goûter. Me sentant rougir, je regarde mes chaussures pour cacher ma gêne. Quand je relève la tête, je vois que sa secrétaire regarde mes gâteaux avec mépris, avant de me lancer d'un air pincé : « Pas très Fauchon, tout ça ! »

Et la patronne d'acquiescer. Je suis reparti avec mon plateau. J'ai accusé le coup, mais j'ai persisté dans mes convictions en lançant les collections saisonnières dans la foulée !

Pour moi, c'était une hérésie de manger des cerises en hiver. Avant tout sur le plan gustatif. Ayant grandi près du verger familial, j'ai toujours su qu'un fruit n'est jamais aussi délicieux qu'au mitan de sa pleine saison : c'est là que, parfaitement mûri et épanoui, gorgé de sucre, il délivre toutes ses qualités organoleptiques. Et permet donc la confection des meilleurs gâteaux possible… Comme la fameuse tarte aux quetsches de mon père, qui était un parangon de la saisonnalité, puisqu'il ne la proposait que cinq semaines dans l'année. Ce postulat a toujours dicté ma façon de travailler. Je n'utilise des fraises qu'au printemps, des pêches qu'en été, des poires qu'en automne, des agrumes qu'en hiver…

L'honnêteté m'oblige toutefois à souligner une exception qui confirme la règle et qui m'est parfois reprochée : les framboises fraîches qui agrémentent toute l'année le gâteau Ispahan, que j'ai créé en 1997 et qui marie les saveurs de la rose, du litchi et de la framboise, donc. Comme il est devenu l'un des emblèmes de la maison, il est difficile de ne le proposer qu'en été, car les clients le demandent beaucoup. Il n'empêche que je suis à la recherche d'une solution pour répondre à cette question de façon satisfaisante, tant sur le plan de la saisonnalité que sur celui du goût. La solution serait peut-être d'imaginer un Ispahan d'hiver, dans lequel une gelée de framboises remplacerait les framboises fraîches. Cela me donnerait l'opportunité de réinterpréter l'un de mes classiques. Je trouve ce genre de défi très excitant, mais pour l'instant, cette version n'est pas encore au point.

J'en reviens aux années quatre-vingt, cette décennie où l'on voulait tout, tout de suite, partout, surtout dans le luxe. Ma volonté de respecter les saisons était, dans ce contexte, perçue comme très contraignante, parce qu'elle nous obligeait souvent – et cela continue évidemment aujourd'hui – à décaler d'une ou de plusieurs semaines la mise en place de certains gâteaux en boutique, lorsque nos producteurs ne pouvaient ou ne peuvent pas fournir leurs fruits à temps, en raison de la pluie, du froid ou de tout autre aléa. Chez Fauchon, je disais à certains de mes gars, qui trouvaient absurde mon obsession des saisons : « Patience, c'est la nature qui commande. Les gâteaux peuvent attendre ! »

Ils faisaient la moue, les clients aussi parfois. Alors que maintenant que nous connaissons tous les dangers du réchauffement climatique, cela nous paraît non seulement normal mais impératif. Aussi, plus que jamais, le respect des saisons est aujourd'hui l'une de mes priorités. De même qu'un sourcing de plus en plus responsable et précis, nous y reviendrons.

Réglisse & tâtonnements

Si le respect de la Terre et des produits qu'elle nous offre fait partie de mes engagements, c'est aussi de cette notion de saisonnalité que découle ma plus grande aventure : celle du GOÛT. Je l'écris en majuscules, car ce mot est tout pour moi. Il est mon point d'ancrage. Il décrit les saveurs originelles d'un produit, mais aussi les associations de saveurs, qui sont ma source inépuisable de créations.

Cette aventure que je vis passionnément chaque jour de ma vie, j'en retrace les prémices dans les premiers mois que j'ai passés chez Fauchon. Étant un homme excessivement organisé – je considère que c'est une aptitude indispensable dans la pâtisserie, et l'exige de tous mes collaborateurs –, j'ai gardé et classé toutes les fiches d'essais que j'ai rédigées depuis quarante-cinq ans. Chez Fauchon, je prenais des notes le soir, après mes journées de travail. Elles concernaient les gâteaux nouveaux ou existants et détaillaient très précisément les produits utilisés, les mariages de saveurs, mes avis de dégustation, les recettes des pâtisseries, leur schéma de fabrication et d'assemblage et leur dessin. Car depuis que je crée des gâteaux, je les dessine avant toute chose. Cela me permet de leur donner de la lisibilité, de réfléchir à la façon dont leurs différentes couches et textures vont s'exprimer, se répondre, se compléter. Ce sont les premières pierres de l'architecture du goût, fondement de mon travail.

Lorsque je feuillette les classeurs de la période allant de 1986 à 1993, j'y vois des recettes qui commencent à me ressembler vraiment. Il s'agit incontestablement du moment où j'ai construit mes fondations. C'est assez émouvant d'ailleurs. Même si beaucoup de choses étaient imparfaites ou inabouties, j'y pose un regard bienveillant, car au fond, cela fait partie de moi et reflète parfaitement mon cheminement pâtissier personnel. Il ne faut pas renier ses premiers pas, il importe au contraire de les chérir. C'est sur ces fondations que j'ai avancé, tout en sachant que je pouvais toujours faire mieux.

D'ailleurs, pour être franc, il y a pas mal de ratages dans tous ces tests : une bavaroise à la réglisse ou un baba au banyuls qui n'ont jamais vu le jour, un clafoutis aux prunes vraiment pas terrible, une crème d'amandes au chocolat carrément mauvaise, un feuilletage au chocolat complètement inintéressant. Je tâtonnais, quitte à me planter en beauté, mais je cherchais ! Et à force d'essais, d'expériences et de détermination, j'ai fini par concevoir de bons, voire de très bons gâteaux.

On pourrait classer en plusieurs catégories mes premières pâtisseries chez Fauchon.

Il y eut les créations furieusement années quatre-vingt, tant dans le look que dans les saveurs ou les textures. C'était la folie des gâteaux rutilants, brillants, arborant des couleurs vives, des goûts fruités, des consistances de mousse. Certains peuvent paraître démodés aujourd'hui, alors qu'ils étaient vraiment bons. Je pense au Caprice banane (une dacquoise à la noisette, un biscuit imbibé au rhum, de la banane poêlée et une mousse banane), ou à l'entremets melon-framboise (une mousse au melon et des framboises entières, le tout recouvert de nappage transparent).

J'en étais plutôt content, mais j'ai vite déchanté, parce que les clients ne les achetaient pas. J'ai appris à cette occasion que les goûts de la banane et du melon ne se vendent pas en pâtisserie. C'est un mystère pour moi, car ce sont des saveurs intéressantes.

Il y eut aussi le Folie's, un bavarois à l'orange et aux framboises avec un sabayon au champagne : c'était très à la mode à l'époque, alors que franchement, le goût du champagne n'apporte pas grand-chose.

Le gâteau que je ne referais pas aujourd'hui, c'est le Roussillon, un biscuit imbibé à l'eau-de-vie d'abricot, surmonté de mousse d'abricot et de meringue italienne flambée. Trop « tarte » ! Je me souviens également de la charlotte aux fruits rouges, assez classique dans sa conception mais moderne dans sa présentation puisqu'elle fut l'un de mes supports favoris pour notre technique d'impression alimentaire sur biscuit. Cela nous permettait de faire des choses que l'on ne voyait pas encore ailleurs. Idem pour la tarte au chocolat, qui était une vraie nouveauté à l'époque, d'autant que nous l'agrémentions de nougatine au grué de cacao, une création commune avec Frédéric Bau que nous avions mise au point lorsque nous étions allés donner un coup de main au grand chef cuisinier Jacques Maximin. Ce dernier, qui avait acquis sa réputation au Negresco, venait d'ouvrir un restaurant complètement fou dans un ancien théâtre, toujours à Nice. Frédéric, passionné de chocolat et qui travaillait déjà chez Valrhona, avait apporté dans ses valises du grué de cacao, un produit dont on ne savait trop que faire à l'époque.

« Tiens, si on en mettait dans une nougatine dont on ornera les desserts ? » avais-je suggéré. Maximin avait aimé, on l'avait adoptée illico. Cette nougatine corsée faisait merveille sur les tartes au chocolat, que l'on vendait comme des petits pains. Un des innombrables exemples de fructueuses collaborations et de découvertes fortuites que j'ai faites au cours de ma carrière !

Chez Fauchon, j'avais aussi créé le Marigny, en 1987. Ce gâteau déclinait le chocolat guanaja de façon intense mais légère, en biscuit, en macaron, en sabayon et en chantilly. Il plaisait beaucoup. D'ailleurs, il avait remporté le grand prix du concours Gault et Millau. Celui-là, contrairement à d'autres, je pourrais être tenté de le réinventer, en retravaillant sur les textures par exemple. Même chose pour le Miroir citron vert (un biscuit imbibé de rhum, de la meringue à la noix de coco, une mousse au citron vert et des fruits frais en décor) qui était pourtant outrageusement coloré et ceint, de surcroît, d'un ruban en acétate ! Au-delà de son look qui date, c'est un gâteau auquel je repense beaucoup en ce moment. Il n'est pas dit que je n'y reviendrai pas un jour...

De façon plus générale, je constate, en me replongeant dans mon travail de ces lointaines années, qu'apparaissent déjà les « ancêtres » de mes créations futures. Certaines ont changé, d'autres pas.

Ainsi, le Délice m'avait été inspiré par un mariage de saveurs assez traditionnel en Allemagne : celui de la fraise et de la rhubarbe. À quelqu'un qui me demandait pourquoi j'avais associé ces deux fruits, j'avais répondu spontanément : « C'est l'Est ! »

Comme au même moment, mon ami Vincent Ferniot, journaliste gastronomique, fêtait la naissance de sa fille Céleste, le gâteau a changé de nom. Et de goût par la même occasion, puisque j'y ai ajouté une note de fruit de la Passion, dont le parfum – et non l'acidité – est venu renforcer les liens entre la fraise et la rhubarbe. Ce gâteau, nous le vendons toujours, près de trente ans après.

C'est également le cas du Fraîcheur chocolat, auquel je me suis référé tout récemment pour mettre au point le gâteau Origines. Ou encore du Velours, devenu ultérieurement Plaisir sucré, l'un de mes classiques. Quant au millefeuille praliné aux noisettes du Piémont, créé en 1997, il est l'ascendant direct du 2 000 Feuilles, né trois ans plus tard. L'hiver dernier, j'ai remis au goût du jour le Rivoli (une bavaroise au Cointreau, une dacquoise à la pistache et une mousse au nougat), qui avait connu un joli succès chez Fauchon. J'ai un peu modifié sa composition, je l'ai coiffé d'un disque de nougatine aux amandes et je l'ai rebaptisé Ibiza.

Tout comme j'ai renommé le Saint-Jean, qui s'appelle désormais Odyssée, mais qui contient toujours un biscuit moelleux aux noix, une nougatine au sucre d'Okinawa et noix, une gelée aux marrons et une crème à l'eau de noix.

Le Mahogany, au caramel, à la mangue, à la noix de coco et au litchi, a gardé la même composition et la même forme qu'en 1994. Mon fraisier actuel ne diffère en rien de celui de la fin des années quatre-vingt, de même que le Mont-Blanc à ma façon, que j'ai toujours agrémenté de compote d'églantines, pour la simple raison que lorsque j'étais petit, ma mère me faisait manger de la confiture d'églantines en automne, et que j'associerai éternellement ce goût à celui des marrons. La richesse de la mémoire, encore et toujours.

Violette & audace

L'une des choses que j'ai contribué à initier chez Fauchon, une fois mes premières collections de gâteaux mises au point, ce sont les présentations à la presse. Nous avions un spécialiste de la communication en interne, avec qui je travaillais beaucoup : on élaborait des dossiers de presse, on livrait des gâteaux aux journalistes, ce qui ne se faisait pas à ce moment-là en pâtisserie. Cela a titillé l'intérêt de certains journaux, qui ont commencé à comprendre qu'il se passait de nouvelles choses dans cette bonne vieille maison de la place de la Madeleine. Ce que la presse qualifia de manière un peu excessive de « révolution », ce fut avant tout l'introduction dans certains gâteaux de saveurs florales ou épicées.

Pourquoi les fleurs ? Certainement grâce à ma découverte du goût de la rose, lors de la démonstration de cuisine et de pâtisserie bulgares au Luxembourg. Cette saveur m'avait tellement frappé qu'elle me trottait sans arrêt dans la tête. À force de tentatives plus ou moins réussies, j'avais mis au point le Paradis, en 1986. Ce gâteau, qui se composait de deux biscuits imbibés de sirop à la rose, d'une crème bavaroise à la rose et de framboises fraîches, était l'ancêtre d'Ispahan. Je le décorais de pétales de roses, car cela me semblait cohérent avec l'univers de Fauchon. En effet, les cuisiniers de la maison parsemaient une salade verte de quelques pétales. S'il a rencontré un succès d'estime, ce gâteau n'a pas connu de réel succès commercial chez Fauchon, mais je le gardai dans la collection car je pressentais qu'il avait du potentiel. Je le trouvais bon, quoique incomplet. J'ai mis onze ans à trouver le chaînon manquant qui s'est avéré être le litchi, et ce n'est qu'en 1997 qu'est né l'Ispahan tel qu'on le connaît aujourd'hui (la teneur en sucre mise à part, car il en contient désormais 25 % de moins qu'à cette époque) : une crème doucereuse à la rose mariée à la note florale du litchi et réveillée par la vivacité et la note acidulée de la framboise fraîche. Cet accord, je l'ai vraiment créé instinctivement et, des années plus tard, j'ai découvert que les trois produits – la rose, le litchi, la framboise – comportent tous des notes soufrées, ce qui explique que la liaison entre eux se fasse aussi naturellement.

Ce travail sur la rose m'a donné d'autres idées de saveurs florales pendant ma période Fauchon, lors de laquelle j'ai aussi imaginé un gâteau nommé « Cristal ». J'avais envie d'interpréter le goût de la violette, une idée qui me venait d'un souvenir d'enfance : ma mère, dans la boulangerie-pâtisserie familiale, vendait des petites tablettes de réglisse parfumées, de la marque Zan. Ma préférée était celle à la violette, une saveur que je rêvais de transposer dans un gâteau. Mais je me suis heurté à un obstacle majeur : il est extrêmement difficile, voire impossible, de capturer le goût de la violette, fugace et délicat. Il m'a fallu avoir recours à l'ionone, un composé synthétique créé à la fin du XIXe siècle par un certain Johann Carl Wilhelm Tiemann après que les tentatives d'enfleurage de la violette furent des échecs cuisants. Je me souviens que j'allais l'acheter à la pharmacie qui était alors en face de chez Fauchon. Utilisée en parfumerie dans de grands « jus » comme L'Origan de Coty ou L'Heure bleue de Guerlain, l'ionone, subtilement dosée, donne un goût absolument délicieux. Au départ, je l'avais assemblée au cassis, c'était bon mais cela manquait de rondeur, alors j'y ai ajouté une note de vanille de Madagascar. Aujourd'hui, ce gâteau s'appelle « Envie », et n'a pas changé d'un iota.

La saveur de la lavande, que j'aime beaucoup à condition qu'elle soit utilisée avec parcimonie m'a, elle, inspiré le gâteau Floralies en 1991. Mariée avec la pêche et le citron, cette fleur à forte personnalité faisait merveille. Plus tard, Valrhona a mis le cacao manjari de Madagascar sur le marché. Ses notes acidulées et de fruits rouges m'ont donné envie de l'associer à la lavande séchée et cela a donné l'étonnant gâteau Manjari, en forme de triangle – ce qui était novateur à l'époque.

Plus largement, si les fleurs m'ont ouvert des voies nouvelles, et continuent de le faire, elles m'ont aussi permis de faire une rencontre fondamentale pour mon travail. Passionné par les senteurs depuis des années, j'avais été interviewé pour le magazine *Vogue* en 2001, en compagnie de Joël Rosenthal, joaillier et créateur des parfums Jar. Après avoir lu cette interview, le nez et parfumeur Jean-Michel Duriez, qui travaillait alors chez Jean Patou, a demandé à me rencontrer. Il était intrigué par ma façon de parler de la pâtisserie. De fait, j'exprimais mon envie de sortir mon métier du seul domaine étriqué du dessert pour l'ériger en artisanat du goût à part entière.

Mon premier déjeuner avec Jean-Michel fut le début d'une conversation fructueuse autour des senteurs et des saveurs, qui ne s'est plus jamais arrêtée. Nous nous sommes trouvé des points communs assez touchants : nous étions nés tous les deux à la fin de l'année 1961, date à laquelle avait été lancé Calèche, le premier parfum d'Hermès. Ce jus lumineux, floral, boisé et chypré, nous avons réalisé que nos deux mamans le portaient. Je l'avais offert à la mienne lorsque j'avais sept ans, et elle l'a porté jusqu'à la fin de sa vie...

Au-delà de cette anecdote sentimentale, Jean-Michel et moi avons tout de suite compris que nous parlions le même langage. Il employait des termes issus de l'univers du goût pour décrire des parfums, tandis que j'utilisais des mots de la parfumerie pour évoquer la pâtisserie. Il nous a paru évident d'échanger autour de nos savoir-faire mutuels, car nous nous reconnaissions également en tant que créateurs. Ainsi, il n'a jamais été question pour nous d'introduire un parfum dans une pâtisserie ou de le singer : cela n'aurait aucun sens de mettre une touche de Joy ou de Shalimar dans un gâteau. En revanche, transformer des notes olfactives en goût, c'est passionnant et cela requiert un travail de création.

En parfumerie, on dit d'une fleur qu'elle est « muette » lorsque son extrait est décevant au regard de sa fragrance naturelle : c'est le cas de la violette, déjà évoquée, mais aussi du muguet, du lilas, du freesia. Les parfumeurs sont alors contraints de reproduire leur composition pour les introduire dans un jus. Ils s'appuient pour ce faire sur la chromatographie, qui leur permet de reconstituer une senteur note à note.

Amoureux des fleurs, il m'arrive de fantasmer, d'imaginer leurs saveurs et de les créer lorsqu'elles n'existent pas ou sont difficiles à extraire. Ce travail, je l'ai adapté à la pâtisserie avec Jean-Michel. Ainsi, nous avons élaboré un accord œillet, une fleur dont les notes subtiles ne se livrent pas facilement. En mariant la rose, le clou de girofle et la vanille, nous y sommes parvenus et, à partir de là, j'ai créé le macaron Jardin d'œillet. Quant au macaron Jardin d'iris, quelques années plus tard, il m'a été dicté par le parfum Infusion d'iris de Prada, que j'aime beaucoup. Avec la complicité de Jean-Michel, j'ai voulu adresser un clin d'œil à ce jus magnifique, alors j'ai mêlé de l'extrait naturel d'iris avec du thé fumé lapsang souchong, du jus de carotte, une touche de violette (enfin, d'ionone plus précisément), une note de safran et un soupçon de cannelle de Ceylan. Le résultat est confondant !

Jean-Michel m'a également converti au jasmin. Contrairement à la rose, cette fleur d'origine chinoise avait peu été utilisée en cuisine ou en pâtisserie, en dehors du thé au jasmin. Je l'ai longtemps méprisée car elle me résistait. Je ne parvenais pas à maîtriser son goût insaisissable. Plus qu'un parfum très expressif, le jasmin recèle du mystère ; il est tout en retenue là où la rose, plus exubérante, se livre crue et nue. Pour le lancement d'un parfum Jean Patou dont il était l'auteur, Jean-Michel m'a demandé de créer un dessert à partir du jasmin sambac. Il m'a aidé à dénicher un arôme naturel utilisable en pâtisserie et à partir de là, j'ai créé un dessert composé de gelée et de crème au thé au jasmin, d'une crème mascarpone au jasmin et d'une compotée de figues.

Cette création a été la première d'une longue série, puisque par la suite, j'ai signé un millefeuille au chocolat noir, gelée de vinaigre balsamique et jus au jasmin, une tarte et un macaron Infiniment jasmin – dont un pour le lancement du parfum Flowerbomb de Viktor & Rolf – et d'autres macarons : jasmin et prune, jasmin et rose, jasmin et fraise des bois, jasmin, immortelle et néroli, ce dernier m'ayant été inspiré par le parfum analogue que j'ai conçu pour L'Occitane en Provence, lors de notre installation conjointe au 86, Champs-Élysées, à Paris. La dernière création le mettant en scène est le gâteau Yasamine (2016), qui fait danser sur un rythme cadencé la magie du jasmin, la sensualité de la mangue et l'amertume du pamplemousse. Cette fleur subtile a fini par m'envoûter. Quant à nos dialogues passionnés autour des goûts et des senteurs, Jean-Michel et moi avons fini par les consigner dans le livre *Au cœur du goût* (Agnès Viénot éditions), paru en 2012.

Plus récemment, fort de ces exercices de style, j'ai composé à ma façon la saveur de la fleur de sakura, le cerisier ornemental japonais. Tout est parti d'une conversation avec mon ami Frédéric Bau, l'un des pâtissiers les plus créatifs et talentueux que j'ai croisés dans mon parcours professionnel. Contrairement à ce que l'on aurait pu craindre après ses retards répétés et l'épisode du petit déjeuner « punitif » chez Fauchon, nous sommes toujours restés proches. Il n'a pas œuvré très longtemps à mes côtés, car un beau matin de 1986, Antoine Dodet, alors directeur de Valrhona, était venu boire un café avec moi chez Fauchon, m'expliquant qu'il cherchait un jeune pâtissier pour créer une école du chocolat sous la bannière de sa marque. J'ai tout de suite pensé à Frédéric, car en plus de son caractère créatif et de sa formation en béton acquise chez le grand Claude Bourguignon à Metz (qui a aussi été le mentor de Christophe Felder, d'Angelo Musa ou de Gilles Marchal), je sentais qu'il en avait sous le pied.

Antoine Dodet et lui ont fait affaire et, trente-six ans plus tard, Frédéric est toujours chez Valrhona ! Cela nous amène à collaborer régulièrement sur des produits (je me fournis en chocolat à 99 % chez eux), et à échanger sur tous les sujets, notamment la pâtisserie « gourmandise raisonnée » ces derniers temps, ou encore la bonne manière d'introduire la saveur de la fleur de sakura dans la pâtisserie !

En fin connaisseur du Japon – son épouse est d'ailleurs japonaise –, Frédéric connaît bien cet ingrédient complexe et délicat qui intervient surtout dans la cuisine salée au pays du Soleil-Levant. La fleur y est conservée au sel, la plupart du temps. Il existe également une poudre de fleurs de sakura séchées, mais elle est extrêmement coûteuse, pour un goût qui n'est pas convaincant. Nous avons donc fait un pari un peu fou : on allait « décomposer » ce goût note par note pour mieux le recomposer, en convoquant la griotte, le citron et la fève tonka, et moi, j'en imaginerais le bon dosage. Habituellement je déteste la fève tonka, qui est en réalité une graine produite par des arbres tropicaux comme le diptéryx. Je trouve qu'elle dégage des arômes trop opulents et qu'elle est souvent employée à mauvais escient. Mais comme elle a une teneur élevée en coumarine, au même titre que la flouve odorante (l'une des composantes du foin), elle apporte des notes herbacées qui rappellent vraiment la fleur de sakura séchée. Cette saveur aussi intense qu'imaginaire, j'en ai d'abord fait un macaron baptisé « Jardin japonais ». Suivit un dessert qui fut servi au restaurant du Ritz Carlton de Kyoto, chez Matsuhisa au Royal Monceau à Paris, puis à la table asiatique de Jean-Georges Vongerichten à La Mamounia à Marrakech.

Enfin, ce Jardin japonais est devenu un gâteau, que j'ai proposé dans la collection Japonisme à l'été 2021 et 2022 : sur une base de biscuit sablé citron à l'huile d'olive (elle intervient ici pour la texture, pas pour le goût) se superposent une compote de griottes à la fève tonka et une chantilly au citron. Le tout est recouvert d'un motif origami en chocolat rose framboise. S'il s'agit là d'une interprétation toute personnelle du goût du sakura, je pense qu'elle rend un joli hommage à la culture nippone que j'aime tant.

Pour conclure ce chapitre botanique, je tiens à évoquer la fleur d'oranger, si délicate, qui fait merveille en pâtisserie. J'avoue d'ailleurs avoir un petit faible pour Jardin de l'Atlas, une association de saveurs évocatrices du Maroc que j'ai imaginée il y a quatre ans pour un dessert à l'assiette du restaurant marocain à La Mamounia. Cela consistait en un sorbet citron accompagné d'une glace à la fleur d'oranger, de coulis au miel, de morceaux d'oranges et de citrons. Ce goût plaît beaucoup, ce qui me réjouit, car personnellement, j'en suis fou ! Au point que je l'ai réinterprété de multiples façons : en millefeuille (avec une pâte feuilletée caramélisée, une crème mascarpone à la fleur d'oranger, une chantilly au citron, une marmelade à l'orange et à la fleur d'oranger et un miel onctueux), en galette des Rois (avec une crème d'amandes à l'orange, citrons et oranges confits), en gâteau (avec une pâte à sablé breton au citron, un biscuit citron huile d'olive, une gelée au citron, du miel onctueux, une crème mascarpone à la fleur d'oranger), en macaron (avec une crème citron, une gelée à l'orange, au miel et à la fleur d'oranger), et plus récemment en cake, en gourmandise, en Nomade, en tarte. Aujourd'hui, Jardin de l'Atlas est l'une des saveurs Fetish de la Maison Pierre Hermé Paris.

En un mot comme en cent, les fleurs sont pour moi une source d'inspiration sans fin. Sans parler de leur apport esthétique : sans son pétale de rose rouge sang, Ispahan ne serait pas Ispahan !

Poivre & délices

Dans les saveurs nouvelles que je pense avoir apportées à la pâtisserie durant les années quatre-vingt, les épices ont également occupé une place importante. Quand on me demandait d'où m'était venue l'idée, je répondais : « Comment ne l'aurais-je pas eue ? »

Fauchon étant avant tout un épicier, il me paraissait évident de faire entrer les épices dans l'univers des gâteaux de cette grande maison, afin de créer une synergie entre ses savoir-faire. Encore une fois, si cela ne revêtait pas de caractère révolutionnaire – après tout, on utilise la cannelle et la vanille depuis toujours en pâtisserie ! – cela fit pas mal de bruit. Car étrangement, tout le monde associait le poivre, la cardamome, le safran, le cumin et bien d'autres épices à la cuisine salée, alors qu'en réalité leurs arômes ne se définissent aucunement en termes de salinité ou de sucrosité.

En arrivant chez Fauchon, j'ai beaucoup appris sur les épices de qualité. N'oublions pas qu'à l'époque beaucoup de produits étaient proposés sous des formes très ordinaires, voire médiocres. Dans les rayons des magasins lambda, on trouvait surtout du thé réduit en poussière, de l'huile d'olive grossière ou des épices pulvérisées au goût affligeant. Chez Fauchon, en revanche, les épices étaient sourcées dans les meilleures provenances, choisies chez de très bons producteurs, soigneusement emballées pour une conservation optimale. C'est ainsi que j'ai découvert le vrai goût du poivre, très différent selon son terroir : le côté frais et résineux du poivre de Sarawak (Indonésie), les notes boisées du poivre de Malabar (Inde), celles cacaotées et florales du poivre de Kampot (Cambodge), celles douces, chaudes et subtilement épicées du poivre long de Java (Indonésie)...

Cette palette aromatique m'a ouvert des perspectives que je ne soupçonnais pas et m'a donné des idées tous azimuts, qu'il me fallait canaliser. Pourquoi pas un entremets aux agrumes et au poivre de Sichuan aux arômes citronnés ? Ou un gâteau au chocolat mis en relief par les touches boisées et de cannelle du poivre long de Java ? En rassemblant mes idées, j'ai commencé par mettre au point une tarte impératrice aux fraises, au riz au lait, à la menthe et au poivre de Sarawak fraîchement moulu : elle décoiffait, elle étonnait, car elle ne ressemblait à rien de connu jusque-là en pâtisserie.

Ce premier résultat m'a donné envie de poursuivre mes expérimentations pâtissières épicées, comme un cake à la noix de coco et à la graine de coriandre. J'étais également fasciné par les arômes chauds et intenses du safran, qui m'ont dicté une crème brûlée safran-miel, une bavaroise safran-cannelle-poivre-girofle-graines de coriandre et enfin le gâteau Désir (1989). Ce dernier célébrait les noces, évidentes à mon sens, du safran et de la pêche. Une association que je songe à reprendre en la restructurant avec une crème plus dense, des éléments plus contrastés, de la pêche jaune juste cuite sous-vide. La pêche est un fruit que j'adore, qui s'harmonise bien avec les épices et les fleurs. La preuve par… un parfum ! Le mythique Femme de Rochas, que mon ami Jean-Michel Duriez, qui travaillait alors pour cette grande maison, me décrivit comme un mix idéal de senteurs. « Aussi étrange que cela puisse paraître, me dit-il, la pêche, la rose et le cumin forment un mariage à trois qui relève de la perfection. »

Cela m'a immédiatement donné l'idée d'en associer les goûts dans une tarte : pâte brisée, crème d'amandes à la rose, pêches fraîches et mûres, sucre au cumin avant et après cuisson. Une combinaison aussi évidente que celle d'Ispahan, à mon avis !

L'aventure du goût est vraiment un cycle sans fin, continuellement alimenté par une étincelle, une idée, un clin d'œil… Ainsi, la très classique cannelle, que l'on connaît notamment dans les pâtisseries de l'est de la France, a pu se révéler très rock'n'roll dans un macaron à la carotte et à l'orange. Encore une fois, cela montre qu'en sortant du cadre et en pensant différemment on peut toujours créer du neuf avec des éléments préexistants.

Beau & bon à la fois

L'esthétique n'est pas étrangère à cette problématique. Elle n'est nullement accessoire dans mon esprit, car je considère qu'un gâteau n'a pas le droit de ne pas être appétissant. Aujourd'hui, on serait tenté de dire « instagrammable », mais pour moi, ce n'est pas la même chose. Très tôt dans mon parcours, je me suis penché sur le lien entre le goût et l'apparence de mes pâtisseries. J'essaie toujours de trouver la bonne combinaison entre l'esthétique et le goût, sans jamais privilégier la première au détriment du deuxième, mais en ayant toujours en tête ce principe : la vue fait partie des sens et la beauté d'une pâtisserie attise incontestablement la gourmandise. Je me suis toujours efforcé de ne pas « décorer » les gâteaux mais de leur donner une apparence qui mette leur goût en valeur. Il y a bien sûr des contre-exemples et pas des moindres, comme Ispahan : le pétale de rose évoque son goût sans rien lui apporter d'autre qu'une touche de poésie…

Cette exigence esthétique m'a amené à travailler à des innovations diverses et variées. J'ai ainsi développé, lorsque j'étais chez Fauchon, la technique consistant à imprimer de la pâte à biscuits cigarettes sur les gâteaux. En réalité, elle existait depuis les années cinquante à un niveau très confidentiel, mais avec la maison Matinox et son fondateur Jean Daudignac, on a créé le matériel pour pouvoir reproduire ces décors et les démocratiser. À la fin des années quatre-vingt, les gâteaux colorés à rayures ou ornés de petits personnages, comme des golfeurs étaient très à la mode. J'avais d'ailleurs réalisé l'entremets du Bicentenaire de la Révolution française, composé de biscuits bleus blancs rouges, d'un bavarois au lait d'amandes et d'un blanc-manger au chocolat. Kitsch à souhait, mais patriotique ! C'était aussi l'époque où quelques pâtissiers, dont je faisais partie, se lançaient à la recherche du glaçage parfait, car l'époque était aux gâteaux « miroirs », d'aspect lisse et brillant.

Au fil du temps, j'ai pris conscience que certains artifices – comme les rubans en acétate ou les fruits décoratifs – n'étaient pas nécessaires. Pour que mes gâteaux ne ressemblent pas à ceux qui existaient déjà, je supprimais petit à petit le superflu, tous les artifices, fioritures en chocolat et autres tortillons en sucre ou pastillage. J'essayais d'aller à l'essentiel tant dans le look que dans le goût, ce qui me semble aller de pair dans la recherche créative.

Depuis, chaque année a apporté son lot de créations et de changements pour que nos gâteaux soient beaux, et je suis convaincu qu'il s'agit d'un élément déterminant. Mais l'esthétique ne doit jamais être gratuite dans notre métier. Elle doit être cohérente, avoir du sens, raconter une histoire. Ainsi, pour reprendre un exemple récent, le gâteau Jardin japonais arborait des couleurs et un décor évoquant les sakuras en fleur, lesquels disent ma passion pour le Japon et pour toutes les saveurs que j'y ai découvertes. Chaque création est précieuse parce qu'elle contient une parcelle de vie, de culture, de souvenirs.

En toute logique, j'ai cherché très tôt à mettre les lieux de vente en harmonie avec mes pâtisseries. Dans la mode, la joaillerie, la maroquinerie, les produits de luxe se vendent dans des environnements étudiés pour chaque marque. Pourquoi ne pas faire de même pour des gâteaux contemporains et raffinés ? Encore une fois, cela ne m'est pas apparu d'un coup, il m'a fallu des années pour parvenir à mes boutiques « idéales ». Chez Fauchon, je menais une véritable croisade pour casser les codes de la pâtisserie traditionnelle que je trouvais désuets, voire ringards. J'ai commencé par supprimer des détails. Le premier d'entre eux, c'est sûrement le petit napperon de papier dentelle que l'on glissait sous les gâteaux. Je faisais une fixette terrible là-dessus, je voulais à tout prix l'abandonner, ce qui m'a valu des années de bras de fer avec la direction.

Sur la présentation en boutique aussi, j'avais ma petite idée : j'étais persuadé que les gâteaux seraient mieux mis en valeur s'ils n'étaient plus empilés dans des vitrines à étages mais disposés à plat, sur un seul niveau. J'ai eu beaucoup de mal à imposer cela. Je n'y suis d'ailleurs pas parvenu chez Fauchon, si mes souvenirs sont bons. Je n'ai réussi à obtenir cela que chez Ladurée, sur les Champs-Élysées, bien des années plus tard. Et encore, il m'a fallu batailler ferme ! Francis Holder, le propriétaire de la marque, avait en tête le modèle de Demel, la pâtisserie de Vienne (Autriche), ultra-traditionnelle, avec pléthore de gâteaux. Moi, je n'en démordais pas, je voulais mettre les miens sur un seul plan.

« Mon père n'acceptera jamais ça, disait David Holder, le président de Ladurée.

– Eh bien, débrouille-toi avec ton père ! » lui ai-je rétorqué.

Quelques mois plus tard, j'installais mes gâteaux. À plat.

J'avais également des idées bien précises sur le service en boutique. Il me paraissait inconcevable que des gens vendent des produits sans bien les connaître. Aussi me suis-je employé très tôt à former les vendeurs et vendeuses en leur expliquant la genèse des gâteaux, et bien sûr en les leur faisant déguster. Il est essentiel pour eux d'être au fait des matières premières, de leur provenance, de la composition exacte des pâtisseries pour pouvoir en parler aux clients et mettre la créativité en valeur. De surcroît, cela donne du sens à leur métier, une notion qui m'est chère. Ce sujet est d'ailleurs très présent dans la Maison Pierre Hermé, depuis le début. Nous consacrons beaucoup de temps et d'argent à la formation du personnel de vente car c'est fondamental. Chaque nouveau/velle vendeur/se bénéficie d'une période d'intégration pendant laquelle il ou elle est accompagné(e) par un(e) binôme expérimenté(e). Mais cela ne s'arrête pas là. Au lancement de toute nouvelle collection, nous réunissons nos équipes afin de leur décrire chaque produit dans le détail. Par ailleurs, pour chacun de nos gâteaux, nous élaborons une fiche descriptive que je contrôle soigneusement avant qu'elle soit remise à tous les membres de l'équipe. J'en ai écrit des milliers depuis le temps ! Ce document est la pièce d'identité d'un produit : il comporte une photo du gâteau (ou du chocolat, de la glace...), détaille ses ingrédients, sa composition, ses textures, son architecture du goût, son packaging, les éventuels allergènes, les boissons conseillées, etc. C'est exhaustif, instructif, et contribue à la formation permanente de nos équipes.

Touche finale de l'expérience en boutique : les boîtes à gâteaux. Lorsque je travaillais chez Fauchon, puis chez Ladurée, je n'ai pas pu modifier le packaging des pâtisseries autant que je l'aurais souhaité. À mon sens, pour parfaire la sensation de luxe, il est important de proposer des emballages beaux, pratiques et identifiables. C'est pourquoi, dès la fondation de ma maison, j'ai beaucoup travaillé sur ce sujet. En 2001, après quelques années de recherche, nous avons mis au point des modèles de boîtes et de sacs élégants et reconnaissables que nous utilisons encore aujourd'hui. Ces « détails » si importants nécessitent des investissements conséquents et une réflexion constante. Ainsi, pour aller vers plus d'écoresponsabilité, nous travaillons actuellement à la mise au point d'emballages recyclables et à la suppression des emballages en plastique. Le sujet s'avère complexe, mais on avance !

Cerise & déclic

Pour en revenir à Fauchon, les mois et les années y filaient vite, car j'étais accaparé par une activité intense. Néanmoins, ne doutant de rien, je n'avais pas hésité à m'en rajouter une couche en suivant un stage de préparation au concours « Un des meilleurs ouvriers de France » (MOF), en 1988. C'est un peu l'Everest de la profession et j'admire celles et ceux qui s'y soumettent, car cela demande une quantité de travail phénoménale. Mais j'ai vite compris que cela n'était pas fait pour moi, pour une raison bien bête :

je n'étais tout simplement pas à la hauteur. Je me sentais au niveau pour la partie purement technique et pâtissière, mais pour la partie artistique, qui était trop éloignée de ma pratique quotidienne du métier, il aurait fallu que je m'entraîne pendant des mois, et je ne pouvais pas me le permettre en travaillant chez Fauchon. J'ai donc laissé tomber l'idée de décrocher le titre de MOF, et je ne me suis jamais retourné là-dessus. « Qui est guidé par une étoile ne regarde jamais en arrière », disait Léonard de Vinci.

Cela ne m'a pas empêché, bien au contraire, de m'intéresser de plus en plus près à l'aspect artistique de la pâtisserie. Comme je l'ai dit, j'ai toujours cherché à donner un bel aspect à mes gâteaux. Mais au tout début des années quatre-vingt-dix, l'envie de « sortir » de la pâtisserie pure et dure, de la croiser avec d'autres disciplines, commençait à me titiller. Je crois que c'était né d'une conversation avec mon collaborateur à l'époque et désormais ami, Vincent Bourdin, qui travaille aujourd'hui chez Valrhona. Je m'interrogeais en permanence sur la façon dont on pourrait donner un nouveau look aux gâteaux, pour les faire entrer en beauté dans le XXIe siècle. Au fil de nos discussions avec Vincent, on a évoqué la folle idée de demander à un designer de dessiner des pâtisseries. Dans ces années-là, un certain Philippe Starck était la nouvelle star du design et de l'architecture.

« Je vais l'appeler ! décrétai-je.

– Tu crois vraiment qu'il va s'intéresser à des gâteaux ? me dit Vincent.

– On verra bien », ai-je rétorqué, avant de téléphoner, tout guilleret, à Philippe Starck. Celui-ci m'a écouté avec beaucoup d'attention et de gentillesse, avant de me recevoir dans son atelier de la Bastille. Je revois encore la scène.

« Je m'appelle Pierre Hermé, je suis chef pâtissier et j'aimerais vous demander de dessiner une statue que nous réaliserons en chocolat, qui sortirait de ce que nous autres, pâtissiers, pourrions imaginer. Nous la présenterons lors d'un salon culinaire en Alsace.

– Oui mais encore ? me demanda-t-il.

– Il faudrait que l'objet symbolise la gastronomie, qu'il soit de grande taille, et que nous puissions le monter devant le public pour créer l'événement. »

Philippe Starck ne s'est évidemment pas démonté, je crois qu'il aime autant les défis que moi. Quelque temps plus tard, il nous a livré un très beau dessin : une grande main avec des pointes bleues. Il n'a pas été facile de retranscrire cette œuvre en trois dimensions, d'autant que moi et quelques pâtissiers (dont Yannick Lefort et Mickaël Azouz) avons réalisé le montage en *live*, avec des plaques de chocolat qui nous donnaient du fil à retordre tant elles cassaient et fondaient. La chose mesurait près de trois mètres de haut ! Cet exercice complexe a donné un résultat médiocre : nous avions perdu en cours de route toute la pureté du dessin. Je crois d'ailleurs que nous n'avons pas osé montrer notre réalisation à Philippe Starck. Comme par hasard, je n'ai gardé aucune trace de cette sculpture. Sans doute parce que je considérais que nous n'avions pas trouvé le bon chemin pour rapprocher la pâtisserie du design. À mes yeux, nous n'avions fait qu'un « coup » dénué de sens.

Loin de me décourager, cette expérience m'a fait réfléchir. Car si mon métier est avant tout artisanal, il n'y a pas de doute que la création pâtissière comporte une dimension artistique.

Or l'art et le design, je n'y connaissais rien. En dehors des quelques musées que j'avais visité enfant avec mes parents, je n'avais pas de culture sur ces sujets. J'y suis venu par un biais personnel et très concret. Lorsque j'avais emménagé dans mon premier vrai appartement, rue de Bellevue à Boulogne-Billancourt, mes parents m'avaient donné de vieux meubles dont ils ne se servaient plus. Cependant, je ne m'y sentais pas bien ; j'avais envie de pièces modernes, en phase avec mon époque et mon âge. Alors je m'y suis intéressé en feuilletant des magazines et en visitant des galeries. J'ai commencé à dépenser mes salaires en chaises Eames vintage et en lampes Starck : j'avais une passion pour celle qui, n'ayant pas de pied, s'appuie au mur par l'abat-jour. Il l'avait nommée « Soudain le sol trembla ». Je me l'étais offert – une vraie folie pour moi à l'époque ! – et je l'ai toujours. J'étais aussi fasciné par les objets que dessinait Ettore Sottsass, comme la bibliothèque totem Casablanca.

Ébloui par le génie de ces designers, je creusais le sujet par des lectures. Celle qui m'a le plus marqué est sans doute *La laideur se vend mal* (quel titre !) de Raymond Loewy, un livre paru en 1953 mais d'une modernité fracassante. Ce designer industriel franco-américain avait, entre mille autres choses, redessiné en 1954 la bouteille de Coca-Cola dont la forme n'a pas changé depuis. J'ai une admiration sans bornes pour ce qu'il a réalisé, et dès que j'ai pu, je me suis offert une commode et une cocotte en fonte dessinées par Loewy. Son credo s'est instantanément gravé dans mon esprit : tout objet, quel qu'il soit, doit être beau afin de se vendre au mieux. On ne pouvait pas mieux exprimer ce que je souhaitais pour mes gâteaux.

Je venais de rencontrer, grâce à un certain Philippe Conticini, celle qui deviendrait ma seconde épouse : Frederick e. Grasser. J'avais invité Philippe Conticini, ce jeune et brillant collègue pâtissier, à venir visiter mon laboratoire chez Fauchon. Frederick, qui travaillait dans le groupe Lagardère, où elle vendait de l'espace publicitaire pour « Le magazine du show business », était l'une de ses amies. Passionnée de cuisine, elle était aussi très proche d'Alain Ducasse, qu'elle avait connu au Juana (à Juan-les-Pins), bien avant son accident d'avion – elle fut d'ailleurs parmi les seuls à lui rendre visite à l'hôpital pendant l'année qui a suivi le drame.

Toujours est-il qu'elle tenait à venir me rencontrer chez Fauchon, avec Philippe Conticini, par simple curiosité gourmande. Je me souviens de leur avoir fait goûter le fameux Paradis dont j'étais à la fois fier et insatisfait. Le soir même, Frederick m'a invité à venir voir un spectacle de théâtre sur lequel elle donnait un coup de main en tant qu'accessoiriste. L'invitation était pour moi et ma femme Christine, mais cette dernière travaillait le soir. À l'époque, nos relations conjugales étaient très distendues, car on se voyait trop peu. J'y suis donc allé seul. Et malgré le fait qu'elle ait dix-huit ans de plus que moi, Frederick me plaisait car nous partagions les mêmes centres d'intérêt : la cuisine, la pâtisserie, le design, l'art... Peu de temps après, elle m'a invité à dîner chez elle. Ce soir-là, pour le dessert, elle avait préparé une glace à la vanille servie avec des cannelés réalisés selon la recette du génial chef bordelais Jean-Marie Amat (voir page 112). Je crois que ces cannelés furent la pierre fondatrice de notre relation amoureuse, qui pendant treize ans allait essentiellement tourner autour de notre passion pour la culture culinaire et pour les produits. Moyennant quoi nous allions prendre quarante kilos chacun !

Mais nous n'en étions pas là.

Je n'ai pas un très bon curriculum vitae dans le domaine conjugal, puisque je me suis marié quatre fois. En revanche, je déteste la tromperie et l'idée de la double vie. Alors, dans le calme et l'honnêteté, Christine et moi nous sommes séparés. Nous avons divorcé et j'ai épousé Frederick. Car quand je suis amoureux, j'épouse ! Et donc, en 1992, au moment où je tournais autour de l'idée d'un gâteau design, Frederick, ma nouvelle compagne, m'a mis en relation avec un graphiste d'origine écossaise qu'elle connaissait bien : Yan Pennor's.

Quand j'ai demandé à ce monsieur de me dessiner un gâteau, j'ai eu l'impression de l'insulter, tant ma démarche lui semblait absurde. Il est vrai que ma requête était un peu lunaire.

« Je voudrais un gâteau au chocolat qui ait une forme simple et spectaculaire, mais que, en tant que pâtissier, je ne peux pas inventer, lui ai-je d'abord annoncé, avant d'ajouter : Enfin je ne voudrais pas que ce soit un objet, mais vraiment un gâteau. »

Sa perplexité sautait aux yeux.

Après ce dialogue de sourds, nous partions sur des bases pour le moins incertaines. Malgré tout, il y eut un deuxième rendez-vous, auquel je suis arrivé avec un gâteau rond et Yan, avec un prototype de moule triangulaire. Il allait donc falloir faire rentrer un rond dans un triangle, c'était la quadrature du cercle. Jusqu'à ce que j'imagine de découper le gâteau en six parts et que je décide de les empiler dans le moule. Elles y rentraient au millimètre près. Je tenais une idée : cette part géante, tout en hauteur, allait devenir un gâteau entier !

Yan a ensuite redessiné cette structure en lui donnant des lignes parfaites, acérées, presque aérodynamiques. Sur ce carénage élégant, il a tracé cinq lignes dorées, qui accentuent la finesse de l'arête et guident le découpage. Puis il a coiffé le tout d'une demi-sphère rouge vif. En voyant le prototype, je me suis exclamé : « C'est la cerise sur le gâteau ! »

Et cette pâtisserie, que Yan voulait nommer « Le beurre et l'argent du beurre » – à vrai dire, j'ai oublié pourquoi – a été rebaptisée sur-le-champ. Pour créer la cerise en question, j'ai repris l'idée d'une confiserie de chez Lenôtre : une griotte à l'eau-de-vie enrobée de fondant et de pâte d'amandes puis trempée dans du sucre cuit rouge vif.

Au point de vue du goût, je voulais que ce gâteau plaise à tout le monde, et je pensais qu'en mariant les noisettes du Piémont avec le très bon chocolat au lait corsé Jivara, que la marque Valrhona venait de lancer, ce serait le cas. Je l'avais conçu de façon que chaque tranche révèle les différentes variations de textures : couches superposées de fines feuilles de chocolat au lait, dacquoise aux noisettes, praliné feuilleté, ganache et chantilly chocolatée. L'idée étant trouvée, il restait à la mettre en œuvre, et ce fut une autre paire de manches, car réaliser un tel gâteau, c'était un défi technologique.

D'abord, il fallait inventer un moule. Je l'ai fait fabriquer en thermoformage classique, mais cela ne fonctionnait pas bien. Pour la présentation à la presse, en 1993, tous les gâteaux étaient cassés à la base, j'ai passé un mauvais moment ! En stress total, je m'agitais dans tous les sens pour retourner discrètement les gâteaux dès que je voyais des journalistes comme Jean-Pierre Coffe s'en approcher. Plus tard, on a mis au point un moule souple en silicone avec une coque de plâtre synthétique. Bref, on s'est bien pris la tête sur La Cerise sur le gâteau !

C'était un pari risqué à tous points de vue : fabrication pointue des moules, confection complexe des gâteaux à textures multiples, mise au point délicate d'un emballage spécifique – une boîte triangulaire à trois pans retenus par un ruban –, tout cela coûtait très cher et devrait donc être vendu à un prix élevé, mais nos fournisseurs nous ont soutenus à fond.

Il n'en allait pas de même chez Fauchon. Quand j'ai montré notre création au directeur marketing, il m'a dit : « Vous êtes tombé sur la tête, ça ne passera jamais auprès de la direction ! »

Je l'ai quand même présenté à Martine Prémat, la propriétaire, qui, toisant l'objet du délit, m'a lancé sans prendre de gants : « C'est vraiment n'importe quoi ! »

Il n'était pas question d'avoir fait tout ce chemin pour rien. Je ne me suis pas démonté ; je lui ai proposé de mettre ce gâteau en vitrine et d'attendre la réaction des clients. Manifestement dépitée mais vaincue par mon enthousiasme, elle a fini par me donner son accord du bout des lèvres. « Oh et puis après tout, faites ce que vous voulez ! », a-t-elle lâché.

Quelques jours plus tard, cet ovni pâtissier trônait dans les vitrines de la place de la Madeleine. Dans la boutique, j'observais avec une joie non dissimulée les clients s'arrêter devant. Cette forme particulière, imaginée par Yan Pennor's, était tellement irrésistible qu'elle interpellait vraiment les gens. Beaucoup rentraient, goûtaient, achetaient. La combinaison du look du gâteau, de son goût et de ses textures variées était explosive ! Le succès a très vite été au rendez-vous. En parallèle, la presse a beaucoup parlé de ce gâteau, et donc de mon travail. C'était un carton plein ! J'ai récolté pas mal de lauriers à ce moment-là, au point que Fauchon commençait à en prendre ombrage.

« On parle trop de Pierre Hermé, pas assez de Fauchon ! » me reprochait la propriétaire, qui, en même temps, se réjouissait de voir nos pâtisseries se vendre comme des petits pains.

La Cerise sur le gâteau a marqué un moment important dans mon parcours. D'abord parce que cette création est innovante dans sa composition et qu'elle tient vraiment la route d'un point de vue pâtissier ; j'en veux pour preuve que nous la vendons encore, et qu'elle n'a pas changé depuis 1993 – nous utilisons juste un chocolat au lait un peu plus amer. Ensuite, parce qu'elle a ouvert la voie à des exploits techniques.

Mark Twain disait : « Ils ne savaient pas que c'était impossible, alors ils l'ont fait », ce qui résume assez bien l'aventure de La Cerise sur le gâteau ! Et enfin, parce que cette première vraie collaboration artistique, en me permettant de montrer que de nouvelles directions étaient envisageables en pâtisserie, m'a laissé entrevoir de belles perspectives.

J'étais heureux que mon travail suscite de l'intérêt. Pas pour avoir des articles dans la presse – la célébrité n'a jamais été un but pour moi –, mais parce que ce début de reconnaissance allait me permettre des choses nouvelles d'un point de vue artistique, comme la réalisation de mon premier livre : *Secrets gourmands*. En 1993, j'étais chez Fauchon depuis sept ans, et commençais à éprouver le besoin de rassembler mes créations dans un ouvrage. La direction n'a pas voulu en entendre parler, mais cela ne m'a pas arrêté, bien entendu.

Quelque temps auparavant, j'avais créé une petite société avec mon ami Yannick Lefort, sur laquelle nous facturions nos activités non salariées, notamment du conseil. Dès lors, pourquoi ne pas éditer nous-mêmes le livre ? J'ai réuni une équipe avec une rédactrice hors pair : Marianne Comolli, qui venait d'écrire *La Riviera d'Alain Ducasse*, devenu dès sa parution un ouvrage de référence ; un immense photographe culinaire en la personne de Jean-Louis Bloch-Laîné ; et Yan Pennor's en directeur artistique. Ce dernier était associé avec un certain Charles Znaty – avec qui j'allais faire un long chemin – et ils avaient parmi leurs clients la maison d'édition Larousse. Je me suis engagé à prévendre cinq mille exemplaires du livre, à en financer la production, et Larousse a donné son accord pour le distribuer.

Il n'y avait plus qu'à réaliser l'ouvrage. Ce que nous avons fait... dans la cave de chez Fauchon, car mon travail quotidien nécessitait ma présence constante et ne devait pas pâtir de cet épisode éditorial. Et non seulement il n'en a pas pâti, mais le processus créatif que m'a enseigné la confection du livre a enrichi mon approche esthétique de la pâtisserie, même s'il s'agissait d'une démarche complètement différente de ma précédente aventure avec Yan Pennor's. Là, grâce aux conseils de ces grands professionnels, j'ai appris à regarder les gâteaux avec un œil plus critique, plus photographique, ce qui m'a donné envie de les rendre encore plus beaux. Lorsque Marianne et Jean-Louis me disaient : « on ne peut pas shooter ça », je revoyais ma copie.

Je suis ressorti de cette expérience avec un nouveau regard, celui d'un directeur artistique en pâtisserie si je puis dire, une « fonction » que j'exerce chaque jour, avec passion, au sein de la Maison Pierre Hermé Paris. Je suis attentivement, avec tout ce que cela comporte de détails stylistiques et visuels, les nombreuses séances de photographies que nous organisons tout au long de l'année pour les catalogues, les dossiers de presse, les réseaux sociaux ou toute autre forme d'images représentant la marque. Pas seulement pour le plaisir, mais parce que cela fait partie intégrante de l'identité d'une maison de haute pâtisserie. Dans ce domaine, comme dans tous les autres, je ne laisse rien au hasard.

Les cannelés de Frederick e. Grasser Hermé

Pour 26 cannelés
préparation 20 min
cuisson 1 h
repos 12 h

• Pour la pâte à cannelés :
1 litre de lait frais entier
3 gousses de vanille de Madagascar
200 g de farine
500 g de sucre glace
4 jaunes d'œufs
3 gros œufs entiers
100 g de beurre doux
10 cl de vieux rhum brun agricole

• Pour la cuisson :
100 g de beurre clarifié

La veille, préparez la pâte à cannelés : tamisez la farine et le sucre glace, mettez-les dans le bol du robot muni du fouet puis, à petite vitesse (afin d'éviter la formation de mousse à la surface de la pâte), ajoutez les jaunes d'œufs et les œufs entiers, laissez tourner pendant 5 minutes. Pendant ce temps, dans une casserole, portez à ébullition le lait et les gousses de vanille fendues et grattées, puis ajoutez-y le beurre coupé en morceaux. Versez ce lait sur le mélange farine/sucre glace/œufs, ajoutez le rhum, mélangez rapidement et laissez reposer cette pâte dans le bol au réfrigérateur pendant au moins 12 heures.

Le lendemain, préchauffez le four à chaleur tournante à 230° (th. 7-8) avec une plaque de cuisson qui vous servira de sole dans le four. Beurrez les moules à cannelés en cuivre à l'aide d'un pinceau, posez-les sur une plaque de cuisson puis remplissez-les de pâte jusqu'à ½ cm du bord. Enfournez. Au bout de 10 minutes, baissez la température du four à 170° (th. 5-6) et prolongez la cuisson d'environ 50 minutes. Les cannelés doivent avoir une couleur brun foncé. À la sortie du four, démoulez-les aussitôt et laissez-les refroidir. Dégustez-les entre 3 et 6 heures après cuisson pour qu'ils aient le temps de refroidir et qu'ils gardent tout leur croquant.

PIERRE HERMÉ

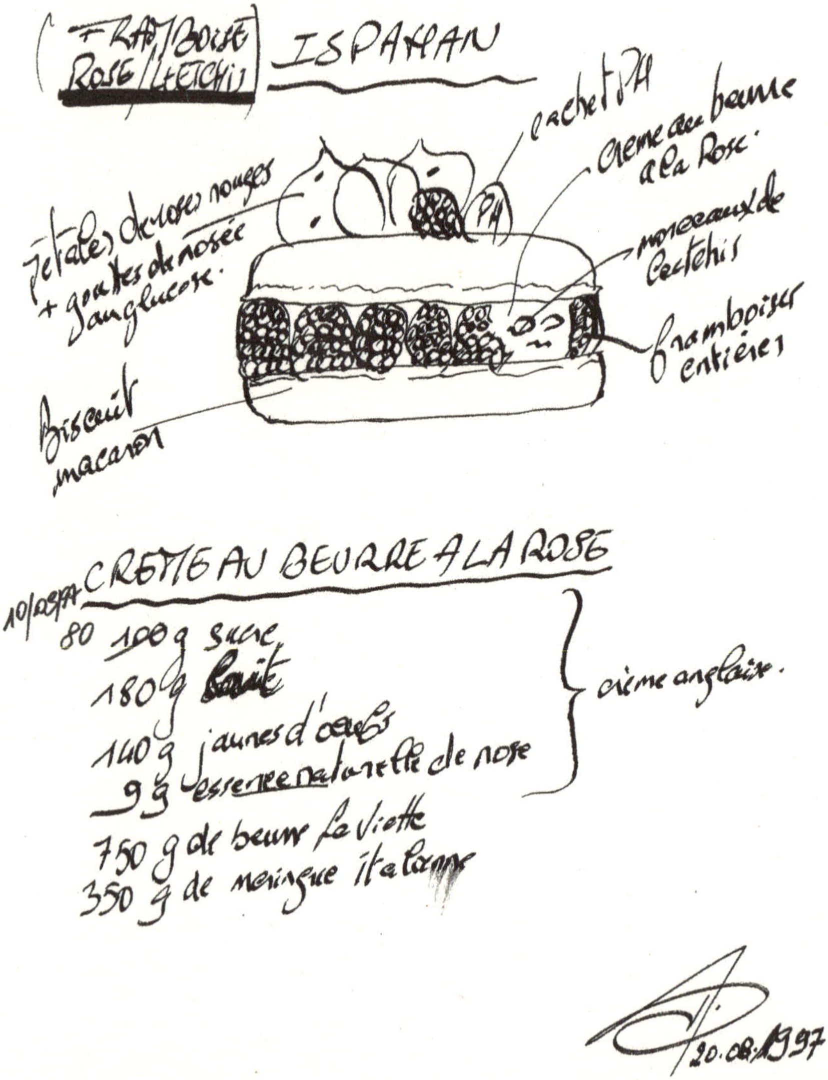

Chapitre 5

AMBITION

Croissants & frustrations

Ce premier livre, *Secrets gourmands*, a rencontré un joli succès, et a été réédité plusieurs fois et en plusieurs langues. Par la suite, avec cet éditeur statutaire qui me plaisait beaucoup, j'ai réalisé d'autres projets : *Larousse des desserts*, *Larousse du chocolat*...

Nous étions au milieu des années quatre-vingt-dix et les choses suivaient leur cours chez Fauchon. Je m'étais associé avec Charles Znaty pour créer la SoCrePa (Société de création pâtissière). Michel Ferton, un ex-publicitaire, était le troisième larron. Il s'occupait plus particulièrement de l'aspect financier de notre petite affaire.

En 1996, Francis Holder, que je conseillais depuis un moment pour la marque Paul dont il était propriétaire m'a parlé de la maison Ladurée, qu'il venait de racheter. Cette jolie et ancienne maison, installée rue Royale (Paris 8e) depuis des lustres, était petite par la taille, mais grande par la renommée.

Sensible à la qualité et aux codes esthétiques qui caractérisaient Ladurée, Holder projetait de développer la marque et m'a demandé de le faire à ses côtés.

L'aventure était tentante, d'autant que je ne m'engageais pas en tant que salarié : j'avais négocié le fait de vendre à Ladurée une prestation de service, via la SoCrePa, ma société.

J'ai quitté Fauchon le 31 décembre 1996, et commencé à travailler pour Ladurée le 2 janvier 1997. Je ne le savais pas à ce moment précis mais en vingt mois, j'allais réaliser autant de choses qu'en quatre ans !

La pâtisserie Ladurée avait été rachetée par Holder à la famille Desfontaines, dont quelques membres restaient présents. Il y avait un frère, une sœur et une cousine, avec qui je faisais en sorte de bien m'entendre, car comme chez Fauchon, j'avais besoin de m'appuyer sur l'histoire de la maison pour mieux la projeter dans l'avenir. Hélas, les Desfontaines supportaient mal les nécessaires remises en question que cela induisait. Je faisais très attention : il n'était pas question de faire table rase du passé, mais d'apporter des choses nouvelles sans dénaturer le patrimoine Ladurée. C'était compliqué, car on partait de loin. En effet, il n'existait aucun processus établi dans l'entreprise, les recettes étaient aléatoires car transmises oralement, aucun socle de marque n'était bien défini. Il y avait même dix façons d'écrire le nom et le logo Ladurée !

Encore une fois, j'allais devoir me livrer à l'exercice aussi passionnant que délicat consistant à faire évoluer une entreprise plus que centenaire tout en préservant ses fondamentaux, calculer des prix de revient là où tout était fait à l'instinct, fiabiliser et organiser les savoir-faire pour envisager la possibilité d'un développement, ce qui signifiait mettre en place des centaines, voire des milliers de fiches techniques.

Tout en suivant les projets de Francis Holder, qui étaient d'ores et déjà enclenchés : nous étions censés ouvrir la pâtisserie-restaurant-salon de thé Ladurée sur les Champs-Élysées huit mois plus tard. Ce qui signifiait passer d'une équipe de quarante personnes à une armée de cent quatre-vingts employés, recruter à tour de bras, superviser les travaux, transformer la proposition pâtissière, mais aussi créer une proposition culinaire salée, plus mille autres choses à faire tout en remettant en cause les modes de production qui n'auraient pas permis de faire face à une telle expansion. Car en plus de l'immense établissement des Champs-Élysées, deux autres salons de thé étaient dans les tuyaux : au Printemps (Paris 9e) et chez Franck & fils (Paris 16e).

Je suis arrivé avec trois de mes super lieutenants pour m'épauler sur la partie sucrée : Philippe Andrieu, Richard Ledu, Colette Pétremant.

Un peu plus tard, le chef de cuisine Patrice Hardy nous rejoindrait pour gérer la partie salée. C'était la première fois que j'allais diriger une cuisine, mais ce n'était pas une terre inconnue pour moi. En effet, je m'y étais toujours intéressé et j'étais passionné par les restaurants, gastronomiques de préférence. J'échangeais en permanence avec des amis chefs, et vivant avec Frederick, une cuisinière hors compétition, je partageais sa curiosité insatiable pour les produits. Et puis, comme j'avais souvent travaillé en extra au service traiteur de Lenôtre, je maîtrisais les techniques basiques de cuisine. Bref, je savais ce que je voulais.

Il fallait préserver certains classiques de Ladurée, comme les club sandwiches, les omelettes... auxquels j'avais envie d'ajouter des plats de pâtissier, basés sur le travail de la pâte, comme les bouchées à la reine, le pâté de Pézenas ou le pâté en croûte. Je projetais aussi de créer des ponts entre cuisine et pâtisserie, à travers des mariages d'ingrédients inattendus : asperges et pistaches, ceviche de poisson et framboises, etc. Mon problème n'était pas de trouver des idées, mais de lâcher un peu l'affaire. Je passais beaucoup trop de temps en cuisine où, pour faire réaliser très précisément ce que je souhaitais, je tentais d'imposer la même rigueur qu'en pâtisserie. Tous ceux qui connaissent les deux univers vous diront que c'est très différent. Forcément, cela créait une tension et énervait copieusement Patrice Hardy. Heureusement, nous étions au moins d'accord sur le nouvel esprit que nous désirions insuffler à Ladurée.

À tous, je répétais sans relâche qu'il allait falloir évoluer, faire autrement, à tous points de vue. Mais, de la base à la direction, les résistances étaient fortes, et j'ai déployé une énergie folle à bouger les lignes.

Une des premières choses que j'ai faites en arrivant fut de modifier la recette du croissant, que je trouvais trop brioché et pas assez feuilleté. Que n'avais-je pas fait là ! Cela a provoqué une révolution en interne et une levée de boucliers de la part des clients, qui téléphonaient à la boutique pour se plaindre.

« Monsieur Hermé, c'est la sixième fois depuis ce matin qu'une dame appelle à propos des nouveaux croissants. Elle dit que tout fout le camp. Que fait-on ? me demandaient avec un malin plaisir les Desfontaines.

– Dites-lui que désormais elle aura le choix entre le croissant Ladurée et un vrai croissant à l'ancienne ! » ai-je répondu pour leur clouer le bec.

En conséquence, nous nous sommes mis à faire deux sortes de croissants. Après tout, je n'étais plus à cela près. Car si les gâteaux de Ladurée étaient bons, ils avaient besoin d'une sacrée remise en question. Comme l'ensemble de la maison, à vrai dire. On a considérablement fait évoluer la proposition pâtissière. J'ai supprimé de la gamme les gâteaux qui me semblaient désuets. J'en ai transformé d'autres et j'ai apporté beaucoup de nouveautés, issues de mes précédentes années de recherche et de création : Plaisir sucré (le descendant direct de La Cerise sur le gâteau), le millefeuille praliné, le Montebello (à la fraise et à la pistache), le Chuao (au chocolat et au cassis). Certains de ces gâteaux sont encore vendus chez Ladurée, c'est le cas d'Ispahan, que j'ai créé à ce moment-là, dans le cadre de mes recherches sur le macaron.

Macarons & innovations

Ce petit gâteau délicat, dont on ne fait qu'une bouchée, je le connaissais depuis mon apprentissage. Les chefs pâtissiers de Lenôtre m'avaient enseigné leur méthode – redoutablement complexe, soit dit au passage ! Chez Fauchon, j'avais commencé à élaborer de nouvelles saveurs de macarons pour sortir des sentiers battus : j'en proposais à la rose, à la pistache, au citron, au caramel, etc. avant de mettre au point des macarons aux saveurs mêlées comme citron vert-basilic ou chocolat-caramel. J'avais eu la joie de lire dans le magazine *Marie-Claire* qu'ils étaient « les meilleurs de Paris ». Un avis évidemment subjectif, car dans ces années-là, de nombreuses pâtisseries de qualité comme Carette ou Peltier proposaient leurs recettes, plus réussies les unes que les autres. N'empêche, j'avais caressé l'idée, en 1993, de créer La Maison du macaron dont j'avais même fait enregistrer le nom. Un projet qui n'a finalement pas vu le jour.

En arrivant chez Ladurée, je savais qu'il m'appartenait d'écrire une nouvelle page de l'histoire du macaron, car la maison le présentait comme sa grande spécialité. Je m'y suis donc attelé avec ardeur. La surface de production des Champs-Élysées s'annonçant immense, j'ai décidé de consacrer l'atelier de la rue Royale à la confection des macarons. Cela m'a permis de m'y concentrer sur ce produit. D'abord, nous avons rationalisé les processus de fabrication en élaborant des fiches techniques, puis en nous équipant d'un four ventilé et d'une machine à dresser les biscuits des coques. Le temps ainsi gagné nous a permis de travailler sur la recherche de nouvelles saveurs : chocolat amer, marron, noix de coco. Et rose, naturellement.

Ispahan, naissance d'un nouveau classique

En 1997, comme je suis du genre obstiné, le fameux goût de la rose me titillait toujours. Mais je ne voulais plus du Paradis tel que je l'avais conçu ; je trouvais que ce style de gâteau à base de crème bavaroise avait fait son temps. J'aimais toujours autant le mélange de saveurs rose-framboise, mais j'avais envie de quelque chose de plus consistant en termes de texture. Et comme à ce moment-là j'approfondissais le sujet du macaron, je me suis dit : pourquoi pas un gâteau dont il serait l'acteur principal ? La création d'un tel « hybride » tombait à pic pour redorer le blason de Ladurée tant comme pâtissier que comme spécialiste du macaron !

J'avais fait une découverte organoleptique en Alsace, lors de la dégustation d'un grand gewurztraminer. En goûtant ce vin si aromatique, j'y avais décelé des notes de litchi qui me rappelaient le parfum de la rose. La solution m'était alors apparue : le litchi était la clé de Paradis, si je puis dire !

En rentrant à Paris, j'ai réalisé des essais. D'abord, il me fallait trouver les bons litchis. Frais, ils étaient de consistance, de maturité et de goût inégaux. Congelés, ils rejetaient trop d'eau et s'avéraient tout aussi irréguliers en saveur. Restait la conserve, mais je ne parvenais pas à m'y résoudre. J'ai goûté des dizaines de conserves de litchis, jusqu'au jour où j'ai trouvé les bons, ceux qui nous permettaient de miser sur un produit à la maturité et à la qualité idéales. On a aussi travaillé sur la crème : à cette époque où les mousses tenaient la corde, il n'était pas évident d'imposer une crème au beurre, alors j'ai rusé, en la foisonnant au maximum afin qu'elle donne une impression de légèreté et que la sensation grasse disparaisse. Enfin, j'ai procédé aux justes dosages entre les trois saveurs : rose, framboise, litchi.

Le jour où j'ai goûté le premier essai, j'ai trouvé que le fruit exotique apportait une belle plénitude de goût et que le biscuit macaron donnait la structure appropriée à l'ensemble. Je me suis dit que je tenais un truc. Après tout, quand c'est bon, il n'y a pas meilleur !

Ispahan était né. Cela m'amuse toujours de rappeler que ce gâteau-macaron aux saveurs et au nom venus d'ailleurs doit en partie sa naissance à un cépage alsacien...

Comme nos nouveaux modes de production nous permettaient de remplir des vitrines de macarons, nous avions décidé d'accentuer la communication de Ladurée autour de ce produit mis au goût du jour. L'accueil qu'ils reçurent de la presse, de Paris à Tokyo, nous a encouragés à persister dans cette voie. Jour après jour, j'affinais recettes et techniques, et proposais de nouvelles saveurs. Le macaron devenait un formidable terrain d'expression pour ma créativité plus galopante que jamais. Pour les médias, j'étais désormais « M. Macaron ».

Le hic, c'est que cela devenait de plus en plus incompatible avec mon travail pour Ladurée. Œuvrer pour cette maison – comme cela avait été le cas pour Fauchon – nécessitait de faire vivre son histoire sans transformer son identité. Or mon travail et ma façon de faire reflétaient de plus en plus mes codes personnels, que je n'avais de cesse de développer. Quand l'occasion de le faire se présenta, j'ai fait en sorte de ne pas la rater, d'autant que cela se passait très loin de Paris et ne faisait pas d'ombre à Ladurée, dont je n'étais pas de toute façon pas salarié.

Quelques mois plus tôt, j'avais fait une présentation de pâtisserie à Tokyo, à l'hôtel New Otani où mes gâteaux avaient reçu un accueil très enthousiaste. J'y avais noué des contacts et reçu la proposition d'ouvrir une petite boutique dans cet établissement, laquelle fut inaugurée en août 1998. C'était la première à porter mon nom.

Mais même si elle se situait à dix mille kilomètres de Paris, Ladurée ne l'a pas supporté et a procédé à une rupture brutale de notre contrat commercial.

Cela n'a fait qu'accélérer ce dont je ressentais de plus en plus fortement l'envie et le besoin : repartir de zéro pour créer une maison qui me ressemble. J'avais trente-cinq ans, le moment était venu.

Partie II

L'ÉPANOUISSEMENT

2015

PIERRE HERMÉ

12 RUE FORTUNY PARIS 17e

GATEAU DE NOEL "PERPETUA"

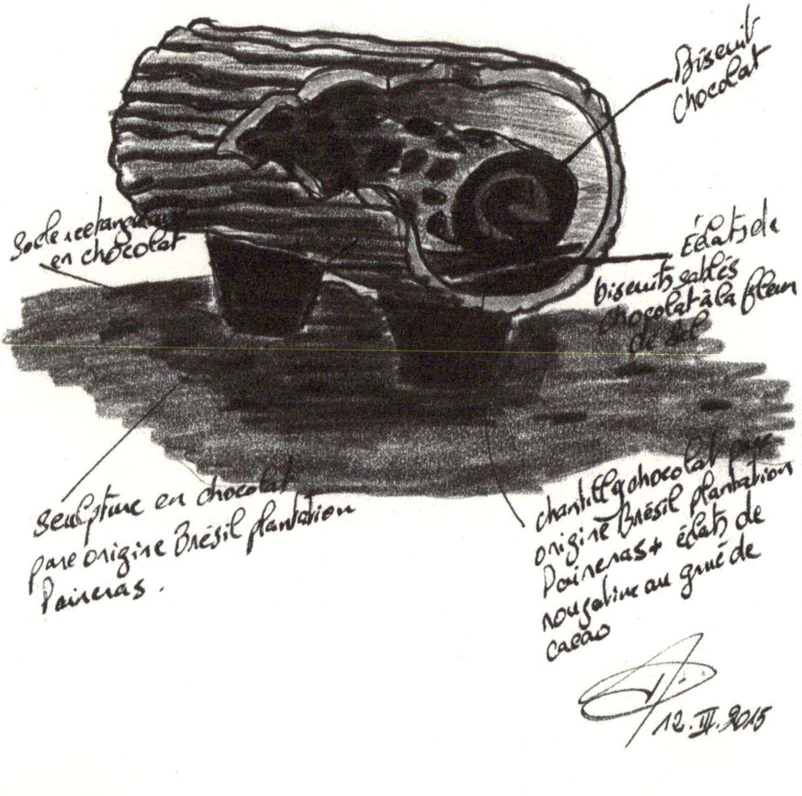

Chapitre 6

CRÉATION(S)

Religieuses & différenciation

En 1994, un certain Jeffrey Steingarten, journaliste gastronomique du *Vogue* américain, m'a décrit dans un article comme le « Picasso de la pâtisserie ». Au départ, j'ai trouvé la formule déplacée. Puis j'ai pris cela comme un encouragement. Et plutôt que de me repaître de cette flatteuse métaphore, j'ai rappelé Steingarten pour essayer de comprendre ce qu'il avait voulu dire par là.

Il m'a expliqué que, par ces mots, il avait cherché à illustrer la créativité de mon travail et la diversité des styles que je mettais en œuvre. Et que, de ce point de vue, la comparaison tenait la route. Du coup, j'ai fini par utiliser sa formule dans les dossiers de presse de la maison. Après tout, je n'aurais pas pu imaginer de meilleur slogan publicitaire…

Depuis cet épisode, on me demande souvent si je me définis comme un artiste. Et c'est bien légitime. Je réponds à cela que je suis avant tout un artisan, car mon métier repose sur des techniques, des connaissances, un savoir-faire qui nous permettent de réaliser chaque jour des gâteaux à la main.

Mais je ne nie pas pour autant que ma conception de la pâtisserie comporte une dimension artistique. Je recherche des goûts et des mariages de saveurs inédits. Je commence toujours par dessiner mes gâteaux, peaufine leur structure pendant des heures, des jours, des mois parfois. Mon souhait est que leur goût soit mis en valeur par leur esthétique et vice versa. Je lance des collections saisonnières, et les mets en scène dans des boutiques-écrins, etc. Alors oui, la CRÉATION définit mon travail.

Parmi les définitions de ce mot fondateur dans le Larousse, il y en a une qui me touche particulièrement : « Action d'établir, de fonder quelque chose qui n'existait pas encore. »

Avec ma formation, j'aurais pu être un bon pâtissier et fabriquer chaque jour les meilleures religieuses possible. Ç'eût été fort louable, mais ce n'est pas ce que j'avais en tête. Les religieuses existant depuis 1856, elles n'avaient pas besoin de moi ! En revanche, peut-être pouvais-je apporter autre chose au métier ? Je voulais aller vers un ailleurs où mon travail refléterait mes envies. Le mantra « *think different* » cher à Steve Jobs a toujours clignoté comme un néon dans mon esprit. Lorsque je me retourne sur toutes ces années, je réalise que j'ai cultivé sans relâche la différenciation. C'est la caractéristique de ma marque. Lorsque nous goûtons un nouveau gâteau avec mes chefs, s'il n'a pas assez de caractère ou s'il ressemble à quelque chose de déjà vu, on se regarde, on dit : « On n'est pas chez nous ! » Et on passe à autre chose.

C'est le propre de tout créateur d'identifier son style et de le façonner jour après jour. Dans ce domaine, j'ai ouvert une voie : la mienne.

Aujourd'hui, de jeunes et talentueux pâtissiers comme Cédric Grolet, Amaury Guichon, Maxime Frédéric et beaucoup d'autres défrichent à leur tour de nouveaux chemins : le premier confectionne d'incroyables fruits en trompe-l'œil, le deuxième des sculptures en chocolat hallucinantes, le troisième des gâteaux aux textures inouïes. Leur style est tellement affirmé que l'on reconnaît leurs pâtisseries à première vue. C'est bien la preuve qu'il reste plein de choses à inventer et qu'il n'existe pas de limites à la création…

Doutes & ananas

… À part, peut-être, celles que l'on s'impose soi-même et qu'il faut apprendre à franchir. Il a fallu du temps pour que je me fasse confiance, que je m'écoute, que je gère mes doutes. C'est important, le doute, cela vous met des coups de pied aux fesses, vous stimule. Mais parfois, le doute vous tétanise. Pour éviter cet écueil et continuer à avancer, je fais appel à la réflexion, à la culture, au temps. J'interroge chaque point qui pose problème, je remonte à la source du produit, je retrace le processus utilisé, je fais moult essais jusqu'à ce que jaillisse le bon résultat.

Ma devise, c'est : « *Never give up !* » Quand je bute sur quelque chose de compliqué, je persévère, tout simplement parce que cela me paraît être l'attitude la plus intéressante. Si je considère qu'une idée est bonne mais perfectible, je la mets de côté pour mieux y revenir des mois ou des années plus tard et parvenir à quelque chose de satisfaisant. Il arrive évidemment que je ne trouve pas de solution.

On a déjà évoqué le gâteau Paradis devenu Ispahan, je pourrais également citer l'exemple du macaron et du gâteau Trinitario, au fruit de la Passion et au chocolat noir. Je pressentais que ce mariage de goûts avait du potentiel, mais à chaque fois que je goûtais le macaron, je décelais un goût métallique qui me dérangeait. J'y pensais jour et nuit, jusqu'à ce que je trouve la bonne idée : il fallait rétablir l'équilibre. La force du chocolat noir se heurtant à la brutalité du fruit de la Passion, je tentai de calmer le jeu en introduisant la douceur du chocolat au lait dans ce duo tonitruant. Bingo ! Cette fois, c'était bon. Trinitario était mort, place à Mogador ! Cette association de saveurs m'a encore donné du fil à retordre quand j'eus envie, quelques années plus tard, de l'interpréter sous forme de cake.

Les premiers essais, en 2005, ne reflétaient pas la subtilité du macaron. Je me suis dit qu'il fallait savoir laisser tomber certaines choses, alors je l'ai mis de côté. Enfin pas tout à fait, car j'ai continué à y repenser régulièrement, jusqu'à ce que je finisse par trouver la solution… sept ans plus tard ! Elle résidait en un jus de fruit de la Passion déshydraté puis réhydraté dont on a parfumé la pâte et imbibé le cake, en y ajoutant des morceaux de chocolat au lait, de la fleur de sel, et en le recouvrant d'une ganache au chocolat au lait et au fruit de la Passion. L'histoire continue, puisque sur cette base passion-chocolat au lait du gâteau Mogador, j'ai ajouté il y a quelques années de l'ananas rôti. C'était réussi, alors j'ai également ajouté de l'ananas dans le macaron, devenu le Mogador 2.0, en quelque sorte, proposé en édition limitée. L'aventure du goût ne s'arrête jamais. Et elle me réserve toujours des surprises, la preuve : après tout ce travail pour trouver la bonne note de chocolat au lait dans cet accord, je constate que le chocolat chaud Mogador n'est bon que s'il est réalisé avec... du chocolat noir !

Tout cela pour dire que la remise en question est inhérente à la création. Je la pratique systématiquement. Non que j'aie une faculté naturelle à le faire, mais c'est devenu un besoin pour moi. Referais-je le gâteau Bayadère au design ultra-kitsch ? Certainement pas ! Et ce macaron shiso-fraises des bois, puis-je le proposer à Noël si je remplace la fraise fraîche par un confit de fruits spécialement mis au point pour cette recette ? Pourquoi pas, d'autant que cette technique pourra me permettre d'avancer sur d'autres pâtisseries.

Plus j'avance, plus je remets les choses en question. Cet autoregard critique sur mon travail me pousse à faire différemment, à décider, à trier, à trancher. C'est un vrai moteur.

Dialogue & espumas

Dans ma vie et plus précisément dans ma démarche permanente de création, les rencontres sont essentielles. Lorsqu'elles donnent lieu à des échanges puissants, elles me nourrissent et m'ouvrent des perspectives. À la fin des années quatre-vingt-dix, j'ai eu la chance de nouer une amitié très enrichissante avec le chef Ferran Adrià. Ce Catalan pur jus, qui s'était intéressé à la cuisine après avoir travaillé comme plongeur dans un restaurant à Ibiza, avait suivi une formation classique de gastronomie. En 1987, il était devenu le chef exécutif du restaurant elBulli, à Roses, dans la province de Gérone (Espagne). L'établissement existait depuis les années soixante, et il était nommé ainsi car les premiers propriétaires de la maison avaient érigé des statues à la gloire de leurs bouledogues (*bulli* en catalan) à l'entrée. Mais avec l'arrivée de Ferran, tout allait changer. Épaulé par son frère Albert et leur complice Juli Soler, il a fait d'elBulli une table révolutionnaire, qui fut cinq fois classée meilleure du monde par The World's 50 Best Restaurants entre 2002 et 2009. Les autres années de cette décennie, elle fut deuxième ou troisième, avant d'être déclarée hors concours, et de fermer ses portes en 2011.

La première fois que j'ai mangé chez lui, en 1997, j'ai été décontenancé par toutes ces petites bouchées aux textures étranges et aux goûts surprenants qui se succédaient : soupe de pin aux algues et jaune d'œuf, bijou de « parmesan » de fruit de la Passion, sphère de gorgonzola, caramel d'huile de courge, pour n'en citer que quelques-unes parmi des dizaines. J'avoue que je me suis demandé : « quand est-ce qu'on mange ? », car le menu relevait davantage d'une dégustation que d'un « vrai repas ». Mais j'ai vite compris que le génie de Ferran résidait justement dans cette idée de nous emmener au-delà de la notion de repas, pour nous faire vivre une expérience que l'on ne connaissait pas.

Grand maître de la cuisine que certains ont qualifié de « moléculaire », il se livrait à des expériences toujours plus poussées, ce qui lui a d'ailleurs valu quelques critiques, infondées à mon sens. En fait, plus j'y allais – au minimum une fois par an –, plus j'étais séduit par le travail de Ferran, que je voyais évoluer de manière aussi phénoménale qu'impressionnante.

Pour expliquer le paradoxe de l'inspiration, il répétait à qui voulait l'entendre la phrase fondatrice du chef Jacques Maximin : « Créer, ce n'est pas copier. » Ensemble, nous débattions sans fin sur ce sujet. J'étais fasciné par sa liberté de créer en dehors des barrières et des codes établis. Et lui était intéressé par ma capacité à goûter sa cuisine. Il a même prétendu, lors d'une conférence au festival Omnivore au Havre, en 2006, que je possédais « le meilleur palais du monde » ! Pour lui, cela signifiait quelque chose d'important car je l'ai toujours entendu dire qu'un chef devrait être meilleur goûteur que cuisinier. Chez moi, cette faculté résulte avant tout de la curiosité insatiable qui me pousse à développer sans cesse ma culture du goût. Ce qui peut parfois exaspérer Valérie, mon épouse.

« Quoi, tu ne vas quand même pas goûter ce truc immonde ! » m'a-t-elle dit lors d'un voyage en Islande, alors que je m'apprêtais à manger un morceau de patte de phoque marinée dans une sorte de lait caillé. Autant vous dire que cela ne m'a pas arrêté et que, bien évidemment, j'ai dégusté, si je puis dire, cette chose étrange. Franchement, c'était horrible, mais ça manquait à mon répertoire ! J'ai aussi testé la chair de baleine, mais cela ne m'a pas laissé un souvenir impérissable et je n'ai aucune envie de renouveler l'expérience.

Ce qui est sûr lorsque je goûte quelque chose, c'est que j'y suis très attentif et que j'essaie de mettre des mots précis sur ce que je ressens.

C'est aussi le cas de Ferran Adrià, ce qui nous a embarqués dans des dégustations-conversations inouïes. Nous pouvions discuter jusqu'au bout de la nuit de l'intérêt et de la texture des espumas, les « mousses » au siphon dont il fut l'initiateur et qu'il appliqua à tous les types de produits. « Je veux réinventer le goût des aliments », me disait-il. « Et les espumas sont "maïques" (magiques) pour cela », continuait-il avec son accent merveilleux.

Il me tendait alors une cuillère ou un verre et me faisait goûter des espumas de yaourt, de caramel ou de foie gras, qui s'avéraient en effet « maïques ».

Il m'installait toujours dans sa cuisine et aimait me faire déguster des créations à l'aveugle. J'essayais de décrypter ce qu'il me servait mais je n'y parvenais pas toujours : un plat pouvait rappeler le goût de brioche, sans avoir de point commun avec une brioche. Plus que de plats précis, je me souviens surtout des émotions que suscitait en moi sa cuisine. En termes de découvertes, d'éclairage, de nouveaux possibles, Ferran n'a jamais eu d'équivalent. Il y a un avant et un après Adrià dans l'univers de la gastronomie et son influence est encore présente dans d'innombrables restaurants. Aujourd'hui, tout le monde trouve normal de faire des espumas, mais avant elBulli, cela n'existait pas.

Ferran est sans doute le chef qui m'a le plus marqué, car il m'a ouvert de nouveaux champs d'exploration. J'enviais et j'admirais beaucoup son mode de fonctionnement, unique à l'époque : il fermait son restaurant la moitié de l'année pour se consacrer à la création dans son atelier de Barcelone. Chacune de ses recettes faisait l'objet d'une réflexion approfondie sur le goût, l'émotion, la perception et la technique culinaire. Libre de tout préjugé, il réinventait tout. Il m'a fait comprendre que le domaine des boissons était aussi un terrain de création. Il m'a aidé à établir des ponts entre le salé et le sucré, sans ordre ni hiérarchie. Il utilisait les ingrédients du domaine réputé salé dans le sucré et vice versa avec une maestria impressionnante. J'avais toujours apprécié cela, et l'avais d'ailleurs déjà abordé avec mon travail sur les épices, mais l'exemple de Ferran m'a permis d'aller plus loin dans ce domaine. Sans le copier, bien sûr, mais en créant à partir d'une émotion qu'il avait suscitée chez moi. Si en effet « *crear es no copiar !* », dans nos métiers, on s'inspire souvent d'un petit élément que l'on a vu chez quelqu'un et que l'on va utiliser autrement. Cela m'évoque cette citation de Jules Renard : « Une idée paraît toujours originale à partir du moment où l'on ne sait plus à qui on l'a empruntée. » La création résulte parfois d'une sorte de chaîne.

Ainsi, depuis l'excellent homard à la vanille d'Alain Senderens dégusté il y a fort longtemps chez Lucas Carton, j'apprécie particulièrement la vanille dans des plats de poisson, en carpaccio, par exemple. J'aime aussi beaucoup la salade de tomates à la vanille d'Éric Sapet (recette page 164), goûtée dans son restaurant La Petite Maison à Cucuron, et que je cuisine souvent pendant nos vacances estivales en Corse. Il faut juste penser à parfumer son huile d'olive à la vanille un mois à l'avance, mais en dehors de cela, ce n'est rien à faire et c'est bluffant ! Pour cette recette, j'utilise une huile d'olive des Pouilles, aux notes vanillées. Découverte grâce à mon ami Olivier Baussan, elle m'avait donné l'idée d'un macaron à la vanille et à l'huile d'olive, lequel m'avait inspiré des sablés à l'huile d'olive et aux olives noires, qui m'avaient eux-mêmes insufflé l'envie d'un bonbon de chocolat au gianduja, à l'huile d'olive et aux morceaux d'olives noires séchées. Dans ma façon de travailler, tout fait sens, ce qui me fait arriver à une notion qui m'est chère.

Sens & sakuras

La langue française étant facétieuse, elle désigne par les mêmes termes le sens et les (cinq) sens, qui alimentent mon fonctionnement.

Mon épouse me fait souvent cette remarque, mi-amusée, mi-incrédule : « Tu as vraiment besoin de mettre du sens dans tout ? » Fine comme l'ambre, Valérie me taquine, car elle est parfaitement au courant que je ne fais pas les choses juste pour les faire. J'ai toujours besoin de donner une dimension supplémentaire.

C'est une notion qui s'est épanouie en moi chez Fauchon, lorsque l'on m'a donné les clés de la pâtisserie.

Le sens, c'est le sel de la vie.

Tout ce qui n'en a pas me met hors de moi, c'est viscéral ! Dans une réunion marketing, je peux littéralement « péter un câble » si je constate qu'on est là juste pour remplir des cases. Le marketing est incontournable mais il n'a de raison d'être que s'il s'appuie sur des idées fortes et qu'il tire la marque vers la création, la différenciation, plus d'excellence et d'originalité.

Pour ce faire, ce qui m'intéresse plus que jamais, c'est de proposer des choses porteuses de sens et de culture qui contribuent au développement personnel et à la capacité créative de chacun.

Lorsque je lance une collection comme Japonisme en 2021, ce n'est pas juste pour coller à l'actualité des Jeux olympiques de Tokyo. Ma démarche prend ses sources dans mon amour pour le Japon, dans tout ce que ce pays m'a donné et appris. Il ne s'agit pas, dans ce cas précis, d'envoyer en boutique trois gâteaux au thé matcha, mais de réaliser un travail d'ampleur avec mes équipes pour remonter le fil qui relie la maison Pierre Hermé au Japon depuis trente ans. Cela touche à l'identité profonde de la marque. Aussi, de la conception de cette collection à sa mise en vente, j'ai tout partagé avec mes collaborateurs. Le nom de code de cette gamme pendant son élaboration était « Paris-Tokyo », mais au fil des réunions et des dégustations, l'art – au sens large – s'est tellement invité dans nos échanges que j'ai fini par l'appeler « Japonisme », du nom de ce courant pictural de la fin du XIXe siècle.

Au Japon, tout est esthétique, harmonieux, délicat, raffiné, du moindre emballage à l'œuvre la plus prestigieuse, en passant par les jardins zen. Pour rendre hommage à cet attachement nippon à la beauté, j'ai repensé aux kimonos anciens ou contemporains, à mes promenades avec Valérie sous les sakuras en fleur, mais aussi à nos voyages à Naoshima, où nous avons eu la chance d'admirer les célèbres citrouilles à pois de Yayoi Kusama. L'émerveillement, les parfums, les sensations remontaient à la surface, m'inspirant des idées de saveurs et de design. Pour les tartes (au yuzu, au thé vert matcha, aux fraises des bois et shiso) et le gâteau Jardin japonais, nous avons créé des fleurs de cerisier ou de prunier stylisées en chocolat blanc. Quant à notre cheesecake baptisé « Dépaysé », il mariait les saveurs du thé matcha, des haricots rouges assaisonnés de zeste de citron vert, du vinaigre de riz et du gingembre frais râpé. J'avais prévu de l'orner de points de glaçage, disposés concentriquement. En voyant les premiers essais, Manon Derouet, cheffe pâtissière dans mon équipe recherche et développement, s'est exclamée : « C'est drôle, ça me fait penser à une œuvre de Yayoi Kusama ! »

C'était si pertinent que j'ai filé à la maison pour photographier la réplique de citrouille de la grande artiste japonaise, que j'avais rapportée de Naoshima. J'ai envoyé illico la photo à notre fournisseur de moules à gâteaux, qui s'en est inspiré pour réaliser un prototype. Le résultat final est non seulement beau et bon, mais cohérent avec l'histoire que nous voulions raconter à travers cette collection.

Des exemples similaires, je pourrais en trouver des dizaines. Ils sont la preuve que, contrairement à ce que l'on pourrait penser, la créativité ne sort pas de nulle part. Au contraire, elle se nourrit. Il y a toujours quelque chose qui m'amène à me projeter dans un nouveau gâteau. Les idées surgissent de partout. L'envie de créer ne me quitte jamais. Elle m'accompagne au quotidien, à la maison, au bureau, au labo, au marché, en voyage... Et elle s'enrichit à chaque seconde, que je travaille, que je visite une exposition, que je lise un essai, un roman ou que je visionne un film. J'aime faire des choses supposées « inutiles » parce que je suis persuadé qu'elles nous enrichissent en profondeur et finissent un jour par faire éclore des pépites. En tout cas c'est ma façon de nourrir ma créativité. Elle a longtemps été intuitive, mais aujourd'hui, je la cultive sciemment. Tout ce que je vis infuse. Ma mémoire, qu'elle soit gustative, visuelle, olfactive, tactile ou auditive, engrange tout. Lorsque j'admire une mosaïque dans la rue près de la Koutoubia à Marrakech, je la photographie car sa beauté me touche. Sans me douter qu'elle m'inspirera six mois plus tard le graphisme d'une tablette de chocolat, en l'occurrence une exclusivité pour l'hôtel La Mamounia.

Dernièrement, j'ai observé attentivement les alvéoles qui recouvrent les murs de l'aéroport de Ménara : je trouve cette trame si aérienne qu'elle ressortira peut-être un beau matin sous la forme d'une tuile ou d'un biscuit. Lorsque je croque une fève de cacao dans la chaleur humide d'une plantation brésilienne, je garde en tête les sensations vécues à ce moment-là. Elles me guideront, le moment venu, vers un nouveau gâteau. Et quand je marche dans les parfums du maquis en Corse, j'emporte avec moi les notes citronnées de l'herba-barona qui, bientôt, parfumeront un macaron…

Le sens et les sens sont donc intimement liés dans ma façon d'aborder mon métier. Nées d'une réminiscence, d'une petite anecdote ou d'une grande histoire, mes pâtisseries convoquent le goût avant tout, l'odorat naturellement, la vue à travers leur esthétique, mais aussi le toucher par leur prise en main. Et enfin, plus étonnamment, l'ouïe : en effet, les textures provoquent dans la bouche des sons aussi intimes que différents selon que l'on mord dans un sablé, une mousse ou un croustillant. C'est infiniment « sens-uel »…

Il y a quelques années, c'est un souvenir d'enfance qui a fait naître le gâteau Vénus. Le point de départ, ce sont de beaux coings, achetés sur un marché de Haute-Provence. J'étais en train de les choisir sur le stand d'une productrice de la région lorsque des effluves délicieux sont venus me chatouiller les narines. Mûrs à point, ces fruits exhalaient un parfum qui m'a transporté en un quart de seconde au pensionnat des frères maristes où j'avais passé mes années de collège, en Alsace. Dans le jardin qui bordait la cour de l'établissement s'épanouissaient quelques cognassiers. Lorsqu'ils étaient en fruit, au cœur de l'automne, ils dégageaient une odeur fraîche, douce, miellée qui m'enivrait littéralement – d'ailleurs, si vous laissez des coings dans un compotier chez vous pendant quelques jours, ils embaumeront la pièce aussi sûrement qu'une bougie parfumée.

Autre magie de ce fruit trop souvent oublié : immangeable cru, il est divin cuit, et libère alors un arôme… de rose. Dès lors, le mariage rose et coing m'a semblé évident et j'ai commencé à dessiner puis à bâtir un gâteau autour de cette première « pierre », comme un architecte procéderait pour une maison. Pour adoucir la texture rugueuse du fruit, j'ai fait rentrer un troisième larron dans la danse : la pomme. Cuite doucement pendant dix heures avec les coings, du beurre et du sirop de roses, elle donne un confit porteur de goût et de sucrosité, qui nappe le gros sablé constituant les fondations du gâteau. Au-dessus, j'ai posé une crème de mascarpone à la rose qui donne de la légèreté à l'ensemble. Pour la touche finale, j'ai garni le gâteau de « rubans » de pomme enroulés sur eux-mêmes. Tout en apportant de l'acidulé et du croquant, ils évoquent de ravissants boutons de fleurs abstraits. Le hic, c'est que la chair de pomme s'oxyde très vite au contact de l'air. Je me suis alors souvenu qu'un pâtissier japonais qui travaillait pour Alain Ducasse m'avait fait goûter, des années plus tôt, une pomme étonnante : la chiyuki, qui ne noircit pas.

Après quelques essais et autant de dégustations, Vénus surgit de mon cerveau ! Si je raconte cette histoire, c'est parce qu'elle illustre concrètement ma façon de construire un gâteau.

L'architecture du goût

À partir du moment où j'ai lancé mes propres créations, j'ai toujours fonctionné ainsi. De manière intuitive, dans un premier temps. Ce n'est qu'a posteriori, vers 2002 ou 2003, que j'ai réalisé qu'il s'agissait d'un processus systématique. Alors, j'ai essayé de mettre des mots dessus, et l'expression « architecture du goût » s'est imposée à moi. La comparaison avec l'architecture coulait de source, d'abord parce que, si je n'étais pas devenu pâtissier, c'est un domaine qui m'aurait tenté. Mais surtout parce qu'il y a beaucoup de similitudes : je crayonne les gâteaux comme un architecte dessine ses plans, je mets au point les « fondations » des pâtisseries que sont les saveurs, leur structure, les « matériaux » que sont les pâtes (sablée, feuilletée...), les crèmes (au beurre, au mascarpone...), je leur donne un style, un design.

On pourrait aussi comparer l'architecture du goût à la composition musicale : le compositeur met en forme et en cohérence des notes là où j'orchestre des goûts. Ou encore à la réalisation cinématographique. À partir d'une idée ou d'une envie, je m'interroge : l'union de la noisette et du citron, d'accord, mais comment ça se danse ? De multiples scénarios étant possibles, il me faut écrire le storytelling du gâteau pour, ensuite, mettre en scène l'équilibre et les interactions entre les éléments du dessert (saveurs, textures, température...). Faut-il faire intervenir tel « personnage » – la noisette ou le citron en l'occurrence – à tel moment ou est-ce vain ? Quel goût entrera en scène en premier, en deuxième ? Comment le scénario des textures va-t-il se dérouler ? Comment les saveurs vont-elles se révéler ? Classiquement, comme dans un mélange chocolat au lait et noisettes ? Avec des surprises comme dans la tarte Tango, qui marie framboise, poivron et crème au parmesan Reggiano ? Avec des rebondissements comme dans le gâteau Inca qui désoriente les papilles entre le goût du chocolat noir et les dés de pamplemousse confit, en passant par la compote d'avocat à la banane ?

C'est un travail passionnant, incessant, réjouissant, mais qui demande quelques années d'expérience... Doux euphémisme ! Pour se livrer à l'exercice de l'architecture du goût, il est évidemment indispensable de maîtriser toutes les recettes pâtissières de base. Ne serait-ce que pour pouvoir assembler les idées dans sa tête et envisager les résultats : quelle texture de biscuit apportera la densité souhaitée ? Quelle crème sera capable de procurer la sensation recherchée ? Quelle gelée assaisonnera le gâteau avec l'acidité ou l'amertume adéquate ? Il importe aussi d'avoir un palais bien entraîné et, naturellement, de connaître le plus d'ingrédients possible. Dans la haute pâtisserie telle que je la conçois, on ne parle plus de « la » fraise, de « la » rose ou « du » café, car il existe des dizaines, voire des centaines de goûts de fraise, de rose ou de café. Chaque produit possède une multitude de facettes provenant de son origine, de son terroir, de sa variété botanique, de la façon dont il est cultivé, de ses qualités organoleptiques intrinsèques, de sa saisonnalité... c'est sans fin ! Voilà pourquoi depuis quarante-cinq ans, pas un jour ne passe sans que j'approfondisse ma culture du produit. L'architecture du goût, c'est le travail d'une vie.

Étonnement & or en beurre

Ce travail d'« architecte » du goût, j'en avais posé les premières pierres chez Fauchon. J'avais poursuivi le chantier chez Ladurée, mais je bouillais d'impatience de m'y livrer à 200 %, en construisant enfin *ma* maison.

À la fin des années quatre-vingt-dix, la pâtisserie française campait encore sur des codes immuables, au même titre que la gastronomie. Je respectais les grands classiques, mais j'avais envie de m'en détacher. Mes incursions dans le domaine des saveurs florales et épicées m'avaient ouvert de nouveaux horizons et ma liberté toute neuve stimulait ma créativité. Ce n'est peut-être pas par hasard si ma première pâtisserie a vu le jour à l'autre bout du monde…

Avec mon associé de l'époque, Charles Znaty, nous cherchions depuis quelque temps à convaincre des financiers de soutenir notre projet de boutique à Paris. Nous essuyions refus sur refus. Les banquiers n'arrivaient pas à se sortir de la tête le modèle de la pâtisserie de quartier et ne comprenaient rien à notre concept de luxe et de macarons. Aussi, l'opportunité d'ouvrir au Japon tombait à pic, d'autant qu'elle correspondait tout à fait à mon désir de faire « autrement », de sortir du cadre, de penser différemment.

En quelques mois, tout s'est mis en place pour notre boutique de Tokyo. Les choses se dessinaient facilement : le signe, sans doute, que j'étais mûr à point. Je listais mes idées, préparais mes recettes, multipliais les nouvelles alliances de saveurs. Aussi, quelle ne fut pas ma surprise lorsque des experts de la pâtisserie japonaise, mais aussi des collègues français déjà installés là-bas, m'ont asséné : « Il faut que tu fasses ce qu'aiment les Japonais, sinon ça ne marchera jamais. À savoir : des strawberry shortcakes (fraisiers à la mode nippone), des roll cakes (gâteaux roulés), le tout moins sucré qu'en France et en plus petites portions. »

Imaginez ma tête en entendant cela ! J'étais doublement consterné. D'abord parce que dans mon mode de réflexion, il n'y a pas de « il faut » ; c'est antinomique avec la création. Et ensuite, parce que si, comme on le prétendait, les Japonais aimaient ces pâtisseries, c'est qu'ils les connaissaient déjà. Donc quel intérêt y aurait-il eu à leur proposer d'énièmes shortcakes et autres gâteaux roulés ? Satisfaire la sensibilité de mes clients, oui. Présupposer ce qu'ils aimaient ou pas, non ! Je n'allais quand même pas faire une étude de marché ! Au stade de la création, je ne me pose jamais les questions en termes de marketing. Pour moi, le benchmark, c'est intéressant mais c'est aussi la boîte à mauvaises idées. À mon sens, s'il est bien sûr instructif de regarder ce que font les autres, c'est pour mieux s'en distinguer. Et rester dans sa propre trace en la faisant évoluer. Pour ce faire, je me demande toujours : que puis-je apporter de différent ? Cette interrogation, je pense qu'on se la doit à soi-même et à la clientèle que l'on cible, à chaque fois que l'on commence un projet.

En l'occurrence, le projet consistait en un local de 14 mètres carrés dans l'enceinte du New Otani, un hôtel immense construit pour les Jeux olympiques de Tokyo en 1964. Proche du Palais impérial, disposant d'un magnifique jardin vieux de quatre cents ans, c'est une institution de la capitale japonaise.

Élégant et raffiné, le New Otani était l'endroit rêvé pour mettre en œuvre le concept que je peaufinais. Vingt-cinq ans après, on peut trouver que l'idée était simple, mais elle était alors souvent présentée comme révolutionnaire : il s'agissait de proposer des pâtisseries de saison aux saveurs inédites dans un cadre luxueux et épuré. Je voulais un écrin contemporain pour des gâteaux bijoux, aussi beaux que bons, et un service digne de la haute joaillerie. Peut-être est-ce d'ailleurs à ce moment-là que j'ai commencé à parler de « haute pâtisserie ».

Pour cette grande première, j'avais misé sur les macarons bien sûr, mais aussi sur les pâtisseries comme l'Ispahan, le Carrément chocolat, le millefeuille au praliné noisette... Et sur quelque chose de plus inattendu dans le contexte : le kouign-amann, ce gâteau que les Bretons, qui l'ont inventé, qualifient « d'or en beurre ». Il s'agit en effet d'une pâte à pain très (très !) beurrée et très sucrée. J'avais découvert le kouign-amann chez Fauchon grâce à l'un de mes pâtissiers, un certain Arnaud Lahrer, originaire de Brest, et qui est aujourd'hui un très grand professionnel, l'un des « meilleurs ouvriers de France ». À chaque fois qu'un jeune arrivait de province, je lui demandais de me confectionner les spécialités sucrées de sa région. J'avoue avoir passé mon tour pour le far aux pruneaux.

Je ne voyais pas bien comment sublimer ce dessert ménager quelque peu rustique… Mais avec le kouign-amann, quintessence du goût du beurre et du sucre caramélisé, j'ai découvert une saveur au-delà du réel, quelque chose à la fois de simple dans ses ingrédients mais de difficile à réussir. Bref tout ce que j'aimais ! Après quelques ajustements – on a notamment décidé de le confectionner en format individuel pour optimiser le côté croustillant – on l'a mis en vente, et depuis, le kouign-amann n'a jamais quitté mon répertoire. Tant et si bien qu'en débarquant à Tokyo, je l'avais emporté dans mes bagages : je me disais que les Japonais pourraient aimer ce gâteau alors inconnu chez eux, très goûteux, aussi simple que complexe. Depuis, cette spécialité est devenue l'une des « viennoiseries » (dixit) préférées des Japonais. D'après un article de Philippe Pons, alors journaliste au *Monde*, il semblerait que j'aie été le premier pâtissier à exporter le kouign-amann au Japon. Un comble pour un Alsacien !

Je me souviens avec émotion du jour de l'ouverture de ma boutique au New Otani. Nous avions préalablement organisé une présentation à la presse et les articles des journalistes avaient attiré un monde fou dès la première heure. Avec mon chef pâtissier Richard Ledu – qui dirige aujourd'hui la Maison Pierre Hermé au Japon – on courait dans tous les sens. Les gâteaux, répartis sur trois meubles cubiques, ont très vite manqué, de même que les emballages. On était carrément dépassés. Anecdote cocasse : certaines dames très chics nous ont demandé si nos macarons étaient des monakas ratés. De fait, ces pâtisseries japonaises, fines coques de gaufrettes assemblées entre elles et fourrées de pâte de haricots rouges, ont une forme proche de celle des macarons. L'étonnement de ces clientes était donc bien compréhensible, et nous avons redoublé d'efforts pour expliquer notre démarche pâtissière. C'était la moindre des choses, dans la mesure où nous arrivions à Tokyo avec des créations personnelles, atypiques, qui changeaient radicalement de la pâtisserie française traditionnelle déjà implantée là-bas.

La suite s'est déroulée comme dans un rêve. Mes gâteaux plaisaient, les clients revenaient. Il existait incontestablement des affinités entre mon travail et le goût des Japonais, qui ont une grande culture culinaire et pâtissière. Ils s'intéressent profondément à la création, au savoir-faire, et portent une attention particulière aux détails, tant gustatifs qu'esthétiques. Tout cela m'a immédiatement parlé avec beaucoup de force.

Jamais, à ce moment-là, je n'aurais pu imaginer le tour merveilleux qu'allait prendre mon aventure avec le Japon. Mais j'ai tout de suite compris que j'avais trouvé mon deuxième pays.

Soleil-Levant & sang de tortue

Je m'y étais rendu pour la première fois en 1988, lorsque je travaillais pour Fauchon, qui y était implanté depuis 1964. Auparavant, le Japon m'intriguait et m'attirait beaucoup, d'autant que la pâtisserie française y avait une place de choix. J'avais vu d'innombrables reportages sur la technologie, les méthodes de travail japonaises, mais rien ne m'avait préparé au bouleversement que j'ai ressenti quand j'ai posé les pieds au Japon, et que je ressens encore à chaque fois que j'y atterris, bien que j'y sois allé plus de quatre-vingts fois. C'est un pays fascinant, que je devrais bien connaître, depuis le temps, mais que j'ai toujours l'impression de ne pas connaître du tout. Le fait de ne pas savoir lire la chose écrite, et donc de ne pas pouvoir mémoriser les endroits, n'y est pas étranger. Je ne parle pas japonais, car je me repose sur une formidable traductrice et interprète, Camille Ogawa, que je connais depuis très longtemps. On a tellement l'habitude de travailler ensemble qu'elle peut quasiment répondre aux interviews à ma place !

Les premières années, j'allais au Japon en coup de vent, pour le travail. Petit à petit, je me suis accordé du temps pour explorer le pays, et naturellement, j'ai commencé mes découvertes par les produits alimentaires, en visitant des plantations de céréales, de thé vert, de wasabi, de fraises, des vergers de poires ou de pommes, ou de mikans (les fameuses et délicieuses mandarines satsuma)... Côté cuisine, il m'a fallu apprendre et comprendre les différentes catégories de plats et de restaurants : les tepanyakis (sorte de plancha), les sushis et les sashimis, les brochettes de toutes sortes ou la fondue, très populaire, les tempuras, les sobas, les okonomiyakis (petites galettes fourrées de choses diverses), les ramens... Comme toute la culture japonaise, la cuisine est infiniment raffinée, et j'ai été très impressionné par des grands maîtres comme Hirohisa Koyama (restaurant Aoyagi), qui font de la découpe du poisson un art absolu, mais aussi par la multitude de jeunes chefs créatifs à Tokyo et ailleurs.

Ma quête m'a valu des expériences parfois extrêmes, comme ce restaurant où des partenaires de business très distingués m'ont fait manger des œufs de cent ans, très différents de ceux que l'on trouve en Chine, moins soufrés, moins ammoniaqués, quoique... Je n'étais pas au bout de mes surprises, puisque, après avoir saigné une tortue devant moi, le chef m'a tendu un verre du sang de l'animal. « Allez-y, buvez, vous allez voir, c'est très aphrodisiaque ! » me dit-il avec un petit sourire en coin, pensant sans doute qu'un Français n'oserait pas s'exécuter sans un argument aussi prometteur.

Comme je suis curieux et que je me suis juré de goûter à tout ce qui se mange, je ne pouvais pas m'abstenir au prétexte que ça me dégoûtait. J'ai donc bu ce verre de sang de tortue, tiède et douceâtre. J'ai copieusement détesté ça ! Quant à la chair de la tortue, elle m'a, par chance, été servie cuite. Rappelant celle du veau en moins goûteuse, elle ne présentait pas d'intérêt particulier.

Au fil des années, j'ai beaucoup sillonné l'archipel, toujours à la recherche des meilleurs produits. Ce n'est pas évident au Japon, où les productions écoresponsables et bio sont relativement rares. Mais il existe des producteurs d'exception que j'ai eu la chance de rencontrer, notamment sur l'île d'Hokkaidō, surnommée le « grenier du Japon » – car on y cultive le riz et le blé –, où j'ai trouvé un excellent miel que mes équipes locales utilisent presque exclusivement.

Wasabi & cheminements

En 2019, j'ai eu le plaisir de recevoir de la part du ministre des Affaires étrangères du Japon le « certificat d'honneur », qui distinguait mon rôle « dans la promotion et la valorisation des terroirs et produits japonais ». Amoureux de nombreuses saveurs japonaises, je me souviens précisément de ma rencontre avec chacune d'entre elles, et je n'ai en effet jamais cessé de les faire connaître en France et ailleurs. Cela m'a beaucoup touché que les Japonais le soulignent. Mais en réalité cela ne m'a pas demandé beaucoup d'efforts, car leurs produits, quand ils sont de qualité, sont tellement exceptionnels que je ne peux tout simplement plus m'en passer. Je pense par exemple au riz japonais, devenu l'un de mes aliments préférés au monde, ou au thé vert sencha, que je déguste au quotidien.

Tout a commencé par le yuzu. Cet agrume, hybride de la mandarine sauvage et du citron d'Ichang, est une merveille de goût. Il délivre des notes de citron, de citron vert, de pamplemousse, de mandarine… C'est explosif ! Et omniprésent au Japon : dans les sauces, les marinades, les gâteaux, les bonbons. C'est d'ailleurs sous cette forme que j'y ai goûté la première fois, à la fin des années quatre-vingt. Ce fut un véritable coup de foudre et j'ai eu immédiatement envie de travailler autour de cette saveur unique. Le problème, c'est qu'il était alors impossible de trouver du yuzu en France. Mais j'en étais tellement épris que j'avais décidé coûte que coûte de marier cette saveur au chocolat dans un gâteau nommé « Azur ». Ce que je fis, finalement… sans yuzu ! Pour pallier l'absence de l'agrume magique, j'en avais reconstitué la saveur en faisant cuire à la vapeur puis en mixant ensemble des oranges, des pamplemousses et des mandarines. Quand j'ai une idée dans la tête, je ne l'ai pas dans les pieds… Franchement ce n'était pas si mal, même si cela ne valait pas le vrai yuzu.

Un peu plus tard, j'ai réussi à m'en procurer grâce au chef du restaurant Nobu qui venait de s'installer à Paris et avec qui je partageais les mêmes associés. C'est de cette façon que j'ai commencé à le faire connaître en France. Par la suite, de bonnes épiceries japonaises se sont mises à en vendre (à 12 euros pièce !), puis les agrumiculteurs Michel et Bénédicte Bachès en ont fait pousser à Eus, du côté de Perpignan, suivis par d'autres producteurs. Aujourd'hui, on en trouve parfois au Monoprix, c'est dire si ce fruit s'est popularisé chez nous !

Lors de mes premiers voyages au Japon, j'ai aussi découvert un rituel gustatif auquel il serait dommage d'échapper : la cérémonie du thé matcha. Rien à voir avec ce que je connaissais du thé auparavant, puisque le matcha est une poudre très fine de feuilles de thé vert, broyées entre deux meules de pierre. Contrairement à tous les autres thés, ce produit n'est pas infusé, mais mélangé à de l'eau chaude à l'aide du chasen, un petit fouet en bambou, et donc ingéré. Au début, je n'aimais pas la liqueur mousseuse, d'une étonnante couleur vert jade, qui résultait de ce savoir-faire ancestral. Je trouvais son goût iodé, végétal, herbacé beaucoup trop puissant. Il m'a fallu plusieurs années pour l'apprivoiser, pour l'apprécier et encore plus pour la travailler.

Au fil du temps, j'ai réalisé que contrairement à ce que je pensais au départ, le matcha se lie de bonne grâce à d'autres saveurs. Un macaron unissant ses saveurs à celles du marron fut pour moi une évidence, car les deux produits ont un lien de parenté très fort : leur amertume en fin de bouche. Le matcha fonctionne aussi très bien avec le parfum du fruit de la Passion ; celui, plus soufré, de la framboise ; celui du caramel (surtout sous forme de glace) ou encore celui du chocolat au lait, dans des truffes voluptueuses. Naturellement, ce thé si particulier aux notes algales fraternise volontiers avec les saveurs nippones comme le yuzu – je les avais réunis dans le macaron, le gâteau et le cake Chado – et les azukis (haricots rouges). C'est bon, évident mais moins surprenant.

Un autre thé vert est entré dans ma vie depuis que je connais le Japon : il s'agit du sencha, qui fait ma joie chaque matin. Je l'ai découvert en visitant les fascinantes et séculaires maisons de thé de Tokyo, dans lesquelles je peux passer des heures à humer les produits, à admirer les boîtes sur les étagères en bois sombre, à respirer l'histoire et à écouter les récits des hôtesses en costume traditionnel. C'est ainsi que j'ai appris que le sencha est un « thé de lumière », car il pousse sous les rayons du soleil, sans être ombragé. Contrairement à ce que l'on pourrait penser, ce n'est pas un critère de qualité, puisque les thés qui poussent à l'ombre, comme le matcha ou le gyokuro, sont réputés plus prestigieux. On m'a également raconté que le sencha fut le premier thé à être infusé, à partir du XIVe siècle. Auparavant, les moines consommaient le thé bouilli puis fouetté. Il existe une grande diversité de senchas au Japon, où c'est le thé le plus cultivé.

Je l'aime surtout en boisson, pour ses notes légèrement amères, marines et rafraîchissantes, et je le prépare religieusement à la maison au réveil, pour moi et pour ma femme, qui en est aussi amoureuse que moi.

Je le dose à l'aide d'une mesure japonaise, et le fais infuser pendant deux minutes à soixante degrés avant de le déguster. Mais je préfère la deuxième repasse, que je fais pour Valérie, car elle ressemble davantage à la manière japonaise : les maîtres de thé jettent toujours la première eau, ce que j'omets de faire à sept heures du matin, je l'avoue ! J'utilise assez peu le sencha en pâtisserie. Néanmoins, il y a des années, je l'avais invité dans un macaron nommé « Jardin marin » : il en parfumait la ganache, agrémentée de confit de girolles au citron. Cela donnait la sensation étrange de croquer dans un produit de la mer inconnu, subtilement iodé.

Le soba, ou sarrasin torréfié, me procure quant à lui des sensations paradoxales. Les Japonais en font des nouilles que j'apprécie beaucoup et une infusion, le sobacha (ou « thé de sarrasin »), que je n'aime pas du tout. Cette boisson, l'une des plus appréciées au Japon, consiste à faire infuser des graines de sarrasin torréfiées dans de l'eau chaude. Valérie en boit des litres – il paraît que c'est bourré de vertus détox –, mais côté gustatif, j'ai du mal. Pourtant, je nourris une réelle inclination pour le sarrasin en tant que tel, qui est d'ailleurs à la base d'Estella, un gâteau que j'ai conçu récemment. J'en suis dingue. Pour moi, il est supérieur à Ispahan ! Il se compose d'un sablé au sarrasin (ou blé noir, comme on dit en Bretagne), d'un praliné de pignons de cèdre, d'une gelée aux herbes (coriandre, livèche, menthe, sauge) et d'une crème aux bourgeons et aux aiguilles de pin. Le tout plonge les papilles dans un univers végétal et boisé inédit.

J'ai également utilisé le sarrasin dans une galette des Rois. Ce qui m'a permis d'apprendre à mes dépens que la farine de blé noir est très instable, pour ne pas dire capricieuse. Lors de la dégustation pour la presse, pendant laquelle on fait goûter toutes nos bûches et nos galettes aux journalistes, mon épouse est venue m'alerter, un peu affolée : « Dis donc, elle a un goût bizarre de fromage, ta galette au blé noir. C'est vraiment pas bon ! »

J'ai d'abord pensé qu'elle me faisait une blague. Ou qu'en tant que Corse, elle ne savait pas apprécier les produits bretons. Et puis j'ai goûté. Comme (presque) toujours, Valérie avait raison. En général, le sarrasin n'a certes pas un goût très raffiné, mais j'aime sa profondeur, son côté terreux. Là, c'était comme si la farine avait « tourné ». Probablement avait-elle prématurément ranci. On a vite retiré les galettes de la dégustation et j'ai changé illico de fournisseur de farine de blé noir. Mais je continue à explorer le potentiel du sarrasin. Notamment en graines torréfiées, dans une pâte à biscuits cigarettes salée, que je sers avec des coquilles Saint-Jacques, de la betterave et de la grenade aux tables de Beaupassage (Paris) et de la galerie Majorelle de La Mamounia (Marrakech).

Au cours d'un de mes innombrables périples nippons, j'ai découvert en 1998 un autre produit merveilleux dans une plantation, sur les flancs du mont Fuji : le wasabi. On dit de cette région de Shizuoka qu'elle donne le meilleur du monde.

À l'époque, en France, on connaissait peu ou pas du tout cette plante, cousine du raifort que l'on aime tant en Alsace. Tout juste savait-on que c'était un condiment vert et piquant servi avec les sushis. Je me revois arpenter les champs émeraude de l'exploitation : le paysage était somptueux, avec, en toile de fond, la montagne sacrée au sommet enneigé. J'étais happé par tant de beauté, même si j'avais les pieds trempés, car le wasabi pousse dans un milieu semi-aquatique et j'avais oublié de chausser des bottes !

« Il aime l'eau pure des ruisseaux, me raconta Yuma Mochizuki, le producteur, un maître en la matière. À l'état naturel, il pousse à une altitude moyenne, ni trop basse, ni trop haute. Il recherche un climat frais, tempéré, et un ensoleillement doux, c'est pourquoi il s'épanouit idéalement ici, m'expliqua-t-il, avec expertise et poésie. Tout se mange dans le wasabi. La racine, râpée de façon circulaire sur une râpe en bois tendue de peau de requin, donne le condiment. Les tiges et les feuilles se cuisinent crues ou sautées, quant aux fleurs, très douces, en forme de cœur et délicatement perlées, elles agrémentent toute salade avec délicatesse. » J'étais émerveillé. Frais, à l'état brut, ce produit est tout simplement extraordinaire. Il allait le devenir encore un peu plus pour moi lorsque M. Mochizuki me livra une information botanique capitale.

« Plus la racine du wasabi est profonde, plus sa partie basse est sucrée », me précisa-t-il. Ça a fait tilt : avec le mot « sucrée », le cultivateur m'avait ouvert un chakra !

Ce produit vénéré des Japonais, dont la saveur est difficile à définir – elle est à la fois douce, forte, amère, pimentée et bien plus encore –, qui procure aussi une puissante sensation olfactive car le wasabi monte au nez à la façon de la moutarde, j'allais l'introduire dans l'univers de la pâtisserie. Je ne me suis pas demandé si cela avait déjà été fait ou pas. Je me suis encore moins arrêté au fait que le wasabi se mange a priori avec du salé. Ma seule certitude était qu'il me fallait essayer.

J'ai commencé par un sorbet au wasabi et au pamplemousse, et poursuivi par un macaron fraises et wasabi. Frais, naturellement, car c'est ainsi que ce produit est le meilleur. Oh bien sûr, avec ce genre de création, je récolte des remarques piquantes – c'est le cas de le dire ! –, des sourires gênés et des nez tordus : « Ce n'est pas un peu segmentant, un macaron au wasabi ? », « Quelle idée bizarre ! »

J'avais également entendu, lors de la dégustation d'un macaron à la vanille et à l'huile d'olive : « Non mais c'est vraiment n'importe quoi ce truc ! » Entre nous soit dit, ce mariage est divin ! Je ne peux rien faire face à une telle incuriosité. Et honnêtement, j'ai tellement appris à faire confiance à mon goût et à mon instinct que ce manque d'ouverture, voire de culture, m'indiffère. Quand je suis sûr d'un produit, quand je sais au fond de moi qu'il est bon – même s'il ne plaît pas à tout le monde, mais c'est un autre sujet –, je deviens imperméable aux critiques. Alors je réponds tout simplement aux hésitants : « Surtout ne goûtez pas, vous risqueriez de trouver ça délicieux ! »

Lorsque l'on découvre un pays dont les saveurs sont si uniques, il faut laisser de côté tous ses préjugés en termes de goût. Tout jeune, j'ai décidé que je n'en aurais jamais. C'est pourquoi j'ai découvert avec beaucoup d'intérêt que les haricots rouges – qui nous évoquent le chili con carne – étaient au centre de la pâtisserie nippone. Ma première fois avec les azukis, comme on les appelle là-bas, c'était donc dans un gâteau. Ai-je trouvé ça bon ? Non. Mauvais ? Non plus. Je me suis juste dit : « Bof ». Encore une fois, je me trompais. Car comme beaucoup de produits dans la culture japonaise, l'azuki doit s'appréhender, s'apprendre, se laisser approcher. Il fait partie de ces choses qui ne se livrent pas tout de suite, qui ont besoin d'explications et ne se révèlent qu'avec le temps.

Aujourd'hui, les azukis font partie des produits que j'aime accommoder pour les rendre désirables. Très tôt, j'en ai rapporté de Tokyo. Je me souviens qu'en 1998, dans la maison d'Asnières où je vivais avec Frederick et où tout était centré autour de la cuisine, je cherchais inlassablement à mettre leur goût en valeur. Comme les azukis sont fades, il m'avait semblé indispensable de les réveiller à coups de saveurs plus mordantes. J'avais donc imaginé un dessert composé de purée de haricots rouges, de glace au thé matcha et de segments de pamplemousse. Un peu plus tard, j'y ai ajouté du gingembre frais, du zeste de citron vert, du vinaigre de riz, dont la douce acidité répond bien aux azukis. Un mélange que j'ai réinterprété vingt-trois ans plus tard dans le cheesecake Dépaysé.

En fait, pour moi, les haricots rouges japonais sont devenus des basiques. Je les considère davantage comme une texture que comme une saveur. Ils sont entrés dans ma « bibliothèque mentale » de produits que je complète jour après jour, et j'y fais appel de temps en temps. Il y a quelques mois, j'ai imaginé, sur le modèle du chausson aux pommes, un chausson aux azukis pour la marque Bridor, avec laquelle nous collaborons pour une gamme de viennoiseries, proposée dans l'hôtellerie de luxe en France et à l'international, notamment au Japon. En ce moment, une idée me trotte dans la tête : je sortirais volontiers les azukis de leur univers japonais, en les mariant à un tartare de fraises. Je suis sûr que ça marcherait bien, il n'y a plus qu'à essayer !

Ma démarche a été à peu près la même avec le miso blanc, une pâte de soja salée et fermentée sur laquelle mes papilles ont flashé la première fois que j'ai goûté une vraie bonne soupe miso, à Tokyo. J'aime le goût, la texture du miso blanc, mais il m'a fallu du temps pour le glisser dans des créations sucrées. Finalement, sa douceur a eu raison de mes hésitations et j'ai fini par associer cette saveur un peu en sourdine à celle du chocolat. Le résultat est intéressant car le miso rehausse le goût du chocolat sans le trahir, notamment dans un cake où je l'introduis en petits cubes qui procurent une sensation toute particulière. J'ai aussi marié le miso blanc avec du citron dans un macaron que j'avais appelé « Jardin des poètes », et dans un autre, Jardin zen, plus complexe, avec du chocolat et un dé de pâte sablée au milieu. Encore une fois, dans l'énoncé, cela peut paraître segmentant. Mais lorsque l'on goûte des pâtisseries au miso blanc sans savoir qu'elles en contiennent, on ne peut que les trouver convaincantes.

Pour le sésame, c'est un peu différent. Avant de connaître le Japon, je n'étais pas fou de ce produit, qui peut représenter le pire et le meilleur du goût.

Le pire, car s'il est de mauvaise qualité, il peut s'avérer lourd et grossier. En plus, il rancit très vite, malgré ce que laissent penser les dates limites de consommation, toujours trop indulgentes, qui figurent sur les emballages.

Le meilleur, car quand il est bon, bien qu'assez rustique et doté d'une étrange amertume, le sésame offre un goût intense et des possibilités multiples. Le point de départ de mon travail autour de cette petite graine a été la visite d'un atelier artisanal au Japon, où le sésame était de la plus haute qualité. Sous mes yeux, j'ai vu les spécialistes trier et torréfier le sésame, ce qui revient, selon eux, à lui « insuffler de la vie ». Une notion très parlante, d'une exquise poésie. J'y ai goûté le sésame blanc, le sésame doré, le sésame noir : ces couleurs ne correspondent pas à un stade de maturité ou de torréfaction, mais à des variétés différentes de la plante. Tant de variétés m'ont donné envie de reconsidérer mes positions sur le sésame. Je l'ai travaillé de plus en plus à partir de ce moment-là.

Je me souviens d'avoir confectionné un praliné au sésame blond, mais mon préféré reste le noir, avec lequel j'ai réalisé un grand nombre de douceurs : d'abord la glace et le macaron Ouvre-toi, au caramel et au sésame noir, le macaron Infiniment sésame noir, un riz au lait avec de la glace au sésame noir et du marron confit, un chou à la crème de sésame noir... et j'en oublie sûrement !

Au-delà de ces piliers du goût nippon, qui m'ont beaucoup apporté, je pourrais citer bien d'autres produits.

Le shiso, par exemple, cette plante dont le nom français, « pérille de Nankin », raconte les origines chinoises. De la famille des menthes, il dégage des notes de persil et de cannelle vraiment communes. Le shiso est un ingrédient du quotidien au Japon : ses feuilles enrobent bouchées, mochis et autres boulettes de riz. La première fois que j'y ai goûté, c'était en 1988, dans l'une de ces petites gargotes qui bordaient le marché aux poissons de Tsukiji. On allait s'y restaurer à cinq heures du matin après avoir assisté, ébahis, à la vente aux enchères des fameux thons rouges qui se monnaient des centaines de milliers de yens. On m'avait servi des sashimis délicieux flanqués de feuilles vertes toutes dentelées : du shiso. J'ai détesté leur goût, que j'ai trouvé « vulgaire ». Dans mon esprit, ce mot décrit assez bien des saveurs massives, pas raffinées, inélégantes à mes yeux, comme celles du romarin, de la sauge, du thym ou de la cacahuète (il y a des années, j'avais imaginé un gâteau à la façon d'un sandwich brioché de collégien américain avec du beurre de cacahuètes et de la gelée de framboises, que je n'ai jamais pu me résoudre à mettre en vente à ce jour !).

Mais si je reconnais avoir la tête dure, je m'interdis toutefois de rester sur des positions trop tranchées, surtout dans le domaine du goût. Aussi, il y a cinq ans, quand un agriculteur a voulu me faire goûter le shiso pourpre qu'il cultive sur des toits parisiens, je me suis laissé embarquer, même si je n'y croyais pas. Contre toute attente, les jolies feuilles violettes dégageaient des effluves mêlés de basilic, de cannelle, de cumin, et je les ai trouvées beaucoup plus intéressantes que le shiso vert. J'ai donc testé cette variété pourpre en infusion, pour en extraire le parfum le plus subtilement possible. Je l'ai associé, dans un macaron et dans un gâteau, à la fraise des bois qui recèle aussi une certaine amertume. Puis, complètement à l'instinct, à l'orange, pour un macaron que je lancerai bientôt. Je ne saurais dire pourquoi, mais ça marche. Ma relation avec le shiso étant toute récente, je ne l'ai pas encore décliné autrement, peut-être cela viendra-t-il...

Il me semble que je n'aurai pas assez d'une vie pour découvrir toutes les saveurs du pays du Soleil-Levant. C'est l'effet Japon : plus on croit le connaître, plus il se dérobe. À chaque fois que j'y retourne, des produits m'interpellent.

Je me penche actuellement sur l'umeboshi, une petite prune salée qui fait partie des tsukemonos, ces fameux végétaux saumurés très populaires qui accompagnent la plupart des plats japonais. Je tourne autour de ce goût sans trop savoir qu'en faire, mais il me met au défi et j'aime ça ! Dernièrement, au restaurant éphémère ADMO, j'ai goûté un dessert signé Jessica Préalpato, la cheffe pâtissière d'Alain Ducasse : dans l'assiette, prune et sobacha faisaient très bon ménage et cela a titillé mon envie de travailler l'umeboshi. Encore faudrait-il que j'en trouve une source d'approvisionnement fiable en Europe.

Je voudrais également évoquer un autre produit méconnu : le kinako, une poudre de soja torréfié, fine comme de la farine. Je l'ai découverte à l'hôtel Royal Monceau, lorsque je créais des desserts d'inspiration japonaise pour le restaurant Matsuhisa. Sa saveur est incomparable avec nos références occidentales. Elle n'est pas très puissante, décline des notes de fruits secs et de torréfaction qui font merveille dans un macaron, une bûche à la nougatine, une île flottante, un roll cake ou encore un millefeuille au chocolat blond et à la ganache montée au kinako. Une petite merveille de délicatesse !

Enfin, il y a la lie de saké, ou saké kasu, que j'ai découvert dans une *kura* (brasserie de saké). Il s'agit d'une pâte blanchâtre résultant de la fermentation du saké : elle offre les arômes du vin de riz, l'alcool en moins. Les Japonais l'utilisent comme condiment dans des marinades. J'aime tellement cet ingrédient que j'en ai fait un macaron répondant au doux nom d'« Oryza ». Mais je serais bien en peine de décrire la saveur du saké kasu, tout juste pourrais-je évoquer des notes de fermentation. Pour le reste, c'est abstrait car comme beaucoup de produits japonais, la lie de saké ne se réfère à rien de ce que je connaissais auparavant.

Cette sensation d'être *lost in translation* s'exprime dans tous les domaines au Japon, pas seulement dans celui du goût. J'adore cette impression. Elle est très excitante lorsque l'on est curieux, mais peut se révéler déroutante pour les esprits étroits. Quand j'ai commencé à y aller régulièrement, j'ai été frappé par une multitude de choses.

D'abord, par le regard sans concession qu'un artiste, un chef ou un artisan porte sur son propre travail. Dans la mesure où tout peut toujours être amélioré, il va s'efforcer de le faire chaque jour, même quand il est un maître incontesté dans son domaine. J'ai ainsi goûté les tempuras célestes d'un chef de quatre-vingt-cinq ans qui m'a répondu, lorsque je l'ai félicité : « Bah, ils commencent tout juste à être corrects ! »

Cela ne relève pas de la fausse modestie, mais d'une philosophie enjoignant chacun à progresser, encore et toujours. En toute logique, cela débouche sur la perpétuation de certaines traditions, chaque génération espérant sans doute que la suivante fera mieux qu'elle. Je pense à ces fabuleux couteaux confectionnés dans la même fabrique depuis six cents ans, au travail du métal pour les boîtes à thé comme celles de Kaikado, qui existent depuis 1875 ou aux tissus de la marque Hosoo : créée à Kyoto en 1688, elle fabrique sans doute les plus belles étoffes du monde !

Ayant travaillé avec beaucoup de Japonais depuis tout ce temps, j'ai aussi découvert les codes de l'univers professionnel, très différents des nôtres puisque la hiérarchie est fondée non sur le talent et l'expérience, mais sur la maturité : l'âge prime sur toute autre qualité. Ce qui suscite des situations parfois étonnantes.

Par ailleurs, toute décision se doit d'être impérativement collective. Ainsi, lorsque nous avons ouvert notre première boutique, qui, au cours de nos négociations et dans les documents administratifs, s'était toujours appelée « Pierre Hermé Paris », un beau matin, le comité de direction de l'hôtel New Otani s'est réuni pour décider… du nom de cette même boutique ! Un nom qui existait donc déjà officiellement mais qui, pour être validé, devait être entériné collectivement.

J'ai aussi appris que lorsqu'un Japonais dit oui, cela ne signifie pas qu'il est d'accord, mais qu'il a bien entendu, ce qui change tout. Le savoir peut vous éviter déconvenues et préjugés. De même, mieux vaut être au courant que lorsqu'un Japonais s'engage oralement, pas besoin de contractualiser les choses : la parole donnée est extrêmement fiable. Demander à faire signer un document équivaut dès lors à exprimer une forme de défiance…

Ces us et coutumes paraissent souvent lunaires aux yeux des Occidentaux. Ils ne le sont pas, ils sont juste différents des nôtres. Et il est passionnant de chercher à les comprendre. Pour ce faire, dans les années quatre-vingt-dix, au moment où je commençais à travailler de plus en plus régulièrement à Tokyo, j'ai lu et relu cinq ou six fois *L'Éloge de l'ombre*, de Junichiro Tanizaki, que je conseille à toute personne s'intéressant au Japon. En louant le clair-obscur, la nuance, le presque-rien, cet ouvrage décrypte subtilement les codes de la culture japonaise, ses rites et ses non-dits. Et puis, Tanizaki y écrit quelques phrases sublimes sur les yôkan – ces pâtisseries japonaises qui pourraient évoquer nos pâtes de fruits, à ce détail près qu'elles sont faites à partir d'azukis – en leur attribuant « une couleur méditative ». Comment résister à tant de grâce ?

Salade de tomates anciennes à la vanille

Pour 4 personnes
préparation 10 min
pas de cuisson
repos 1 mois

75 cl d'huile d'olive vierge pressée à froid fruité vert (comme celle du domaine Oltremonti en Corse, par exemple)
8 gousses de vanille de Madagascar ou du Mexique

500 g de tomates de variétés anciennes (variétés ananas, green zebra, noire de Crimée, tomate rose de Berne, tomates cerises…)
Fleur de sel
Poivre de Sarawak

Fendez et grattez les graines des gousses de vanille et plongez le tout dans l'huile d'olive. Réservez pendant un mois à température ambiante, à l'abri de la lumière. Filtrez et remettez l'huile vanillée dans la bouteille d'origine.

Au moment, rincez les tomates, ôtez leurs pédoncules et taillez-les en petits quartiers. Disposez-les dans les assiettes, salez à la fleur de sel, poivrez. Secouez la bouteille d'huile d'olive à la vanille, aspergez-en généreusement les fruits et servez immédiatement.

1998

PIERRE HERMÉ

CARRÉMENT CHOCOLAT

12 RUE FORTUNY PARIS 17e

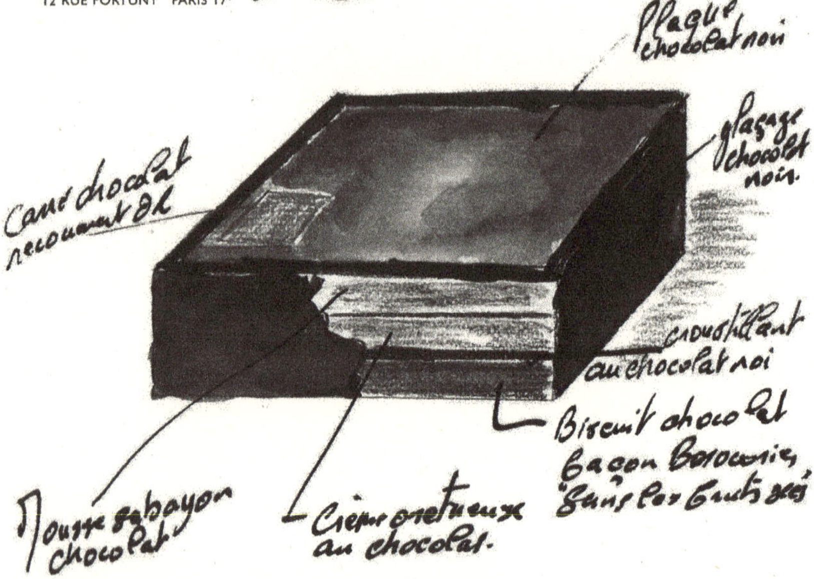

CROUSTILLANT AU CHOCOLAT NOIR

360g praliné amande (60/40)
360g pâte de noisette du Piémont
180g cacao pâte ~~[illegible]~~ Araguani
200g Gavottes brisées
180g grué cacao
80g beurre

03.05.98

Chapitre 7

TRIBULATIONS

Échecs & Coca-Cola

Il nous est très vite apparu, après notre ouverture au New Otani, que nous étions en train de nous faire une jolie place sous le soleil de Tokyo. D'ailleurs, quelques mois plus tard, il fut question de créer une deuxième boutique à Ikspiari, le gigantesque *resort* qui fut inauguré en juillet 2000, juste à côté de Tokyo Disney. Cette pâtisserie-salon de thé, designée par Andrée Putman, sponsorisée par Disney, jouxtait la joaillerie Tiffany, un restaurant Alain Ducasse et le magasin du créateur de mode Paul Smith, dans une rue à ciel ouvert nommée Gracious Square. J'en parle à l'imparfait, parce que nous l'avons fermée en 2012. Pas assez rentable, car sans doute pas adaptée à l'emplacement. Dans ces cas-là, je n'ai aucun problème à trancher : ça ne marche pas ou pas assez ? Alors rideau !

Les échecs font partie de la vie d'un entrepreneur. Même si certains sont particulièrement difficiles à encaisser, on en tire toujours des enseignements fondamentaux.

Cela m'est arrivé avec ma première boutique française qui a failli disparaître, peu de temps après être née dans la douleur.

En effet, tandis que ma pâtisserie cartonnait à Tokyo, en parallèle nous avions un mal fou à trouver des partenaires financiers pour créer la même chose à Paris. Ma société prospérait, je travaillais en tant que conseil pour des marques comme Wegmans Food Market (aux États-Unis), Häagen-Dazs ou Lindt. Mais personne ne voulait me suivre sur mon concept de haute pâtisserie. Mon associé s'évertuait à présenter le projet à d'innombrables banquiers, sans succès.

Et puis un jour, mon ex-épouse Frederick me parle d'un restaurant qui allait s'installer rue Marbeuf près des Champs-Élysées et qui sollicitait son expertise culinaire. Je dois préciser ici que, admiratif de la passion et du talent de Frederick pour la cuisine, je l'avais encouragée à publier des livres, dont *Délices d'initiés*, paru en 1998. On y trouvait des recettes plus inventives les unes que les autres, conçues à partir de produits de grande consommation, comme le fameux poulet au Coca-Cola, qui fit tant parler de lui qu'il donna envie aux patrons du futur Korova de faire concevoir leur carte par Frederick. Le menu se devait d'être à la hauteur de l'endroit, décoré comme le bar sixties du même nom dans le film *Orange mécanique* de Stanley Kubrick. Développée par Hubert Boukobza, le patron des Bains Douches, l'affaire s'annonçait prometteuse et glamour, puisque son associé n'était autre que Jean-Luc Delarue, l'animateur et producteur de télévision (le duo s'associerait quelques mois plus tard à Robert de Niro pour implanter la table parisienne du célèbre Nobu, juste à côté du Korova).

C'est donc tout naturellement que Frederick et moi nous retrouvâmes à dîner un soir avec Hubert Boukobza et Jean-Luc Delarue. Au cours du repas, j'évoquai mon envie d'ouvrir une pâtisserie à Paris. Leur réaction ne se fit pas attendre. « Associons-nous ! » se sont-ils exclamés avec un enthousiasme si débridé qu'il aurait dû m'alerter.

Mais j'étais tellement las de ne pas voir mes plans parisiens aboutir que, le lendemain matin, j'en parlais à Charles, mon associé, qui se trouvait dans le même état d'esprit que moi. « On y va, on fonce ! » me dit-il.

C'était ce que je voulais entendre. De toute façon, nous n'avions pas d'autre solution. Faisant fi de toute prudence, on a sauté sur l'occasion, malgré le fait que certains amis bienveillants et avisés, comme le regretté Jean-Pierre Coffe, nous eussent mis en garde contre la réputation sulfureuse de Boukobza. Mais il était tellement emballé, il avait une telle « tchatche » qu'on s'est laissé embarquer. Mal nous en a pris.

Dans un premier temps, tout s'est bien passé. Ouvert fin 2000, le restaurant Korova avait un succès fou, les gens faisaient la queue pour voir et être vus dans ce décor branché. Le tout-Paris s'attablait avec un snobisme gourmand autour du Caprice des dieux truffé ou du hot-dog de homard que Frederick avait imaginés. De notre côté, nous nous étions associés – grave erreur ! – à cinquante-cinquante avec le binôme Boukobza-Delarue, en créant la société Médélice, et nous peaufinions le projet d'ouverture de notre première pâtisserie parisienne rue Bonaparte, tout près de la place Saint-Sulpice, dans le prestigieux 6e arrondissement de Paris.

Notre atelier de fabrication se situait, lui, rue de Vaugirard, dans le 15e arrondissement. La boutique vit enfin le jour en août 2001. Designée par Yan Pennor's, elle déclinait les codes du luxe pâtissier tels que je les concevais. La vitrine ne dévoilait que quatre alcôves carrées, dans lesquelles étaient enchâssés les gâteaux. À l'intérieur, l'épure et les couleurs sombres dominaient, afin de mettre en valeur les pâtisseries. Le tout évoquait l'univers de la joaillerie. Il faut croire que cela a plu aux clients, car nous avons fait face à un raz-de-marée ! Un reportage d'« Envoyé spécial », sur France 2, explique sûrement en partie ce succès foudroyant. Au départ, les journalistes de l'émission envisageaient de réaliser un sujet censé faire l'état des lieux de la pâtisserie française. Mais comme nous avions passé beaucoup de temps ensemble, que nous nous étions rendus en Alsace sur les lieux de mon enfance, que nous avions filmé des séances de travail, ils ont fini par faire un sujet sur moi, ma vie, mon œuvre et mes projets ! Résultat : dans les semaines et les mois suivant la diffusion, il y avait la queue devant la boutique du matin au soir.

On travaillait comme des fous, d'autant que le succès appelant le succès, on nous demandait de fournir des gâteaux un peu partout. Notamment au Korova, où nous avions ouvert un comptoir de pâtisseries au début de l'année 2002… pour apprendre, quelques mois plus tard, que le restaurant, ayant accumulé un passif de 4,8 millions d'euros, allait être mis en cessation d'activité. Mais il y avait bien pire : les impayés étaient tels qu'il fallait aussi déposer le bilan de Nobu – qui perdait, lui, 3,6 millions d'euros – et de Médélice, alors que nos pâtisseries se vendaient comme des petits pains. Et pour couronner le tout, le Korova nous laissait une ardoise de près de 200 000 euros. Un pur cauchemar !

Je crois que j'ai vécu à ce moment-là les pires moments de ma vie professionnelle. Je me revois, à l'aube d'un beau jour de septembre 2002, expliquer l'incompréhensible à mon équipe, dans notre laboratoire de la rue de Vaugirard. Dans ce genre d'occasions, même si je suis très affecté – et je l'étais ô combien ! –, je prends sur moi. Inutile de tourner autour du pot, il faut plonger sans tortiller du derrière.

« J'ai une mauvaise nouvelle à vous annoncer, nous sommes contraints de déposer le bilan », ai-je asséné à tous mes collaborateurs.

À la consternation générale a succédé une question frappée au coin du bon sens.

« Mais monsieur Hermé, comment est-ce possible alors que la pâtisserie ne désemplit pas et qu'on vend des centaines de gâteaux chaque jour ?

– C'est infiniment regrettable, mais c'est le jeu des mauvaises associations, me justifiai-je. Il y a eu trop de dépenses inconsidérées du côté des restaurants Korova et Nobu. Par ailleurs, nos associés n'ont pas capitalisé dans la pâtisserie comme ils s'y étaient engagés. Nous sommes donc sacrément dans la panade, pour rester poli. Mais nous allons nous battre comme des lions, je vous le promets. »

Et c'est ce que nous avons fait, tous ensemble. C'était le moment ou jamais d'avoir du cran.

J'ai un souvenir terrible et ému de cette matinée. J'avais devant moi des gens formidables, engagés à 200 % dans leur métier, qui risquaient de perdre leur emploi. Mais au lieu de me faire des reproches et de m'en vouloir, ils m'accordaient leur soutien, cherchaient des solutions, avançaient des propositions pertinentes. Idem du côté des fournisseurs, qui se sont montrés généreux et compréhensifs. J'étais mort de honte, mais en même temps, il fallait affronter cette situation à laquelle rien ne m'avait préparé. Et en tirer les leçons.

La situation était si absurde et injuste que cela a renforcé ma détermination à faire survivre notre pâtisserie. Nous avons donc engagé un long bras de fer avec Hubert Boukobza et Jean-Luc Delarue pour qu'ils abandonnent une partie de leurs créances et avons fait appel à un administrateur judiciaire qui a mis en place un plan de redressement. Au fil des mois, il a pu constater que notre activité était rentable. Petit à petit, nous avons sorti la tête de l'eau et commencé à rembourser l'État, les fournisseurs et les ex-associés. Jean-Luc Delarue a voulu me racheter mes parts pour trois fois rien. J'ai refusé au simple motif qu'il ne savait pas faire de gâteaux... Nous avons remboursé toutes nos dettes pendant dix années, sans jamais les renégocier. J'ai toujours été confiant dans l'idée que nous allions nous en sortir. Et ça a été le cas. J'ai signé le dernier chèque à Mme Delarue, quelques mois après le décès de Jean-Luc. Paix à son âme.

Finalement, cette mésaventure m'a considérablement renforcé.

Elle m'a appris qu'il n'y a rien de pire que de mal s'associer. La preuve était sous mes yeux : nous avions construit quelque chose de qualitatif et de profitable mais cela n'avait pas été suffisant pour que ça marche, dans la mesure où les associés ne travaillaient pas dans le même état d'esprit. Ce n'est pas faire insulte à la mémoire d'Hubert Boukobza (décédé en 2018) que de le dire, puisqu'il avait lui-même reconnu dans la presse qu'avec ces deux restaurants, lui et Jean-Luc Delarue s'étaient laissé emporter dans un délire tous azimuts : personnel pléthorique, management fantasque, gestion inexistante, argent dilapidé... Cela m'a au moins donné l'occasion d'observer tout ce qu'il ne faut pas faire lorsque l'on est entrepreneur. Et depuis, j'y regarde à deux ou plutôt à dix fois lorsqu'il s'agit de m'engager avec un partenaire financier !

Ensuite, cela m'a montré qu'en étant courageux et déterminé, on pouvait s'en relever. J'aurais pu jeter l'éponge car la situation était vraiment complexe, mais je n'y ai jamais songé. Pourtant, sur le moment, j'étais très atteint. Cette histoire m'a pourri la vie pendant longtemps. Mais dans ce domaine comme dans tous les autres, je ne regrette rien. Je dirais même qu'il eût été dommage que cette épreuve me soit épargnée. Si je ne l'avais pas vécue, peut-être aurais-je été moins averti, moins solide par la suite. Peut-être serais-je resté un pâtissier talentueux mais naïf et si pétri de sa propre loyauté qu'il ne doute pas de celle des autres. Cet épisode m'a montré les aspects peu reluisants de certaines personnalités, et m'a enseigné les arcanes du business plus sûrement qu'une école de commerce. Alors, encore une fois, merci la vie.

Management & orangettes

En vérité, lorsque j'emploie le mot « business », c'est un excès de langage.

Car je n'ai jamais été, ne suis pas et ne serai jamais un businessman.

Je me vois plutôt comme un entrepreneur qui a cherché à construire une marque, à créer un style. Les business plans, ce genre de trucs, ça m'ennuie au plus haut point ! Je n'ai aucune appétence pour les affaires stricto sensu. En revanche, comme j'ai besoin de tout comprendre pour maîtriser mon destin, cela m'a obligé à fournir un effort et à m'y mettre. Gérer l'activité commerciale ne m'a jamais passionné, mais cela me permet d'aller au bout des choses. Ce qui m'intéresse davantage, c'est de lier la création, le marketing et l'aspect économique. Les péripéties du Korova m'ont fait prendre conscience, entre autres enseignements, que cette trinité devrait désormais constituer le cœur de mon activité, si je voulais développer une marque au rayonnement international, et pas seulement une pâtisserie. Si le point de départ est le même dans les deux cas de figure, le cheminement ne l'est pas.

J'ai beaucoup travaillé sur ce sujet et je continue à le faire, en m'appuyant, depuis plus de vingt ans, sur des éléments fondamentaux :

- notre vision : donner une dimension d'excellence à la pâtisserie en nous affranchissant des codes traditionnels et en créant des saveurs inédites ;
- notre identité : incarner une maison de création et de luxe au savoir-faire innovant ;
- nos valeurs : la qualité, la créativité, l'esthétique, l'attention portée aux détails ;
- notre mission : proposer des émotions et une expérience sensorielle unique.

En gros, tout ce qui constitue une « plateforme » de marque, comme disent les gens du marketing qui formalisent tout cela en graphiques aussi nébuleux qu'indispensables. Car plus une entreprise grandit, plus sa ligne directrice risque de se voiler, à l'image d'une roue de vélo qui subirait des petits impacts répétés. En effet, la croissance implique le recrutement régulier de nouvelles personnes, qui arrivent toutes dans l'entreprise avec leur propre bagage, leur propre parcours, leur propre personnalité. C'est formidablement enrichissant car cela nous permet d'évoluer sans confire dans le formol. Mais il ne faut pas pour autant que cela altère l'essence de la marque, qui doit rester puissante. Pour cela, j'ai toujours mis un point d'honneur à transmettre méticuleusement notre culture d'entreprise aux équipes de la maison. Ainsi, par exemple, lorsqu'une nouvelle recrue intègre notre service marketing, nous lui proposons une période d'observation à 360 degrés pour qu'elle s'imprègne de l'ADN de la marque. Pendant ce temps, elle est invitée à passer des journées dans les ateliers de fabrication, dans les boutiques, avec les pâtissiers en recherche et développement, au service des achats, etc. Les bénéfices de ces premières semaines viendront s'ajouter à sa culture personnelle, à son talent, à son savoir-faire et lui permettront une intégration plus fluide, plus confortable dans la maison.

Dans nos métiers de la pâtisserie comme dans beaucoup d'autres, tout repose sur l'humain.

Lorsque j'ai endossé mes premiers postes à responsabilités, je n'avais aucune notion de management puisque je ne l'avais pas appris. J'ai donc pratiqué à l'instinct et ce fut une catastrophe. Je n'avais en tête qu'une idée fixe : l'originalité et la qualité de mes gâteaux. Le reste m'importait peu. J'étais extrêmement intransigeant, colérique, super casse-pieds pour ne pas dire pire ! Mais j'ai rapidement constaté que cela ne fonctionnait pas. En prenant le recul nécessaire pour analyser le problème, j'ai réalisé que ma façon de diriger n'était pas la bonne. J'exigeais, je critiquais, je criais. En un mot, je demandais tout mais je ne donnais rien ou pas grand-chose. Cela m'a fait comprendre que pour obtenir le meilleur des gens, il faut d'abord leur offrir le meilleur de soi-même.

Et c'est ce que j'ai commencé à faire chez Fauchon. En arrivant dans cette grande maison, face à une équipe constituée, j'ai perçu ce que je pouvais attendre des uns et des autres : certains avaient de vieilles habitudes, de petits rythmes tranquilles qu'il ne servait à rien de bousculer. J'en ai « réveillé » quelques-uns, tandis que d'autres ont fait valoir leurs droits à la retraite. Mais il y avait aussi plein de jeunes gens, dont certains très motivés. Ceux-là, je les ai poussés à fond, en les emmenant faire des dégustations dans les pâtisseries de Paris, en allant boire des verres avec eux pour discuter de leurs ambitions, de leurs envies. Bref, en créant un esprit d'équipe, même – et surtout – entre des personnalités très différentes. Les résultats ne se sont pas fait attendre, et ont achevé de me convaincre que les chefs, quels qu'ils soient, sont profondément responsables du fonctionnement et de la synergie de leurs troupes.

Par la suite, j'ai toujours cherché à cerner les gens pour mieux les motiver, et ce, dans l'intérêt de tous. D'abord parce que les autres m'intéressent profondément : j'ai envie et besoin de savoir ce qu'il y a derrière chaque regard, chaque personnalité, chaque histoire. Et ensuite, parce que si vous mettez en œuvre le partage, le respect, si vous vous impliquez corps et âme dans votre travail, si vous vous montrez attentif envers vos collaborateurs sur le fond du métier, mais aussi sur les aspects agréables ou pénibles de leur vie, il y a fort à parier qu'ils feront la même chose en retour. Cela ne signifie pas que tout va toujours pour le mieux dans nos ateliers, mais ça aide, même quand ça chauffe !

Le respect envers le travail de mes semblables étant une valeur fondamentale à mes yeux, cela implique que je leur dois l'honnêteté la plus totale. Cette nécessaire franchise peut donner lieu à des moments délicats. Je suis parfois amené à demander à un collaborateur d'être plus attentif, d'adopter une attitude plus positive ou de mieux prendre en compte mes remarques. J'essaie de le faire d'une façon qui les aide à grandir, à évoluer. Lorsque les orangettes ou les macarons sont bons, comme c'est souvent le cas, je suis le premier à le souligner, et je l'exprime clairement, en face-à-face, par téléphone ou en envoyant un courriel. Mais lorsque les gâteaux ou les mendiants sont ratés, je le dis aussi sans passer par quatre chemins. Sinon comment mes collaborateurs pourraient-ils se fier à mon avis ?

Il me semble contreproductif d'engueuler et encore plus de vexer les gens. Je préfère remonter à la source du problème avec eux, cela enrichit tout le monde. En cherchant ce qui n'a pas fonctionné dans la recette, nous intégrons de nouvelles données sur la préparation, la cuisson, le produit, que sais-je encore. On en apprend tous les jours, ensemble et en confiance.

Il m'importe d'autant plus d'être juste que je suis extrêmement exigeant. Cela ne signifie pas perfectionniste, comme certains le pensent à tort. En fait, je hais la perfection, qui renvoie à une notion trop mécanique, trop obsessionnelle. La perfection, c'est comme la collection, ça rend malade ! Je préfère miser sur l'attention aux détails. C'est plus vivant, plus animé, plus pointu et cela permet d'atteindre le très haut niveau de qualité qui satisfait mon exigence.

Cette exigence, mes collaborateurs la connaissent, elle est la clé de mon fonctionnement. Elle est d'ailleurs souvent la raison pour laquelle ils ont atterri dans la Maison Pierre Hermé Paris ! Ils savent donc que mes remarques, qu'elles soient positives ou négatives, ne sont jamais gratuites. Au contraire, elles sont toujours étayées. Je passe beaucoup de temps à expliquer, à argumenter, à exprimer des critiques constructives, autant de choses que je me dois d'apporter à mes collaborateurs : on est là dans le registre de l'échange, de la formation et de la transmission, qui ont tant d'importance à mes yeux. Cela explique peut-être pourquoi certains piliers de la maison comme Mickaël Marsollier (coordonnateur du savoir-faire, il est une partie de ma mémoire !), Richard Ledu (CEO de Pierre Hermé au Japon), Sabrina Zouzou (directrice financière), Évelyne Perron (responsable du studio graphique), Christophe Drapier (chef exécutif au Japon) ou Sébastien Claverie (directeur général adjoint en charge de la production) évoluent à mes côtés depuis plus de vingt ans. Si leur fidélité m'honore, je me réjouis avant tout qu'ils trouvent un épanouissement personnel dans leur travail. Je pense qu'avec la renommée de la maison, c'est ce qui les retient le plus. Nous nous appliquons toujours à renforcer notre complicité autour de la création, de l'excellence et de la passion pour notre métier. Globalement, nos relations sont franches, cordiales, constructives.

Néanmoins, face aux difficultés de recrutement auxquelles nous sommes confrontés comme beaucoup d'entreprises depuis la crise sanitaire, je suis attentif aux nouvelles idées qui pourraient fidéliser et motiver encore davantage nos plus jeunes collaborateurs. J'y travaille avec la directrice des relations humaines. Depuis la création de la maison, j'ai vu des gens y rentrer comme simples pâtissiers y faire des carrières fulgurantes, à l'image de Richard qui est devenu le patron de notre entité au Japon. En tant que chef d'entreprise, j'aimerais que ces opportunités puissent continuer d'exister pour nos nouvelles recrues !

Cakes & développement

Ces aventures entrepreneuriales et humaines ont été et restent pour moi des expériences précieuses. Au début des années 2000, elles m'ont permis de développer la marque qui porte mon nom, en collaboration avec mon ex-associé Charles Znaty. Nous avons longtemps fonctionné au doigt mouillé, au feeling, et cela nous a plutôt réussi. Après avoir vacillé sur ses bases, notre première boutique parisienne retrouvait des couleurs. Une deuxième vit le jour en 2004, rue de Vaugirard. Pendant ce temps, l'expansion japonaise se poursuivait. Après la pâtisserie d'Ikspiari inaugurée en 2000, nous avons ouvert cinq ans plus tard notre *flagship* dans le quartier d'Aoyama, à Tokyo. Un endroit de trois cents mètres carrés, avec salon de thé, bar à chocolat, comptoir à gâteaux... C'est encore à ce jour notre plus grande boutique au monde. Son ouverture signa le début d'un développement à grande vitesse. En effet, entre 2006 et 2012, nous avons inauguré une dizaine de boutiques et de corners au Japon, pour arriver à plus de vingt points de vente.

Nos affaires prospéraient, nous progressions aussi bien que possible, tout allait pour le mieux dans le meilleur des mondes. Il s'agissait désormais de gérer cette croissance exponentielle. Très vite, il nous a fallu réfléchir à une façon de fournir davantage de gâteaux. À Paris, l'atelier de la rue de Vaugirard devenait trop petit, et celui du troisième sous-sol de la boutique de la rue Bonaparte, niché sous celui des finitions, peinait à produire la quantité de chocolats nécessaire. Même problématique au Japon. S'ajoutait à cela un constat mathématique crucial à ce stade de notre parcours : les macarons, qui rencontraient un succès phénoménal, s'avéraient plus faciles à dupliquer et à exporter que les gâteaux estampillés « haute pâtisserie ». Autre avantage des macarons : ils se conservent plusieurs jours. Enfin, et je tiens à le souligner pour lever un tabou sur le sujet : pour atteindre leur texture optimale, les macarons gagnent à être congelés. Durant le processus de congélation puis de décongélation se déroule une osmose entre la garniture et le biscuit qui les rend moelleux à cœur et donne à la croûte supérieure un léger croquant. En outre, la congélation leur permet de voyager.

Alimentée par ces différents éléments, notre réflexion a abouti sur l'idée de créer une manufacture, où nous confectionnerions les macarons, les cakes, les chocolats et quelques autres confiseries. Nous partîmes donc à la recherche de l'endroit idéal. Et ce n'est sans doute pas par hasard qu'en 2007, je me suis surpris à parler de mes projets au patron de la Maison de l'Alsace à Paris, Bernard Kuentz. Celui-ci m'a mis en contact avec le CAHR (Comité d'action économique du Haut-Rhin, devenu depuis l'ADIRA, Agence de développement d'Alsace), un organisme chargé d'accompagner les entreprises désireuses de s'installer dans la région. L'une de ses relations m'a fait visiter une ancienne chocolaterie à Wittenheim, près de Mulhouse, où nous avons décidé d'installer nos ateliers de fabrication. Au début, nous y avons délocalisé quelques personnes de nos équipes parisiennes, chargées de transmettre nos savoir-faire, mais au fil du temps, l'équipe de Wittenheim est devenue à 80 % alsacienne.

L'achat de cette manufacture présentait évidemment des risques financiers, mais nous devions impérativement les prendre pour aller plus loin. D'ailleurs, notre banque historique nous a suivis sans difficulté, en investissant dans notre capital. De fait, la manufacture nous a fait franchir un cap. Ce lieu de fabrication nous a permis de créer des boutiques en France et à l'étranger. En ne proposant « que » des macarons, chocolats, cakes, ces points de vente ne nécessitent pas de laboratoire ni de pâtissiers sur place. Nous avons donc pu en ouvrir plusieurs à Paris, Strasbourg, Nice, Dubaï, en Thaïlande, au Qatar, en Arabie saoudite, en Corée, à Macao, au Royaume-Uni, à Hong Kong, et même en Azerbaïdjan.

Parmi ces aventures, beaucoup durent encore. D'autres, en revanche, n'ont pas été pérennes, pour des raisons diverses, dont certaines liées aux aléas locaux économiques ou politiques locaux, comme à Bakou ou à Séoul.

Si cette expansion occupait une part de mon esprit, je ne me suis jamais laissé déborder par l'aspect business, largement pris en charge par Charles Znaty à l'époque. Pour moi, rien ne comptait autant que mes créations pâtissières. Stimulé par l'enthousiasme et les retours positifs de nos clients, je trouvai là un terreau fertile, et ces années ont vu éclore un grand nombre de gâteaux, de macarons, de chocolats, de glaces…

D'autant que, petit à petit, deux pistes majeures se dessinaient dans mon travail.

2005

PIERRE HERMÉ

12 RUE FORTUNY PARIS 17e

INFINIMENT TARTE VANILLE (22.04.05)

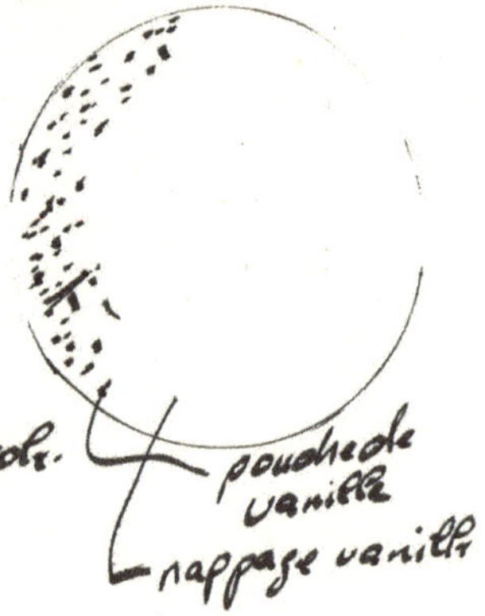

IMBIBAGE VANILLE

1 kg eau minérale
4 gr gousse vanille du Mexique
4 g gousse vanille de Tahiti
4 g gousse vanille Madagascar
500 g de sucre semoule
50 g de vieux rhum brun agricole.

GANACHE VANILLE

225 g crème liquide
4 g de gousse vanille du Mexique
4 g de gousse vanille de Tahiti
4 g de gousse vanille de Madagascar.
250 g de couverture ivoire
+ 4 g d'extrait naturel de vanille liquide sans alcool (12-04-05)

02.04.05

Chapitre 8

EXPLORATIONS

Goûts & interprétations

La première piste, c'était ma recherche insatiable d'associations de saveurs. Certes, je m'y attelais depuis mes débuts, mais j'allais de plus en plus loin dans ce domaine. Je ne me contentais plus de créer des accords de goûts : lorsque j'estimais qu'ils étaient réussis, je m'amusais à les interpréter de différentes manières. Tout a commencé avec Ispahan, qui est décidément à l'origine de beaucoup de choses. Peu de temps après le lancement de ce gâteau-macaron, j'ai imaginé une recette un peu complexe de confiture en deux textures, mettant en scène les trois parfums d'Ispahan : une confiture de litchis à la rose nappée d'une confiture de framboises.

Pour réaliser ce petit exploit technique, j'ai fait appel à Christine Ferber, mon amie de toujours, ma « sœur ». Pâtissière émérite, installée dans le commerce familial à Niedermorschwihr, Christine fait les meilleures confitures du monde – Brad Pitt s'est d'ailleurs rendu un jour en hélicoptère dans ce petit village alsacien pour acheter toute sa gamme ! Le résultat de cette confiture s'est avéré aussi bon que beau, dévoilant deux textures opalines en un délicat dégradé de rouge et de rose nude.

Cela m'a donné envie d'interpréter le goût Ispahan sous d'autres formes : le sorbet, le croissant, puis pourquoi pas le cake, le chocolat… Plus le temps passait, plus cette démarche me passionnait. Créer divers produits dans différentes familles sucrées à partir d'une saveur nouvelle était en train de devenir un mode de travail. Réalisée inconsciemment au départ, cette façon de faire, de plus en plus structurée, s'imposait comme l'un des fils conducteurs dans mon travail de création. Il était temps de lui donner un cadre.

Fetish, isn't it ?

Coco Chanel disait : « La mode se démode, le style, jamais. »

En écrivant différentes partitions à partir de mes goûts fétiches, j'avais trouvé mon style. Ne restait plus qu'à le nommer. Sexy, élégant, le mot « Fetish » a émergé de nos brainstormings avec Charles en 2006. Les Fetish, ce sont mes gâteaux signatures, les piliers de la maison. Ils s'inscrivent dans un travail réfléchi, structuré, commencé il y a près de quarante ans et qui continue en évoluant et en intégrant en permanence de nouvelles choses. Autant dire que cela constitue aujourd'hui un patrimoine pâtissier très conséquent, inégalé dans le métier.

La naissance d'un Fetish commence toujours par des équations de goûts que je trouve idéales :

- *Rose + framboise + litchi = Ispahan*
- *Cream cheese + orange + fruit de la Passion = Satine*
- *Fraise + pistache = Montebello*

- *Fraise + rhubarbe + fruit de la Passion = Céleste*
- *Cerise + pistache = Mosaïc*
- *Chocolat au lait + fruit de la Passion (+ ananas rôti) = Mogador*
- *Chocolat au lait + noisette = Plaisir sucré*
- *Chocolat + caramel = Plénitude*
- *Cassis + vanille + violette = Envie*
- *Marron + thé vert + fruit de la Passion = Sarah*
- *Marron + poire = Hommage*
- *Chocolat noir + yuzu = Azur*
- *Noix de coco + ananas + coriandre fraîche + citron vert = Victoria*
- *Sarrasin + pignons de cèdre + herbes fraîches + pin = Estella*
- *Fleur d'oranger + miel + citron + orange = Jardin de l'Atlas*

etc.

Le « support » de départ de chaque saveur est souvent un gâteau, mais cela peut aussi être un macaron comme dans le cas de Mogador, d'un entremets comme Ispahan, lui-même descendant du Paradis...

À l'origine, les Fetish sont des collections de goûts réinterprétés dans différents types de produits. Mais par la suite, ils sont aussi devenus des familles de produits se déclinant en « types » différents : les Fetish saint-honoré, les Fetish babas, les Fetish millefeuilles, Fetish cakes, Fetish tartes, etc.

Bien sûr, cette façon de travailler, devenue immuable dans la maison, permet de décliner nos classiques au fil des saisons et de mes envies.

Mais le mot « décliner » a ses limites. Je préfère dire que je réinterprète mes saveurs signatures. Car les techniques utilisées pour confectionner un gâteau, un macaron, un cake, un smoothie ou une glace à partir de la même association de goûts sont extrêmement différentes.

En fait, à chaque « interprétation », nous repartons presque de zéro. Ainsi, j'avoue avoir galéré longtemps avant d'arriver à un cake Ispahan satisfaisant. Au départ, je n'arrivais pas à y incorporer les litchis, qui rendaient trop d'eau dans la pâte. Alors, je les ai purement et simplement retirés de la recette… et personne ne s'en est aperçu, pour la bonne raison que ce fruit a la même trace olfactive et gustative que la rose.

Mais j'ai quand même continué à chercher la solution optimale et ai fini par la trouver, lorsqu'un fournisseur m'a fait goûter d'excellents litchis séchés. Je les ai introduits dans le cake qui, depuis, mérite pleinement son nom.

En parallèle, quand j'ai voulu interpréter ce parfum sous la forme de bonbons de chocolat, je me suis heurté à un écueil évident mais qu'il me fallait gérer : de trois saveurs (rose, framboise, litchi), on passait à quatre en ajoutant le chocolat, ce qui a impliqué de minutieux ajustements pour ne pas dénaturer le goût originel. Car les produits ne s'expriment pas de la même façon dans un chocolat, noir de surcroît. Là où le gâteau contient une crème doucereuse à la rose, des morceaux de litchis et des framboises fraîches, le bonbon se compose d'une purée de litchis à la rose et d'une ganache au chocolat et à la framboise. Chaque interprétation nécessite donc de prendre de la hauteur pour ne pas se fracasser sur les obstacles techniques et gustatifs. Parfois, comme dans le cas de Victoria, cela ne marche pas, ou pas bien. C'est aussi cela, l'aventure du goût.

J'ai toujours donné des noms, parfois des prénoms, à mes gâteaux. Sans doute, au départ, pour les répertorier et les inscrire dans la durée. Et puis, c'est devenu un jeu. Ces appellations, je les pioche au hasard d'un livre, d'un poème, d'une émotion… J'aime beaucoup ceux qui proviennent de la mythologie, comme Celian ou Dryade ; ceux qui ont une sonorité particulière, comme Aria ou Céleste ; ceux qui évoquent quelque chose, comme Kokoro (« l'âme et l'esprit » en japonais) ou Ortu (« jardin » en corse). Lorsque je vois ou que j'entends un mot qui me plaît, je le note dans mon téléphone. J'en ai des dizaines en réserve : Franquette, Onde, Talisman, Goutte de ciel, Hygge, Salento, Cocora… Et comme j'aime aussi que les mots fassent sens avec mes gâteaux, le prochain pourrait être Paradoxe, parce que cette notion, en faisant cohabiter des éléments opposés, leur donne un sens nouveau, à l'image des couturiers qui font du streetwear, ou des grands chefs qui réinterprètent les chouchous de la fête foraine. C'est une certaine idée du luxe contemporain, qui transforme les codes en les emmenant ailleurs. En pâtisserie, cela pourrait consister à marier des saveurs réputées « pas bonnes » pour en faire quelque chose de délicieux. Je n'ai pas encore trouvé l'idée, je mets cela de côté. Souvent, c'est quand je ne cherche pas que je trouve…

Pour en revenir aux gâteaux existants, je me souviens d'avoir choisi le patronyme de « Montebello » en ouvrant un atlas. Je suis tombé sur ce nom, celui d'une commune de Lombardie où eut lieu une bataille en 1859 pendant la campagne d'Italie. Comme je le trouvais très beau, je l'ai attribué au gâteau que je venais de mettre au point. Le hasard a voulu que, quelques mois plus tard, un client à l'élégance remarquable se présente dans l'une de nos boutiques en disant : « Je suis le comte de Montebello, je me marie prochainement à Venise et j'aimerais que vous veniez me faire sur place ce délicieux gâteau qui porte mon nom. » Ce que nous avons évidemment fait avec plaisir !

Le gâteau Hommage, lui, fut ainsi baptisé en souvenir de Gaston Lenôtre. Lorsque je travaillais pour lui, sa glace au marron et à la poire avait été une vraie révélation. J'ai longtemps cherché à reproduire ce goût dans un gâteau, mais j'ai beaucoup ramé car il est extrêmement difficile de recréer un souvenir, sans compter que la poire ne se laisse pas facilement apprivoiser en pâtisserie. Quand j'ai fini par trouver le résultat satisfaisant, je l'ai tout naturellement appelé Hommage.

Certaines personnes m'inspirent aussi le nom d'un gâteau : ce fut le cas de Sarah, prénom de la fille d'un de mes tout premiers associés. Même cas de figure pour Ella, une pâtisserie qui, si elle ne fait pas partie de mes Fetish, me valut un psychodrame conjugal avec mon ex-épouse ! Je l'avais imaginée pour faire plaisir à la séduisante comédienne Elsa Zylberstein, avec qui j'avais dîné chez des amis. Nous avions beaucoup discuté, échangé nos numéros de téléphone et, au dessert, elle m'avait fait promettre de créer un gâteau rien que pour elle. Ce que je fis avec un certain empressement, je dois bien le reconnaître. Il s'agissait d'un dôme très sensuel (heureux hasard…), composé d'un biscuit à l'huile d'olive, de fruits rouges crus et cuits et d'une crème au citron. En toute logique je l'avais baptisé Elsa, avant de le faire parvenir à cette ravissante jeune femme. Mon épouse de l'époque ne l'a pas, mais alors pas du tout, entendu de cette oreille. Jalouse comme une tigresse, elle m'a fait une telle scène que j'ai dû changer le nom du gâteau en Ella, pour retrouver la paix. À une lettre près...

Pour finir sur les Fetish, je dirais que si nous ne sommes pas la seule maison de pâtisserie à proposer des gâteaux emblématiques, nous sommes sans doute la seule, en tout cas la première, à valoriser les saveurs comme piliers. La preuve par le contre-exemple : le célèbre Opéra de Dalloyau est certes un gâteau culte, mais il n'existe qu'en tant que gâteau, là où nos Fetish – comme Mogador, Satine ou Plénitude – existent sous des formes très différentes : cakes, pâtisseries, macarons, confitures, chocolats, boissons, viennoiseries, glaces, etc.

Saveurs & infini

La deuxième trace que j'ai creusée en termes de création, c'est celle qui consiste à mettre en valeur de la meilleure façon possible une saveur unique. Cela peut paraître évident, mais je connais peu de pâtissiers qui travaillent ainsi, en revendiquant leurs propres assemblages, leurs propres goûts, et en spécifiant les différentes origines des produits. Peut-être parce que cela nécessite des années de recherche pour parvenir à un résultat d'excellence. La première fois que je me suis attelé à ce chantier, ce fut autour de la vanille. Une longue histoire...

La gousse et la vie

Pour le fils de pâtissier que je suis, mais aussi pour la plupart d'entre nous, le goût de la vanille est fondateur et régressif : il évoque le lait chaud, les premiers desserts, les entremets familiaux, en un mot, la douceur de l'enfance. Pourtant, la vraie vanille, je ne l'ai rencontrée qu'en commençant mon apprentissage car mon père, comme la majorité des pâtissiers de sa génération, n'utilisait que l'essence de vanille. En 1976, lorsque j'ai découvert les belles et grasses gousses chez Lenôtre, j'étais éberlué parce que je ne savais même pas que ça existait ! À partir de là, je n'ai eu de cesse que de trouver ma *saveur de vanille idéale et absolue, celle qui transcenderait à la fois mes papilles et mes souvenirs. J'ai mis vingt-neuf ans pour y parvenir...*

Entre-temps, j'ai découvert les innombrables crus de vanille, dont certains que je ne soupçonnais pas. J'ai longtemps utilisé celles de Madagascar et de La Réunion. À un moment, je m'étais un peu emballé pour la vanille de Tahiti, que j'ai finalement délaissée car trop outrancière, trop exubérante. Je l'appelais la « vanille en porte-jarretelles », car je trouvais qu'elle se la racontait en cherchant à me séduire à tout prix ! Bref, je tournais autour de la saveur vanillée. Elle me titillait, mais je ne savais pas trop par quel bout la prendre pour arriver à mes fins. Étrangement, c'est une exposition sur l'œuvre d'Yves Klein, à Beaubourg, en 2005, qui m'a débloqué sur le sujet. J'en étais sorti bouleversé. En me plongeant dans le bleu mystique des œuvres de Klein, j'ai éprouvé un profond besoin de comprendre comment il avait créé cette couleur. J'ai alors appris que son fournisseur de pigments était un certain Édouard Adam, établi boulevard Edgar-Quinet, à Montparnasse. Dans les années 1954-1955, Klein demanda à Adam de lui montrer toute sa gamme de bleus afin de composer le sien. L'artiste écarta les bleus de Perse, de Prusse et autres cobalts pour s'esbaudir enfin devant un pigment outremer que le bricoleur touche-à-tout avait mélangé avec un acétate de vinyle en solution alcoolique, provoquant ainsi le ravissement de Klein. Cette révélation d'une approche par petites touches successives fut un uppercut pour moi : c'était de cette façon qu'il me fallait composer ma *vanille ! J'en ai immédiatement parlé à Jean-Michel Duriez, grand connaisseur d'arômes et de senteurs devant l'Éternel, qui s'est montré très ouvert à ma folle démarche.*

« Je voudrais créer une tarte qui sublimerait la vanille, mais pour cela, il faudrait que je fasse le tour de toutes les gousses de la planète. Tu peux m'aider ? lui ai-je demandé.

– Qu'à cela ne tienne ! » m'a-t-il répondu.

J'avais rencontré quelques mois plus tôt Laurence Cailler-Larcebeau, incroyable sourceuse et connaisseuse, qui nous a fait goûter, à Jean-Michel et à moi, des vanilles du monde entier : Mexique (le berceau originel), Madagascar, La Réunion, Comores, Ouganda, Congo, Inde, îles Tonga, Tahiti, Papouasie-Nouvelle-Guinée… J'ignorais qu'il existait autant de diversité dans cette épice, qui n'est autre que le fruit de certaines orchidées lianescentes tropicales.

Pour faire ma sélection, j'avais envie de travailler un peu comme un parfumeur compose un jus ou comme Klein peignait ses monochromes. J'ai fait réaliser des bases neutres, en l'occurrence des crèmes au mascarpone, que j'ai parfumées avec chacune de ces vanilles. La dégustation s'est avérée fascinante : certaines vanilles étaient fumées, « cuirées », presque animales (Ouganda), d'autres étaient plus chocolatées (Congo), d'autres encore délicates et fleuries (Papouasie-Nouvelle-Guinée). Petit à petit, mon nez et mon palais m'ont emmené vers trois origines :

- *la vanille du Mexique, florale et chocolatée ;*
- *la vanille de Madagascar, plus boisée, aux arômes de réglisse et de fruits séchés ;*

➢ *la vanille de Tahiti : charnue, puissante et légèrement anisée.*

J'ai mélangé les trois à parts égales et, là, je tenais ma *vanille !*

Je prenais une petite leçon au passage : la vanille de Tahiti que j'avais écartée quelques années auparavant pour délit d'opulence, se rappelait à mon bon souvenir, car elle se révélait indispensable en tant que note de fond, pour booster le mélange.

À partir de là, j'ai pu avancer sur ma *saveur vanille, que j'ai associée à une touche de rhum et de cèdre dans un macaron conçu pour le lancement du parfum Spiritueuse double vanille de Guerlain. Et seule, en majesté, dans la tarte à la vanille qui me trottait dans la tête. Cette tarte, je la voulais très pure, comme une feuille blanche sur laquelle la vanille pourrait s'épanouir voluptueusement : pâte sablée, biscuit imbibé de jus de vanille, ganache au chocolat blanc à la vanille et crème mascarpone à la vanille. Rien ne me fait plus plaisir que l'on me dise qu'elle exprime « la substantifique moelle » de la vanille, car c'était mon unique objectif !*

Pour l'atteindre, on utilise 12 grammes de vanille (environ six gousses) pour 500 grammes de crème, soit six fois plus que pour une crème anglaise classique. Quand on aime, on ne compte pas ! Une fois la tarte mise au point, il ne restait plus qu'à la baptiser. Mais comment mettre en mots une saveur aussi concentrée ? On a pensé à 100 % vanille, à Pure vanille, des propositions que je trouvais plates et inélégantes. Jusqu'au jour où jaillit une idée qui me parut plus poétique : en accolant le mot

« infiniment » à celui de « vanille », on obtenait un joli tandem. La tarte Infiniment vanille était née.

Ce travail réalisé autour de la vanille m'a donné envie de procéder de la même façon avec le café, le citron, la noisette, la fraise, la mandarine… autant de produits dont les terroirs et les variétés méritent d'être explorés, le but étant de les interpréter dans des créations dignes de leur qualité. Car lorsque l'on porte un regard critique et analytique sur un produit, on peut l'emmener très loin. Je dirais même « infiniment » loin… Vous l'aurez compris : parce qu'il exprime bien mon désir de tirer le meilleur d'un ingrédient, cet adverbe qualifie toutes mes créations conçues autour d'un goût unique.

Dans ce domaine, ma démarche consiste à aller au fond de la connaissance d'un produit pour tenter d'en percer les mystères, d'en capter la quintessence. Cela passe encore et toujours par des rencontres.

Pour le café, je dois beaucoup à l'expertise d'Hippolyte Courty, fondateur de L'Arbre à café. Ce produit pourtant si noble a souvent été le parent pauvre de la pâtisserie. Combien de fois ai-je vu des éclairs ou des religieuses réalisés à base de mauvais café soluble et d'essence de café ! Et d'une manière générale, la saveur du café, que l'on croit universellement connue, est en réalité très mal appréhendée. Je l'ai appris à mes dépens il y a une dizaine d'années, en faisant goûter à Hippolyte une tarte Infiniment café que je confectionnais depuis longtemps avec un bon café, en tout cas le croyais-je…

« C'est une bonne recette… », a-t-il commencé poliment.

J'ai bien compris que quelque chose n'allait pas.

« Mais ? ai-je demandé.

– Mais je n'y retrouve ni la subtilité ni les nuances que je recherche dans le café », a-t-il ajouté.

Dès lors, je lui ai proposé de tout m'enseigner sur le savoir-faire café, les crus, les plantations, les fruits, la torréfaction, la préparation, etc. Nous avons beaucoup travaillé ensemble. Riche de ces enseignements, insatiable des nouvelles émotions que faisait naître le café sur mes papilles, j'ai créé une nouvelle gamme de pâtisseries autour de ce parfum puissant et subtil. En fait, Hippolyte a complètement bousculé mes « connaissances », qui n'étaient que des préjugés, sur l'or noir.

D'abord, j'ai appris que la seule méthode valable pour permettre aux arômes du café de s'épanouir était l'infusion, dans un liquide (eau, lait, crème) à froid ou à 35 degrés maximum, car le café étant déjà torréfié, il ne doit pas recuire.

J'ai aussi découvert le café vert : les graines qui se trouvent dans le noyau de la « cerise », fruit du caféier, ne sont autres que les grains de café avant la torréfaction. Étonnamment durs, ils dégagent un arôme végétal léger et révèlent un goût de café très doux, sans amertume. Je les ai mariés dans un macaron avec un café bourbon pointu de La Réunion, un cru rare et délicat aux notes de fruits rouges. Hippolyte m'a aussi fait goûter à d'autres grands crus, comme l'iapar rouge du Brésil, rond et puissant, aux notes de chocolat. Il m'a donné envie d'en faire un cake qui restituerait parfaitement le goût du café. J'ai bien galéré pour parvenir à ce résultat, mais en faisant infuser des grains de café concassés dans du beurre tiède et en imbibant le cake de café à la sortie du four, on y est arrivés. Je n'en étais pas peu fier. Hélas, il ne s'est pas du tout vendu en boutique, ça a même été un vrai flop ! C'est dommage car avec un chocolat chaud, il est vraiment très bon…

Heureusement, la tarte Infiniment café, réalisée avec le même iapar brésilien, a beaucoup de succès. Il faut dire qu'elle est assez fidèle à mon idée de départ, inspirée du café viennois, dans lequel la crème posée sur le café en prend le goût. Ultra-gourmande sans être trop sucrée, elle rend un bel hommage à ce produit d'exception. De même que le saint-honoré, l'éclair, le moka, le croissant, le sablé, la glace, etc.

En fait, lorsque l'on s'intéresse au café, on ne peut plus s'arrêter ! Au point que je me suis même penché sur l'univers des boissons au café, jusqu'à ouvrir des lieux spécifiques où j'ai mis à l'honneur le travail des baristas, en créant avec eux nos espressos, nos cappuccinos, nos lattes, nos cafés mocha, etc., le tout, moulu, dosé et préparé avec un soin… infini. À la façon d'un pâtissier.

Transports & cédrat

La pâtisserie est un métier de culture. C'est sans doute ce qui me passionne le plus. Je n'ai jamais tant appris qu'en allant à la rencontre des produits, au plus près de leur biotope et des gens qui les font sortir de terre. L'une de mes missions, en tant qu'artisan et promoteur de la haute pâtisserie, consiste à prendre mon bâton de pèlerin pour acquérir de nouvelles connaissances sur les produits que j'utilise.

Cette démarche me fait voyager des régions françaises aux pays les plus lointains, du Tarn-et-Garonne où, grâce au chef Romain Meder, j'ai déniché un formidable producteur de pommes, Yannick Colombier, à la Corse pour ses doux agrumes, en passant par la Colombie où j'aime arpenter les plantations de café, de physalis ou de corossols. J'y retourne régulièrement pour continuer à me former sur le café, car j'estime que mes connaissances sont encore insuffisantes dans ce domaine.

Sur les agrumes, en revanche, je commence à être au point. Je travaille ces fruits avec passion depuis toujours, et j'en avais déjà découvert de merveilleux en Asie. Mais mon amour pour la Corse (et pour une Corse !) m'a beaucoup enrichi sur le sujet. Pour l'anecdote, j'ai rencontré mon épouse Valérie grâce à Marcel Santini. Fondateur de la confiserie Saint-Sylvestre à Soveria, près de Corte, il me fournissait depuis longtemps en écorces d'agrumes confites d'une qualité exceptionnelle. Aussi, quand, en 2013, il m'a demandé de parrainer Art'è Gustu, une manifestation culinaire corse organisée par une certaine Valérie Mermet, j'ai accepté avec enthousiasme. Je passais mes vacances à Bonifacio depuis quelques années et je commençais à apprécier les produits authentiques de l'île. Je me réjouissais de mieux les connaître en allant à leur rencontre.

Mais c'est une autre rencontre qui a eu lieu. Imprévue, imparable, fracassante. Lorsque je suis arrivé à Bastia, Marcel et Valérie m'attendaient sur le lieu de la manifestation culinaire. Le premier m'a présenté la seconde et en voyant cette femme solaire, le coup de foudre s'est abattu sur moi en une nanoseconde avec une force inouïe. Par chance, il était réciproque. Cette édition du festival d'Art'è Gustu a signé le début de ma plus belle histoire d'amour, qui dure encore et durera toujours, j'en suis persuadé, tant j'ai trouvé en Valérie mon âme sœur.

Entre mille autres choses, je lui dois de m'avoir ouvert en grand les portes de sa Corse natale. Nous nous y sommes mariés en 2017, nous y avons acheté une maison et nous y passons le plus de temps possible. Une partie de moi est devenue corse. C'est une terre puissante, riche de particularismes jusque dans ses sols, ce qui nous ramène à nos moutons ou plutôt à nos agrumes, puisque l'île de Beauté abrite l'extraordinaire Observatoire des agrumes de l'INRA et du CIRAD, à San Giuliano, sur la côte est. Je m'y rends très régulièrement, pour admirer les arbres, les fruits, et pour échanger avec les ingénieurs agronomes de ce conservatoire, qui savent absolument tout sur les agrumes. Il s'agit d'une collection unique au monde, constituée du patrimoine agrumicole nord-africain rapatrié par les Français dans les années soixante après la guerre d'Algérie. Sur ces treize hectares poussent des centaines de variétés : cédrats (« ancêtres » de tous les agrumes), clémentines, oranges, citrons, pomelos, limes, yuzus, mains de bouddha, sudachis, kabosus... Les chercheurs qui y travaillent sont chargés de bichonner, de préserver et de faire rayonner ce patrimoine génétique incroyable. Ils procèdent aussi à des croisements naturels, c'est un « jeu » fascinant, car on peut marier les variétés entre elles à l'infini pour en créer de nouvelles. Cela ne marche pas à tous les coups en termes de saveurs, mais c'est passionnant. Quant aux terres corses, elles donnent à certains agrumes une typicité unique. C'est le cas du citron local, qui s'épanouit sur les sols argilo-humiques de l'île, contrairement aux autres citrons méditerranéens qui poussent, eux, en terrains calcaires. Il présente un taux de sucre élevé et des arômes intenses. On espère d'ailleurs obtenir, d'ici quelques années, une indication géographique protégée pour le citron corse, qui emboîterait ainsi le pas de la célèbre clémentine !

J'aime plus que tout assimiler ces informations sur le terrain, parce que c'est vivant, inspirant. Lorsque je goûte à un fruit cueilli sur l'arbre, les idées me viennent toutes seules et je dois avouer que la Corse et *ma* Corse m'inspirent tout particulièrement. C'est ainsi que j'ai naturellement uni la douceur acidulée du cédrat aux arômes chauds et épicés de l'immortelle – dont ma femme se parfume – dans un macaron que j'ai appelé « Les Jardins de Valérie », bien sûr !

Concernant la pistache, un produit auquel je suis très attaché, j'ai beaucoup appris auprès de mon ami Olivier Baussan, en Provence. Fondateur de L'Occitane, Olivier est aussi un formidable promoteur de la biodiversité dans sa région, où il épaule les agriculteurs pour les aider à replanter des essences qui ont été arrachées depuis quelques décennies pour laisser place aux plantations de lavande, afin de sacrifier à des impératifs économico-touristiques.

Les pistachiers font partie des espèces qui ont beaucoup souffert de cette conversion agricole, ce qui est fort dommage car ils sont particulièrement adaptés au terroir provençal, qui connaît des hivers froids et des étés torrides. Comme l'Iran, berceau de ce fruit oléagineux. J'ai mené beaucoup de recherches sur la pistache, et je rêve d'aller explorer les plantations en terres persanes mais pour l'instant, je n'en ai pas eu l'occasion. Je sais que je m'y rendrai un jour, ne serait-ce que parce que le maire d'Ispahan m'y a invité. Je l'ai rencontré en 2016, à l'École des beaux-arts à Paris, où il m'a remis le titre de citoyen d'honneur de sa ville, considérant que le succès de mon gâteau éponyme faisait rayonner Ispahan ! Cela m'a beaucoup touché, et m'a donné encore plus envie de découvrir cette cité à l'architecture mythique. J'en profiterai pour partir à la rencontre des producteurs de pistaches.

Les pistachiers sont cultivés là-bas depuis des siècles, notamment au nord-est du pays. Les fruits poussent en grappes, à l'extrémité des branches, et mûrissent en toute fin d'été. On m'a raconté que si l'on se place sous les arbres, on entend la « musique » des pistaches : il s'agit du petit cliquetis qu'elles produisent lorsque leur coque s'ouvre, signe qu'elles sont prêtes à être récoltées. J'ai trouvé cela d'une poésie absolue et je rêve de vivre ce moment en sirotant un thé brûlant… D'autant que mes pistaches idéales proviennent d'Iran. En effet, contrairement aux pistaches siciliennes qui sont bonnes mais dont la couleur donne une couleur brune aux gâteaux – qui, du coup, ne plaisent pas beaucoup à nos clients – ou aux pistaches californiennes qui ont une jolie teinte verte mais pas de goût car elles sont cultivées de façon intensive, les pistaches iraniennes présentent un rapport qualité-prix-goût-couleur optimal.

Ce genre de choses, on ne l'apprend qu'en plongeant au cœur des sujets. Or ce sont des connaissances fondamentales pour moi. D'abord du point de vue gustatif, car on ne peut pas prétendre à la haute pâtisserie sans rechercher les meilleurs produits. Mais c'est également crucial sur le plan économique et commercial, puisqu'en l'occurrence, nous utilisons plus de deux mille cinq cents kilos de pistaches par an !

Aventures & cacao

Mes plus grandes aventures d'explorateur de saveurs, c'est incontestablement au chocolat que je les dois. Il est l'un des ingrédients majeurs de la pâtisserie au même titre que le beurre, le sucre, le sel, le lait, la vanille, l'amande, la farine, l'œuf, la crème, etc. Utilisé dans la pâtisserie depuis toujours, il constitue l'un des piliers de mon travail sur le goût depuis près de quarante ans. Il m'a emmené très loin, et j'essaie de le lui rendre de la meilleure façon possible.

En m'intéressant de près à la précieuse fève de cacao, j'ai découvert un monde magique d'arômes où l'influence de la terre, des modes de culture, du climat, offrent au chocolat des variations aussi subtiles que celles que l'on trouve dans le vin. Il y a d'ailleurs trois principaux « cépages » (ou variétés) de cacao : le forastero (le plus cultivé), le trinitario et le criollo (le plus rare).

Je partais de si loin qu'au début de ma carrière, ce fut une divine surprise de constater que le chocolat pouvait être aussi bon ! Je découvrais des saveurs aux antipodes de mes premiers souvenirs chocolatés qui, s'ils étaient gourmands, n'avaient rien de commun avec le cacao tel que je l'aime aujourd'hui. Petit garçon, je me régalais des moulages que confectionnait mon père : ses lapins de Pâques ou ses saint-Nicolas de l'Avent faisaient mon bonheur et j'aimais par-dessus tout manger les coulures de chocolat au lait qui restaient collées aux plaques après le démoulage.

Plus tard, lors de mon apprentissage chez Lenôtre, nous travaillions avec du chocolat Lindt ou Cacao Barry, des marques qui mettaient au point des assemblages spéciaux pour la maison. Aujourd'hui, on les trouverait très moyens car au même titre que la qualité de beaucoup de produits, celle du chocolat a considérablement évolué depuis trente ans, à la faveur de producteurs, de sourceurs et d'artisans exigeants.

À ce propos, ce n'est pas dans une forêt tropicale qu'eut lieu ma première rencontre avec le cacao, mais à Tain-l'Hermitage, un terroir plus connu pour la vigne que pour le chocolat ! C'est là qu'est implantée depuis cent ans la maison Valrhona, qui maîtrise toute la filière du cacao, du sourcing à la commercialisation. En 1984, alors que je travaillais chez François Clerc (aujourd'hui devenu Saint-Clair), j'avais été invité avec mon chef à visiter cette manufacture, afin de mieux connaître les processus de transformation des fèves en tablettes et autres « couvertures » (le chocolat dit « de couverture », plus raffiné et plus fluide car riche en beurre de cacao, est très utilisé par les pâtissiers). À la première seconde de la dégustation, mon rapport au chocolat a changé définitivement.

Valrhona ne réalisait que des chocolats d'assemblage à l'époque, qui titraient 60 à 64 % de cacao maximum (ils ne créeraient que deux ans plus tard le Guanaja, le chocolat le plus amer du monde à l'époque avec 70 % de cacao, qui allait révolutionner le monde de la pâtisserie). Mais par rapport à tous ceux que j'avais goûtés auparavant qui, du coup, me paraissaient bien rustiques, leurs chocolats me révélaient des saveurs subtiles, fortes, lumineuses.

En demandant pourquoi les chocolats étaient toujours constitués d'assemblage de fèves de différentes provenances (Trinité, République dominicaine, Jamaïque, Madagascar, Ghana, Côte d'Ivoire...), j'ai appris que, d'une part, cela permettait de créer des goûts relativement consensuels. Et que d'autre part, cela garantissait une qualité gustative constante : le cacao étant une matière première agricole, son goût varie à chaque récolte en fonction des aléas météorologiques, des conditions de culture, etc. Aussi, lorsqu'une cueillette s'avère faible ou mauvaise, celle d'une autre provenance, à condition d'avoir le même profil aromatique, peut compenser.

Cette vulnérabilité du cacao aux infortunes climatiques m'a beaucoup impressionné. J'étais fasciné par le fait que la nature dicte sa loi au chocolat. En revanche, j'étais moins emballé par la recherche d'un goût consensuel, trop lisse à mes yeux. Aussi me suis je tourné, au début des années quatre-vingt-dix, vers François Pralus. Ce grand maître chocolatier avait entrepris un travail révolutionnaire : à partir des fèves qu'il dénichait dans le monde entier, il donnait naissance à des chocolats purs crus qu'il « poussait » jusqu'à 75 % de cacao. J'étais en extase en goûtant à ces chocolats qui révélaient chacun une puissante personnalité. Notes d'épices pour le São Tomé, de banane pour le Java... Ces dégustations me guidaient vers une évidence : je ne ferais plus des gâteaux « au chocolat », mais des gâteaux différents qui sublimeraient à leur façon chaque origine de chocolat !

J'ai commencé ce travail chez Ladurée avec le gâteau Chuao, dans lequel j'avais marié le cassis au cacao grand cru de Chuao, un criollo aux arômes boisés et fruités et je n'ai plus jamais arrêté depuis. Cela ne signifie pas que je n'apprécie pas les assemblages, bien au contraire, s'ils sont bons, je suis le premier à les utiliser. La preuve : quand Valrhona a lancé Jivara en 1993, mariant des fèves d'Équateur et du Ghana, ce chocolat au lait intense m'a inspiré La Cerise sur le gâteau puis son descendant Plaisir sucré, qui font partie de mes pâtisseries signatures.

En fait, le chocolat, je le range dans deux cases dans ma tête : le chocolat au lait, qui relève de la gourmandise pure, notamment mélangé aux noisettes avec qui il forme une association parfaite. Et le chocolat noir, dont les multiples facettes aromatiques invitent, comme le vin, aux plaisirs de la dégustation. Si j'avais composé mon goût de vanille, c'est parce qu'aucune d'entre elles, prise individuellement, ne me donnait entière satisfaction. Avec le chocolat, c'est exactement l'inverse : il propose des typicités plus passionnantes les unes que les autres et ce sont justement ces différences que je cherche à mettre en valeur.

Je m'y emploie depuis trente-cinq ans, souvent en collaboration avec Valrhona et mes interlocuteurs successifs dans cette entreprise. Cette maison a développé les pures origines à son tour, affinant considérablement cette démarche au fil des découvertes de ses sourceurs.

Très vite, on n'a plus seulement parlé de « pure origine Venezuela » – ce qui équivaudrait à dire « vin de France » – mais on a commencé à mettre en avant les plantations, comme on le fait pour les domaines viticoles. Un œnophile ne se contente pas de parler d'un vosne-romanée car chaque vin de cette appellation a ses propres caractéristiques, c'est pourquoi il précise : vosne-romanée / le Clos Goillotte (la parcelle) / Prieuré-Roch (le domaine) / 2006 (le millésime). C'est un peu la même chose pour le chocolat : je me plais à en souligner l'origine (Brésil) / la région (littoral sud de l'État de Bahia) et la plantation (Païneiras), par exemple.

Je cite Païneiras car c'est un chocolat avec lequel je travaille énormément (pour des gâteaux, des macarons et pour une tablette pure origine), mais je pourrais aussi évoquer une cuvée du Pérou, produite par la communauté agricole Asprobo dans la province de Morropón : je l'aimais beaucoup jusqu'à ce que la qualité des fèves baisse drastiquement. Il y a aussi la plantation Millot, à Andzavibe, au nord de Madagascar, où est produit le cacao manjari, subtilement acidulé, que j'utilise en ganache et dans plusieurs produits. Ou encore une pure origine Mexique, un chocolat à 64 % de cacao, mélange de fèves issues de plusieurs haciendas, avec lequel nous confectionnons les enrobages des bonbons de chocolat car il présente un bon compromis entre le parfum, la puissance et l'amertume. Ne possédant pas un caractère trop affirmé, il laisse s'exprimer le praliné ou la ganache qu'il enrobe, tout en ayant une certaine présence.

On m'a parfois demandé pourquoi je ne fabriquais pas mon propre chocolat. La réponse est évidente : ce n'est tout simplement pas mon métier ! Je ne sais pas établir la relation entre des fèves de cacao et le goût qu'aura le chocolat une fois qu'elles auront été fermentées, séchées, torréfiées, concassées, mélangées, conchées, etc. Le travail de *bean to bar* (« de la fève à la tablette ») nécessite des savoir-faire bien précis, du sourcing à la torréfaction, que je ne maîtrise pas, mais que des maisons comme Valrhona, Pralus, Marcolini, Bernachon ou Ducasse réalisent à la perfection, tout en gardant des façons de faire artisanales : ainsi, ils torréfient les fèves avant de les concasser, contrairement à des marques moins sourcilleuses qui concassent avant et torréfient en continu, ce qui altère le goût.

Autre raison pour laquelle je n'ai jamais envisagé de produire notre chocolat en mode *bean to bar* : nous en écoulons plus de cent vingt tonnes par an, c'est énorme ! D'ailleurs, Valrhona est l'un de nos plus gros fournisseurs, toutes catégories confondues. Le mot « partenaire » serait plus adapté, car depuis les années quatre-vingt-dix, nous travaillons en bonne intelligence et échangeons constamment. En fonction des fèves dont ils disposent, j'adapte ma fabrication de gâteaux ou de bonbons de chocolat. En retour, lorsque j'ai des demandes particulières, ils sont toujours à l'écoute.

Cette étroite collaboration a commencé au tournant des années quatre-vingt-dix/deux mille. Je les harcelais sans cesse en leur demandant des assemblages précis, des pures origines pour tel ou tel usage. Ils ont fini par confectionner des cuvées particulières pour moi. La première, ce fut un chuao magnifique. J'ai pris la confiance, comme disent les jeunes, car dans la foulée, j'ai osé demander l'inaccessible : du porcelana. Ce criollo, originaire du Venezuela, se distingue par ses fèves blanches, sa divine douceur et une grande fragilité. À l'époque, la variété se raréfiait dangereusement. Or, j'avais entendu dire que Valrhona s'était associé à un Allemand qui dirigeait une ferme expérimentale aux fins fonds de la forêt tropicale pour soutenir la production de porcelana.

« Ce n'est pas faux, me suis-je entendu dire, mais la production est si minuscule que nous ne la vendons pas aux professionnels. » Vous commencez à me connaître, je suis tenace. Alors j'ai finalement réussi à en obtenir quelques plaques. Je me souviens qu'elles étaient en forme de fleurs. Mieux : quelques années plus tard, en 2008, je me suis rendu sur place, avec mes interlocuteurs d'alors de chez Valrhona.

Ce fut mon premier voyage aux sources du cacao et l'expérience s'est avérée folle à tous points de vue. Le Venezuela détenant le record mondial du taux de criminalité, nous étions constamment entourés de gardes du corps lourdement équipés, ce qui n'avait rien de rassurant. Mais ma passion pour le cacao avait été plus forte que les avertissements contre les groupes armés illégaux, les gangs de la drogue et les risques d'enlèvement. Avec le recul, je me dis que nous étions complètement inconscients, mais je ne regrette pas d'avoir bravé les dangers, car ce voyage a été extraordinaire. Nous avons visité cette fameuse plantation Pedregal, qui s'escrimait à préserver coûte que coûte la pureté de la variété porcelana. Les cultivateurs de cette ferme se livraient à un travail de titan : ils se glissaient dans l'ombre des sous-bois pour réaliser la fécondation des fleurs des cacaoyers à la main. L'objectif étant d'éviter que les plants de porcelana ne se croisent avec d'autres variétés, comme les cacaoyers ont tendance à le faire spontanément dans la nature. Les fèves qui découlaient de ces cultures complexes donnaient un chocolat comme je n'en avais jamais goûté de ma vie : tout en délicatesse, en douceur, en nuances aromatiques, avec une amertume d'une grande finesse. Un éblouissement ! Hélas, Valrhona n'a pas pu en proposer longtemps, car quelque temps plus tard, l'État vénézuélien a confisqué la plantation, qui est restée à l'abandon depuis. Triste et lamentable gâchis d'un trésor botanique...

Lors de ce voyage au Venezuela, toujours entourés de nos bodyguards, nous avons poussé jusqu'à Chuao, sur la côte nord du pays. Destination mythique du cacao, ce joli petit village est en réalité une coopérative agricole dirigée par un chef élu tous les quatre ans. Les habitants y vivent de la culture du cacao depuis le XVIIe siècle. Pour l'atteindre, il faut impérativement passer par la mer, car aucune route n'y mène. Nous voilà donc entassés dans des barques orange à moteur, qui peinaient sous le poids de nos gorilles en armes... et du mien ! On a débarqué sur une plage paradisiaque, bordée de cocotiers et entourée de montagnes couvertes de végétation. Écrasés par la chaleur humide, nous avons traversé une forêt sombre et dense où poussent les cacaoyers, bien à l'abri sous les bananiers. Puis nous avons débouché sur la place du village, où trône une église blanc et bleu, entourée de maisons aux couleurs vives. Sur le parvis immaculé séchaient des couches de fèves de cacao disposées en couches circulaires. L'ensemble m'a donné une impression paradisiaque. C'était d'une beauté incroyable. Avec mes compagnons de voyage, nous avons rencontré les gens de la coopérative, des cueilleurs, des responsables, des femmes préposées au séchage des fèves. Là, j'ai sorti un petit paquet isotherme de mon sac à dos : comme je transformais leur cacao depuis des années en gâteaux et autres douceurs, j'avais tenu à apporter de Paris des bonbons de chocolat, en l'occurrence des ganaches nature et d'autres au cassis, pour les faire goûter aux producteurs de chuao. Tout fier de moi, je m'étais fait un film, les imaginant s'émerveiller sur mes chocolats. Mais ce n'est pas du tout ce qui est arrivé...

« *Gracias* », ont murmuré les cueilleurs du bout des lèvres, avant de me tourner le dos pour repartir travailler. Ils n'en avaient rien à faire de mes bonbons, c'était irréel !

Les femmes, elles, riaient sous cape en me regardant. Je devais avoir l'air bien penaud avec mes chocolats dont personne ne voulait se resservir et qui fondaient à vue d'œil.

« Vous n'aimez pas ? ai-je demandé au chef.

– Si, si, c'est bon, m'a-t-il répondu, mais nous, on ne déguste pas le cacao de cette façon ».

Et toc, dans ma face ! Sonné devant ce manque d'engouement, déçu mais pas vaincu, j'ai voulu en savoir plus.

« En fait, nous goûtons le cacao cru, concassé et décanté dans de l'eau, m'a expliqué le responsable, avouant que ce que j'avais fait de leurs fèves leur semblait pour le moins étrange.

– Ah d'accord », ai-je bafouillé.

J'ai pris ce jour-là une bonne leçon d'humilité mais pas seulement : cela m'a fait prendre conscience de l'importance de la culture du goût. Leur façon de préparer et d'apprécier le chocolat n'avait donc rien à voir avec la mienne, et c'était bien ainsi.

Je me suis rattrapé quelques années plus tard, en allant visiter la plantation Païneiras au Brésil, près d'Iléus, dans l'État de Bahia. Encore un voyage que je faisais avec une équipe de chez Valrhona, car à ce moment-là, en 2013, je mettais au point avec eux mes tablettes pures origines et je recherchais des crus spécifiques. Nous étions logés sur la côte, à Itacaré, mais la plantation se trouvait dans les terres, à Ibirapitanga. Elle appartenait et appartient encore à une riche famille brésilienne qui possède de multiples propriétés de cacao dans le pays. Rien à voir avec Chuao, puisqu'il s'agissait ici d'un immense écosystème où les travailleurs agricoles vivaient avec leurs enfants, scolarisés sur place. Heureusement que j'avais apporté des kilos de chocolats, car cette fois, tout le monde les a adorés ! L'honneur était sauf… J'ai le souvenir d'une journée joyeuse. Les petits m'ont aidé à planter mon cacaoyer, il paraît qu'il a bien poussé et qu'il produit de belles cabosses. J'y pense souvent, notamment quand je croque un carré de ce chocolat que nous importons à hauteur de huit ou dix tonnes par an et que nous travaillons en tablettes et en macarons.

D'autres explorations en terres de cacao m'attendent. Cela fait trois ans que je repousse, en raison de la crise sanitaire, une visite au Belize. Et je dois également me rendre en Équateur, où l'un de mes amis, Pierre-Yves Comte, a acheté une plantation : l'hacienda Eleonor. Passionné de gastronomie et de cacao, comme moi, il m'en a fait part lors d'un déjeuner du fameux Club des Cent, dont nous sommes tous les deux membres.

« Cela te dirait que nous produisions du chocolat ensemble ? me dit-il.

– Quelle question ! Bien sûr que cela m'intéresse ! » lui ai-je répondu dans un élan de joie presque enfantine.

L'idée que, de notre relation amicale, naisse un produit aussi magique que du chocolat, me paraissait tout simplement extraordinaire. Même s'il y a quelques étapes à franchir avant de fabriquer nos premières tablettes. En effet, pour qu'un cacao soit produit dans des conditions éthiques et biologiques conformes à notre cahier des charges, il faut en passer par des contingences botaniques, bactériologiques, chimiques, etc., qui dépassent les confins de mon métier. J'ai donc mis Valrhona dans la boucle, ce qui, pour une manufacture de ce niveau, a constitué une première. Habituellement, leurs spécialistes identifient eux-mêmes les plantations avec lesquelles ils souhaitent travailler, or là, c'est moi qui leur propose une exploitation, ce qui complique leurs procédures. Mais au regard de nos longues relations et surtout de la qualité des fèves de l'hacienda Eleonor, située sur l'une des zones originelles du cacaoyer, ils ont accepté.

Les critères de qualité de Valrhona s'ajoutent aux normes européennes qui nous permettront d'importer le cacao : autant d'obstacles que nous surmontons un à un. Le plus complexe concerne le taux de cadmium. Il s'agit d'un métal lourd, proche du zinc, dont des particules peuvent être présentes dans les terres volcaniques comme celles de l'Équateur. Cette question du taux de cadmium « acceptable » est un sujet de discorde depuis longtemps entre les pays producteurs de cacao d'Amérique latine et d'Afrique : les premiers soupçonnent les seconds d'avoir fait du lobbying auprès de l'Union européenne pour qu'elle impose des normes strictes, censées favoriser les cacaos africains. Quoi qu'il en soit, pour des questions de santé et de qualité, il nous appartient de respecter strictement les réglementations. Les experts de Valrhona ont aidé mon ami à quadriller sa plantation pour identifier les parcelles où le taux cadmium était plus bas.

Voir sortir de terre ce cacao, produit main dans la main avec Pierre-Yves Comte et Valrhona, est une grande émotion qui vaut bien quelques années de patience. Maintenant, il m'appartient de mettre son goût en valeur de la meilleure façon possible, en plaçant le curseur au bon endroit en termes de sucre et de consistance.

Je n'en aurai jamais fini avec le chocolat, qui est l'une de mes plus grandes passions. Au-delà de ses nuances aromatiques, il possède des propriétés physiques étonnantes, de fonte, de durcissement. C'est une matière complexe, fascinante, vivante, qu'il convient de deviner, d'apprivoiser pour la traiter à la hauteur de son rang. Le chocolat, il faut le regarder dans les yeux.

2020

LA MAMOUNIA

(1)

PIERRE HERMÉ

CORNE DE GAZELLE LA MAMOUNIA

72, rue Bonaparte Paris 6e

- Pâte d'amande à la fleur d'oranger
- compote d'oranges
- Crème à l'amande grillée
- croustillant à l'Amlou
-

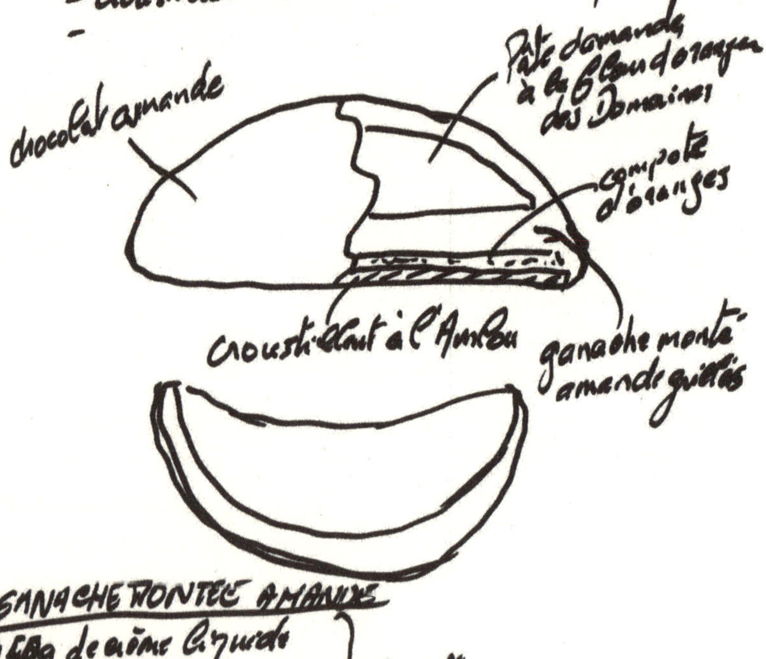

GANACHE MONTÉE AMANDE

450 g de crème liquide
20 g glucose
20 g trimoline
650 g inspiration amande
1,2 kg de crème liquide montée

la veille

10.06.2020

Chapitre 9

PASSIONS

Palais & Baratin

J'ai toujours aimé manger. Cela se voit, d'ailleurs, et je reviendrai sur ce sujet « de poids » ! Les journalistes, lors des interviews, me demandent tout le temps quels sont ma saveur ou mon plat préférés. Ce sont des questions auxquelles je ne peux littéralement pas répondre. Je suis trop curieux, mon palais est trop avide de goûts nouveaux pour n'en retenir qu'un. Et comme par principe, rien n'est jamais figé dans mon esprit, je ne peux pas avoir de saveur préférée. Celle qui m'intéresse le plus, c'est la prochaine !

De même que je n'ai pas de gâteau favori parmi tous ceux que j'ai créés, même si en mangeant un Ispahan ou une tarte Infiniment vanille, je me dis parfois : « Pétard, que c'est bon ! » Là encore, celui qui m'intéresse, c'est le prochain.

Idem pour mon repas « idéal » : il y a tellement de possibilités que, par définition, il n'existe pas.

Cela étant posé, je peux évoquer les plus grandes surprises de ma vie en termes de goût. Contrairement à ce que l'on pourrait penser, elles relèvent surtout du domaine salé, exception faite de ces deux merveilles :

– le gâteau Saint-Ève que confectionnait Bernard Puget à Saint-Claude (Jura), un pâtissier membre de Relais & Desserts. Cette dacquoise réalisée à la perfection, garnie d'une crème au beurre pralinée d'anthologie et de morceaux de nougatine d'une rare finesse, m'a laissé un souvenir impérissable. Hélas, cette maison a fermé et Bernard a pris une retraite bien méritée depuis une dizaine d'années ;
– le dessert à la truffe blanche créé par Kirk Whittle, le pâtissier d'Hélène Darroze : à base d'un biscuit à la vapeur, de crème mascarpone, d'amandes et de truffe d'Alba fraîche dont le goût puissant est savamment maîtrisé, cette composition qui fait, en plus, alterner le froid et le chaud, me rend fou. J'ai toujours dit à Kirk et à Hélène que j'aurais aimé l'inventer. Je persiste et signe !

Du plus loin que je m'en souvienne, la gastronomie m'a irrésistiblement attiré. Mes premiers salaires, j'en dépensais une grande partie dans les bons restaurants. Les chefs m'ont toujours étonné, bluffé, inspiré, et j'ai noué des relations amicales avec beaucoup d'entre eux. Je pourrais d'ailleurs égrener mille souvenirs de table, qui sont autant de rencontres.

Ainsi, lorsque j'ai découvert, au début des années quatre-vingt-dix, la cuisine d'Alain Ducasse au Louis XV, à Monaco, j'ai pris une vraie claque. Je connaissais Alain depuis longtemps, car il était stagiaire au poste entremets chez Lenôtre, lorsque j'y travaillais en 1976. Mais c'est mon ex-épouse Frederick qui m'a vraiment fait connaître son travail. Elle avait rencontré Alain en 1982 ou 1983, alors qu'il était le chef du Juana, à Juan-les-Pins. À l'âge de vingt-huit ans, ce brillant jeune homme avait décroché deux étoiles au guide Michelin, ce qui était une première pour un restaurant d'hôtel.

Passionnée par sa vision de la cuisine, Frederick avait mangé à la table d'Alain Ducasse à de multiples reprises et entamé avec lui un dialogue amical et gourmand. Lorsqu'il fut hospitalisé pendant un an à la suite d'un accident d'avion dont il était le seul survivant, elle lui rendait visite très régulièrement. Elle lui apportait à manger et ils discutaient pendant des heures de cuisine, de produits, de recettes du monde entier... De leurs fructueux échanges culinaires, Frederick a d'ailleurs tiré plus tard un livre, *La Cuisinière du cuisinier* (Belin, 1995, réédité aux Éditions Alain Ducasse en 2011). Un ouvrage culte pour beaucoup de gourmets, dont je fais partie. Je continue de m'en servir régulièrement, notamment pour la remarquable recette du tajine aux abricots qu'Alain Ducasse aime beaucoup. La première fois que j'ai mangé la cuisine de ce dernier, c'était donc avec Frederick, à Monte-Carlo, dans la salle imposante du Louis XV, où le chef avait décroché trois macarons Michelin en moins de trois ans. Je me souviens avoir été très ému par une sole cuite en feuilles de figuier, et des cèpes en feuilles de châtaignier.

Par la suite, je retournai régulièrement déguster sa cuisine car Alain Ducasse proposait une approche très nouvelle de la haute gastronomie. Il réalisait des plats novateurs avec des produits rustiques, tout en sublimant le terroir méditerranéen. Chez lui, même s'ils se mariaient parfois, les légumes racines primaient sur la truffe noire et les tripettes de stockfish, modeste mets de pêcheurs, se faisaient une place dans les assiettes de palace. À la fois ovni et visionnaire, Alain Ducasse osait tout, en visant l'excellence. Ce qui lui a plutôt réussi !

Dans un registre plus classique en termes de luxe, je me souviens du chausson aux truffes de L'Ambroisie, à Paris, chez Bernard Pacaud. Ce plat hors normes, d'une pureté absolue, je l'associerai toujours à la personne qui me l'a fait découvrir : Roxane Debuisson, une dame incroyable, aussi excentrique que fortunée. Elle qualifiait le fameux chausson de huitième merveille du monde. Elle n'avait pas tout à fait tort. Amie du photographe Robert Doisneau, collectionneuse d'enseignes de boutiques dont elle avait rempli son appartement-musée du boulevard Henri-IV, Roxane Debuisson était follement amoureuse de Paris, de son art de vivre et de sa gastronomie.

Elle déjeunait chaque jour dans un grand restaurant, invitant à sa table un professionnel de la cuisine ou de la pâtisserie, afin de partager avec de vrais amateurs les plats les plus fins et les meilleurs flacons. Elle-même ne buvait que du champagne Dom Ruinart, et ne se déplaçait qu'en Rolls Royce Phantom bleu nuit. Au-delà de l'aspect romanesque de sa personnalité, elle avait un palais redoutable et une profonde connaissance des arts culinaires. Elle organisait régulièrement chez elle ce qu'elle appelait le « casse-croûte des chefs », où chacun apportait sa spécialité. Vouant un amour sincère aux desserts, elle me conviait avec quelques confrères à ses goûters de pâtissiers. Elle a beaucoup fait pour nos métiers, notamment en développant la fraternité entre les cuisiniers et entre les pâtissiers. Considérée à juste titre comme la marraine des chefs, cette grande dame aimait les plats emblématiques de la gastronomie française, comme le lièvre à la royale.

Ce monument du répertoire culinaire, j'ai eu la chance de le déguster à plusieurs reprises, mais je suis encore bouleversé quand je repense à celui de Joël Robuchon ou de Frédéric Anton. Même sentiment lorsque me reviennent en tête l'ambroisie de pigeon de Marc Meneau à L'Espérance (Vézelay), les fleurs de courgettes farcies de Jacques Maximin au Negresco (Nice), ou les petites queues de lotte au rhum de Paul Minchelli au 21 (Paris).

Plus récemment, j'ai dégusté un remarquable menu aux truffes au Grand Restaurant de Jean-François Piège (Paris), l'un de nos chefs les plus brillants, avec qui je partage la passion du vin.

Dans la liste des grands chefs qui m'ont ému et impressionné, je place également très haut Anne-Sophie Pic (Maison Pic, Valence), Martin Berasategui (San Sebastián, Espagne), Éric Ripert au Bernardin (New York, États-Unis), Tetsuya Wakuda (Tetsuya's Restaurant, Sydney, Australie et Singapour) ou encore feu Philippe Rochat (qui avait succédé à l'immense Frédy Girardet au restaurant de l'Hôtel de ville à Crissier, en Suisse), chez qui j'ai fait des repas extraordinaires.

Mais Hélène Darroze (Marsan, Paris) occupe une place à part dans mon cœur. Je l'ai rencontrée lorsqu'elle était l'assistante d'Alain Ducasse à Monaco, au début des années quatre-vingt-dix. Par la suite, lorsqu'elle a créé son restaurant à Paris, rue d'Assas, j'allais souvent déjeuner chez elle et nous sommes devenus très amis. J'aime beaucoup sa cuisine, qui ressemble à la femme qu'elle est, tout en générosité. Dans ses plats, les goûts sont puissants mais toujours précis. J'ai une affection toute particulière pour son tartare d'huître au velouté de haricots maïs du Béarn et au caviar, qui incarne pour moi le summum de la cuisine terre-mer, un équilibre idéal entre profondeur et fraîcheur.

Je suis aussi très proche de Bruno Verjus, dont le parcours est incroyable. Après des études de médecine, il est devenu chef d'entreprise, mais son éternelle passion pour la gastronomie l'a rattrapé... et nous a rapprochés. Nous nous sommes rencontrés en 1992, et n'avons jamais cessé de parcourir ensemble des centaines de restaurants, où nous avons goûté des milliers de plats et de vins. Cuisinier hors normes complètement autodidacte, véritable penseur de la nourriture contemporaine, Bruno est passé par le journalisme et l'écriture avant d'ouvrir son restaurant, Table (Paris) où il sublime des produits d'exception, qu'il connaît mieux que personne. J'aime sa philosophie, qui consiste à les cuisiner avec le plus grand respect, et qui lui a valu deux étoiles au guide Michelin. Une récompense bien méritée, au regard de ses plats justes et fulgurants. Je pense à son assiette de légumes, d'une simplicité biblique, à son homard « presque vivant » servi cru ou à sa tarte au chocolat et au caviar avec une pointe de câpres, dans laquelle l'oscietre apporte la touche saline idéale au chocolat. Un dessert que j'aurais aimé créer !

Parmi mes plus grands chocs gastronomiques, beaucoup ont eu lieu à l'étranger et concernent une cuisine plus contemporaine, parfois moléculaire.

Il y eut elBulli, bien sûr, le restaurant de Ferran Adrià, dont j'ai déjà parlé.

Depuis que cette table inoubliable a fermé, j'aime aller au Celler de Can Roca, à Gérone (Espagne) : le chef Joan, le sommelier Josep et le pâtissier Jordi sont en quelque sorte les « petits frères » de création de Ferran et Albert Adrià.

Je garde un souvenir ébouriffant de dîners chez Heston Blumenthal (The Fat Duck, Brey, Royaume-Uni), dont les plats me retournaient le cerveau tant ils étaient fous et inattendus. J'ai également fait des découvertes passionnantes chez Denis Martin (Vevey, Suisse), Andoni Luis Aduriz (Mugaritz, San Sebastián, Espagne), Quique da Costa (Valence, Espagne), René Redzepi (Noma) ou Rasmus Kofoed (Geranium) à Copenhague (Danemark). Et évidemment chez mon ami de longue date, le génial et bouillonnant chef Paul Pairet, concepteur du restaurant Ultra-Violet (Shanghai, Chine). Il y propose une construction intellectuelle entre le scénario et le repas, en totale immersion sensorielle, dans un endroit secret dont on ignore jusqu'à la localisation. C'est une expérience inouïe !

Certains chefs m'ont marqué et/ou inspiré d'une autre façon. C'est le cas d'Alain Passard, avec qui mes relations se sont considérablement améliorées depuis nos débuts fracassants à Bruxelles ! Son approche du monde végétal m'a donné envie de travailler certains légumes en pâtisserie. La subtilité, la fraîcheur, la délicatesse de ses plats autour des petits pois ou des carottes qui, sous ses mains, se transforment en véritables « bonbons », m'ont donné envie de travailler ces bijoux du potager en version sucrée. C'est ainsi que mon macaron aux petits pois et à la menthe, puis un autre à la carotte, à l'orange et à la cannelle, ont vu le jour.

Autre révélation : la cuisine d'Emmanuel Renaut au Flocon de sel, à Megève. Quand j'ai découvert ce restaurant, j'étais en vacances là-bas. Son talent et sa créativité m'ont tellement impressionné que j'ai fait des pieds et des mains pour y retourner trois fois dans la semaine ! Certains de ses plats m'ont influencé très directement. Ainsi, après avoir goûté son financier aux noisettes et aux asperges, j'ai créé dans la foulée un macaron à l'asperge et à l'huile de noisette, tant ce mélange de saveurs m'avait semblé couler de source.

Il y a aussi les restaurants en dehors des sentiers purement gastronomiques, mais où l'on mange divinement bien et où l'on retourne pour le plaisir. Parmi eux, je citerais Fogon Ultramarinos du chef Alberto Herrais (Paris), chez qui j'ai découvert la vraie paella ; Elkano à Getaria (Pays basque), face au musée Balenciaga, un restaurant qui sublime les produits de la mer. J'y ai dégusté des crevettes incroyables et un incomparable turbot cuit au gril et arrosé d'une sauce au vinaigre blanc.

Et puis, il y a le Baratin.

L'unique, le merveilleux Baratin, mon restaurant préféré à Paris. J'y vais au moins dix fois par an depuis 1997. Je l'ai découvert par hasard : j'avais rendez-vous avec un copain dans le bistrot qu'il tenait dans une petite rue du 20e arrondissement. Lorsque je suis arrivé, il n'était pas là. Le barman me dit alors : « Vous le trouverez au Baratin, à la porte d'à côté, c'est son annexe ! » Raquel Carena avait ouvert ce restaurant deux ans plus tôt. Elle est toujours derrière les fourneaux, tandis que Philippe, son compagnon, s'occupe de la salle et du vin avec passion.

J'ai tout de suite adoré cet endroit et surtout cette cuisine basée sur le produit, réalisée par une cheffe complètement autodidacte. Raquel a lancé une carte du marché avant tout le monde, elle a inspiré des dizaines de jeunes chefs. Inaki Aizpitarte avait d'ailleurs passé six mois avec elle en cuisine avant d'ouvrir le Chateaubriand, dont le succès ne se dément pas depuis vingt ans. Quand Raquel sait que je viens, elle me prépare les meilleures tripes à la catalane que je connaisse, mais aussi de la cervelle d'agneau, du ris de veau, du turbot...

J'ai organisé mon dîner de mariage avec Barbara, ma troisième épouse, au Baratin. J'y ai aussi fêté mes cinquante ans, de manière assez malicieuse. Comme je ne voulais pas que l'on m'organise une fête surprise, j'avais invité mes meilleurs amis à dîner chez moi ce lundi-là. Alors qu'ils étaient tous en route vers mon appartement, je leur ai envoyé un message en leur disant que, n'ayant pas eu le temps de cuisiner, je les attendais finalement au 3, rue Jouye-Rouve, dans le 20e. Les plus gourmets d'entre eux ont compris qu'il s'agissait du Baratin, mais étaient intrigués car le restaurant était censé être fermé le lundi. Ils ne pouvaient pas deviner que je l'avais privatisé et que c'est moi qui leur faisais une fête surprise ! Ce fut une soirée mémorable, comme tant d'autres au Baratin. J'aime tellement cet endroit que je l'ai fait découvrir à plein de gens, y compris à des ministres en exercice qui demandaient à leur chauffeur si l'adresse, dans cette modeste ruelle de l'est parisien, était bien la bonne. J'y suis souvent allé avec

Ferran Adrià ou avec Jean-Pierre Coffe. À l'époque où j'étais chez Fauchon, ce dernier critiquait beaucoup la maison. Je l'avais invité à venir voir comment je travaillais et après nos nombreux échanges sur le thème du goût, nous étions devenus « copains de restos ». Lors de nos dîners, toujours autour de tables canailles, nous ne parlions que de produits et de cuisine.

Barigoule & casseroles

Je n'ai jamais appris à cuisiner, au sens strict du terme. Mais j'ai toujours aimé cela. Passionné par tout ce qui se mange, je le suis également par les produits, les techniques et ustensiles culinaires... J'adore faire les courses, le marché, et si vous voulez me perdre, emmenez-moi fouiner dans les rayons alimentaires des grands magasins japonais ; je peux y passer des heures !

À la maison, c'est moi qui fais à manger au quotidien, avec mon « petit commis », une certaine Valérie ! Mon épouse cuisine très bien, elle fait notamment un excellent veau aux olives (recette page 239), mais ce n'est pas sa passion et j'avoue que je préempte les casseroles d'autorité. Nous ne mangeons que des bons produits, pas forcément luxueux, mais authentiques, bien élevés, biologiques de préférence. Lorsque je rentre à la maison, si nous ne sortons pas, je me mets aux fourneaux pour préparer des spaghettis à la bolognaise d'après la recette de Vincent Ferniot (recette page 241), avec de la viande de veau et du talon de jambon corse ; des endives caramélisées à l'orange et au citron avec des œufs à la coque ; des artichauts barigoule, suivis d'une côte de bœuf avec de la purée de pommes de terre. J'aime aussi confectionner des quiches au crabe, ou au jambon et au comté (recette page 242). Évidemment, je suis adepte des plats traditionnels comme la blanquette ou le pot-au-feu, que je cuis à la cocotte-minute, selon les recettes du livre de mon ex-épouse Frederick, qui ont fait leurs preuves. Et puis, j'ai mes petits rituels : au printemps, je cuisine toujours du risotto aux asperges et aux petits pois tandis qu'en hiver, j'en mitonne un à la truffe blanche et un autre à la truffe noire.

Côté desserts, je m'interdis d'en faire à la maison, d'une manière générale. Je suis amené à goûter tellement de gâteaux dans le cadre de mon métier que j'évite d'en réaliser chez nous, sinon je les mange ! Lorsque j'ai envie d'un dessert pour Valérie et moi, j'opte plutôt pour une salade de fruits. Il existe des exceptions à cette règle, naturellement. On est – on naît ? – pâtissier ou on ne l'est pas... Ainsi, pendant le confinement, j'ai cuisiné des sablés au chocolat avec mes filleules Lily et Jill (recette page 244), lors de cessions en live sur Instagram. Et pour l'anniversaire de leur maman, mon amie Caroline Rostang-Lévy-Waitz, je confectionne toujours une tarte aux pêches (recette page 245) car l'événement tombe pendant nos vacances communes en Corse, au mois d'août. Cette tarte n'est autre que celle de Lenôtre : une bonne pâte brisée, de la crème d'amandes et des pêches mûres à point. Il peut aussi m'arriver de faire un cake au citron (recette page 248), des crêpes (page 250) ou le fameux gâteau au chocolat de mon amie Suzy Palatin (recette page 251), que mes beaux-parents adorent. Il est très facile à faire et vraiment délicieux, à condition de le sous-cuire un peu.

Kilos & tranche de cake

Passion.

Gourmandise.

Curiosité dévorante.

Voilà les ingrédients d'un cocktail détonnant pour ma ligne, si tant est qu'elle ait jamais existé ! Quoique : croyez-le ou non mais lorsque je suis né, sans même être prématuré, je ne pesais que 1,8 kg. Mais le frêle nourrisson a vite laissé place à un petit garçon tout rond.

Du côté paternel de ma famille, tous les hommes étaient forts : mon père, mon grand-père, mon arrière-grand-père. Est-ce que ma mère, qui a toujours été très mince, cherchait à me préserver de cet embonpoint héréditaire ? Très certainement, car comme toutes les mamans, elle se préoccupait de ma santé.

Mais le fait de m'élever dans une boulangerie-pâtisserie n'arrangeait pas les choses de ce point de vue. J'ai toujours mangé beaucoup de gâteaux, surtout des tartes : aux quetsches, aux mirabelles, aux pommes, à la rhubarbe... Alors fatalement, je m'arrondissais. Aussi, lorsque ma mère me surprenait en train de mordre à belles dents dans un gâteau, elle me réprimandait vivement. Dès le plus jeune âge, elle m'a infligé des régimes assez stricts, ce qui a eu de lourdes conséquences sur mon comportement alimentaire. Pour le dire simplement, j'ai une relation catastrophique à la frustration ; je ne la supporte pas. Tout petit, j'ai été pris dans ce cercle vicieux : j'adorais manger, on m'en empêchait, donc je me cachais pour manger, ce qui m'incitait à manger davantage et plus vite, donc je grossissais, et on m'empêchait de manger, etc.

On sait aujourd'hui qu'il est délétère de mettre les enfants au régime, mais dans les années soixante, on ne raisonnait pas de cette façon et ma mère pensait évidemment bien faire. Mais le résultat, c'est que le poids a toujours été pour moi un problème à gérer… ou à ne pas gérer, justement ! Depuis ma plus tendre enfance, quand j'aime quelque chose, j'en dévore des quantités déraisonnables sans repérer mon seuil de satiété, que je dépasse allègrement. À ce rythme, les kilos se sont vite accumulés.

Lorsque j'étais petit, mon surpoids me rendait malheureux, car les enfants n'étant pas tendres entre eux, mes camarades ont pu parfois se moquer de moi à l'école.

Par la suite, mes kilos en trop ne m'ont pas gêné. Ni dans mon travail, ni dans ma vie personnelle. Jeune adulte, j'ai toujours fait comme s'ils n'existaient pas. Je savais m'en abstraire, même s'ils constituaient une gêne au quotidien.

Mais les années passant, une lutte permanente avec la balance s'est engagée. Lorsque j'étais marié avec Frederick, notre passion commune pour la gastronomie et la pâtisserie nous a entraînés dans une folle spirale. Après son premier livre de cuisine, elle en a écrit d'autres (dont *Délices d'initiés* ou *La Méditerranée d'Alain Ducasse*). À ce moment-là, elle travaillait à la maison où elle cuisinait beaucoup. Nous testions toutes ses recettes, plus délicieuses les unes que les autres. Elle me faisait découvrir des produits incroyables, et nous goûtions ensemble mes créations qu'elle critiquait avec justesse. Résultat : nous avons pris quarante kilos chacun. J'ai pesé jusqu'à cent soixante-douze kilos pour un mètre soixante-treize !

Un jour, j'ai dit stop. À cette surenchère de nourriture, et à notre mariage. Question de survie. J'ai moins mangé, je me suis mis à nager, à marcher et j'ai beaucoup maigri. Mais pour être honnête, le problème n'est pas réglé et ne le sera jamais car je suis piégé dans une configuration à double contrainte : d'un côté j'ai une forte propension à grossir, de l'autre je suis extrêmement gourmand. Cela ne m'a jamais empêché d'avancer, mais il est vrai que j'alterne périodes de régime et de reprise de poids. Cette tendance à trop manger n'est pas liée à ma passion du goût. Au fil du temps, j'ai compris qu'il s'agissait d'un autre mécanisme : trop de décalages horaires, de fatigue ou de contrariétés provoquent chez moi un besoin de compenser.

Naturellement, j'ai consulté tous les nutritionnistes de France et de Navarre, j'ai testé l'acupuncture, la luxopuncture, l'homéopathie et mille autres choses, mais le rythme et les dégustations que m'impose ma vie professionnelle ne sont pas compatibles avec une alimentation dite raisonnable. La preuve, c'est que pendant le confinement du printemps 2020, privé de sorties, de restaurants, de vin pendant deux mois, n'ayant pas consommé de sucre ou très peu, ayant marché tous les jours et dormi davantage, j'étais descendu à mon poids le plus bas depuis bien longtemps. Aujourd'hui, j'ai hélas repris quelques kilos, mais je me surveille, et mon épouse Valérie m'apporte un soutien précieux dans ce domaine. Elle tire la sonnette d'alarme lorsque c'est nécessaire et me trouve des solutions au quotidien. Mince comme un fil, elle surveille son alimentation et la mienne, car elle sait que c'est une question de santé à long terme. Moi aussi, je le sais, mais disons que j'ai plus de mal à l'intégrer.

N'empêche, j'essaie de me maintenir en ne mangeant que des protéines maigres (crabe, poulet, poisson) une journée par semaine. Au lieu de goûter cinq gâteaux par jour, je n'en déguste plus qu'un, sauf exception. Et lors d'un dimanche en famille, je ne m'accorde qu'une demi-tranche de cake ou une lichette de gâteau. Et puis je fais attention au vin, qui est très calorique. Quand il est bon, je peux en boire plus que de soif ! Mais j'ai une excuse : la relation entre mon métier et le vin est très étroite…

Flacons & émotions

Peu de choses me rendent plus heureux que d'aller visiter des vignerons sur leurs terres. Quand cela a lieu chez un grand monsieur du vignoble français comme Jean-Louis Chave à Tain-l'Hermitage, chez qui je suis client depuis 1993, c'est le bonheur absolu. Chaque année, il m'alloue six bouteilles d'hermitage blanc, six bouteilles d'hermitage rouge et six bouteilles de saint-joseph. Je n'ose pas demander plus car j'aurais le sentiment d'abuser et je ne voudrais surtout pas le heurter. Je tiens trop à notre relation faite d'échanges captivants. Écouter cet homme discret et élégant raconter comment il cultive ses parcelles et peaufine ses assemblages équivaut à entrer de plain-pied dans l'histoire et l'art du vin. Jean-Louis représente la seizième génération de viticulteurs, puisque sa famille règne en maître sur les terroirs de l'Hermitage depuis 1481 ! Sa célèbre colline, il en parle avec amour et poésie, s'effaçant derrière son terroir. Il explique en effet que s'il laisse s'exprimer ses vignes, c'est la terre qui marque le vin. À ses côtés, on en apprend à chaque phrase. Ce n'est pas un hasard si ses nectars font partie des meilleurs du monde, puisqu'ils sont le fruit de siècles de travail et de culture, dans tous les sens du terme.

Et puis, ce vigneron d'exception parle vrai. À l'instar de ses vins qu'il décrit sans emphase ni fausse modestie, sa parole est simple, juste, authentique. Si elle résonne en moi avec autant d'écho, c'est sans doute parce que lorsque j'étais tout jeune pâtissier, je ressentais le besoin de mettre des mots sur mes émotions gustatives pour mieux les exprimer autrement qu'en disant « c'est très bon ». Or, si nous apprenions à faire d'excellents gâteaux à l'école Lenôtre, nous n'apprenions pas à en parler.

Aussi étonnant que cela puisse paraître, c'est cette lacune qui m'a poussé à prendre des cours d'œnologie, lorsque j'avais dix-huit ans. Avec un copain, nous nous étions dit que cela nous aiderait peut-être à développer nos capacités gustatives et cela a été le cas : nous avons beaucoup appris sur le goût à travers l'éducation au vin ! Les œnologues emploient et enseignent un vaste vocabulaire, des qualificatifs précis et imagés. Au-delà du fait que ces cours m'ont appris à comprendre et à découvrir le vin autrement qu'en le buvant, ils m'ont vraiment aidé à poser des mots sur mes sensations et mes ressentis. Cerise sur le gâteau : cela a créé un pont avec mon métier. En me rendant capable de décrire un bourgogne ou un bordeaux, l'œnologie a également enrichi ma capacité d'analyse du goût au sens large, ce qui a donné une nouvelle dimension à mes dégustations en pâtisserie.

Naturellement, cela a aussi fait croître et embellir ma passion pour le vin. Je venais de mettre le pied dans un univers que je n'ai plus jamais cessé d'explorer.

J'ai commencé à acheter des bouteilles dès 1978, mais c'est réellement au cours des années quatre-vingt que j'ai constitué ma cave. Aujourd'hui, elle compte à peu près deux mille bouteilles, ce qui implique une vraie gestion : que faut-il boire maintenant, dans cinq ans, dans quinze ans ?

Heureusement, je me suis toujours fait conseiller par des amis connaisseurs comme Philippe Pinoteau du Baratin, l'aubergiste provençal Guy Sammut, l'agent des grands vignerons Philippe Noyer dit « Ma Poule » ou encore le bien-nommé sommelier et négociant Jean-Christophe Piquet-Boisson qui vendait beaucoup de vins naturels. Et par bonheur, j'ai développé de belles relations avec de nombreux vignerons, qui m'ont aidé à comprendre leur travail, et qui, pour certains, m'accordent des allocations. Petites, mais précieuses. D'ailleurs, dans ma cave, les vins proviennent à 80 % de vignobles dont je connais les viticulteurs. J'achète majoritairement des vins français ; ce sont ceux que je connais le mieux. Je suis moins à l'aise, en revanche, sur les cépages, les appellations, les terroirs des vins étrangers. Mais je ne demande qu'à apprendre !

J'achète par petites quantités car j'aime la diversité et la découverte. J'aime les rouges, les blancs, le champagne mais pas le rosé. Mes régions de prédilection ?

– l'Alsace évidemment, où j'apprécie beaucoup les vins des domaines Albert Mann, Weinbach ou Zind-Humbrecht ;
– la Bourgogne passionnément pour les beaux flacons de Philippe Pacalet, le chablis du domaine Raveneau, le pouilly-fuissé de Cécile et Philippe Valette, et les extraordinaires vins des domaines Prieuré-Roch, Coche-Dury, d'Auvenay, Méo-Camuzet, Jayer-Gilles… ;
– la Loire, ne serait-ce que pour le mythique Clos Rougeard, un saumur-champigny de classe internationale ;
– le Rhône avec les merveilles que produisent les domaines Chave, Gramenon (précurseur des vins naturels sans leurs travers !), Bonneau, Rayas, l'Anglore de la famille Pfifferling ou Fonsalette ;
– le Languedoc, pour les domaines de la Grange des Pères, le Roc d'Anglade, le Clos des Fées… ;
– le Bordelais, surtout pour les sauternes magnifiques du Château d'Yquem (mais ceux du Château de Fargues et du Château Coutet méritent aussi que l'on s'y attarde) et les blancs du château Tronquoy-Lalande ou du domaine de Chevalier ;
– et enfin la Corse, mon pays de cœur, où les vins ont un avenir radieux. Lorsque j'y suis, je bois local. Régulièrement, je rends visite à des viticulteurs, on discute, on déguste. Je dois à Antoine Arena, dont le domaine à Patrimonio existe depuis le XVIIIe siècle, de m'avoir fait connaître les vins de son terroir. Je constate que leur niveau de qualité est de plus en plus haut chaque année, et je déniche d'excellentes bouteilles chez Nathalie et

Gérard Courrèges (domaine de Vaccelli), au Clos Canarelli, au domaine Comte Abbatucci. Quant à Nicolas Stromboni, qui promeut sans relâche les produits authentiques de l'île, il est aussi un caviste hors pair et il possède sans doute la plus belle cave de champagne de France... à Ajaccio !

Je pourrais parler des heures avec les gens du monde viticole, car à l'image de la gastronomie, le sujet du vin est inépuisable. Je n'ai pas de « religion » dans ce domaine ; je déteste les « ayatollahs » qui vous imposent leurs diktats sur les vins nature ou leur snobisme d'étiquettes. Pour moi, le meilleur vin, c'est comme le chocolat : c'est celui que l'on trouve bon ! Je ne me prosterne pas non plus devant le vin. C'est un produit noble certes, mais comme il est vivant, il peut aussi vous jouer des tours, être bouchonné, trop fermé, ou trop perlant car chargé en gaz carbonique. Dans ce cas, je n'hésite pas à secouer fortement la bouteille, comme un Orangina.

In vino veritas, dit-on. Je ne sais pas si c'est exact, mais ce qui l'est, c'est que le vin vous contraint à l'humilité : même avec des années de pratique, je continue à me tromper en dégustant un vin.

Ce n'est pas pour autant que j'accorde ma confiance à tous les sommeliers. Au contraire, au restaurant, j'aime bien choisir le vin moi-même. Je me souviens d'un dîner mémorable chez Noma, à Copenhague. Le chef René Redzepi nous avait accueillis à bras ouverts, encadré de toute son équipe. Plus tard, à table, le sommelier a voulu me conseiller en fonction du menu qui allait nous être servi. « Excusez-moi mais je préfère voir la carte », lui ai-je répondu.

Il me l'a apportée avec une lueur malicieuse dans le regard. Dès que je l'ai ouverte, j'ai compris que j'avais affaire à un immense expert. La *wine list* était une bible, un livre énorme, contenant des centaines de références de toute l'Europe, des grands classiques comme la romanée-conti en passant par des petits vins bio de l'Ardèche. Un monument de carte des vins ! Alors, avec un clin d'œil complice, je lui ai proposé un petit jeu : nous choisirions, lui et moi, un vin sur deux. Car un sommelier de cette trempe allait forcément me faire découvrir des vins incroyables, que je n'aurais pas spontanément choisis. Ce fut le cas : sa sélection s'est avérée renversante, éclectique, géniale. Mais en aucun cas je ne dévoilerai le nombre de bouteilles ouvertes ce soir-là !

Palaces & cornes de gazelle

L'art de vivre comporte une autre dimension à laquelle je suis très sensible : l'hôtellerie. Je partage avec mon épouse une passion pour les beaux et grands hôtels, qui rassemblent tous nos domaines de prédilection : la pâtisserie, la gastronomie, le vin, mais aussi l'histoire, l'architecture, le design, l'artisanat, le savoir-faire, la qualité, le luxe. J'aime l'atmosphère qui règne dans ces univers en dehors du temps, où les clients font preuve d'exigence autant que de nonchalance, d'excentricité autant que de snobisme.

Aussi, il y a quatorze ans, lorsque j'ai été contacté par Alexandre Allard, qui venait de racheter le Royal Monceau, n'ai-je pas caché mon enthousiasme. Il souhaitait que la Maison Pierre Hermé Paris assure toute la pâtisserie de l'établissement qu'il s'apprêtait à transformer. Cette collaboration de la maison avec un hôtel était un vrai challenge : tout était à inventer, mais nous avions le temps de nous y préparer car la rénovation devait durer un an et demi. Nous étions présents dès la Demolition Party du 26 juin 2008 qui fit beaucoup de bruit, dans tous les sens du terme. En effet, Alexandre Allard et Philippe Starck, architecte du projet, avaient invité un millier de personnes triées sur le volet, et les avaient munies de marteaux et de massues pour commencer à abattre les murs ! Dans leur esprit, il s'agissait de « casser la première pierre au lieu de la poser ». Après cette soirée de folie, les travaux de rénovation du Royal Monceau commencèrent. Ils furent colossaux car Starck réinventa complètement les lieux qui, il faut le reconnaître, en avaient grand besoin.

L'histoire de cet hôtel parisien mythique me fascinait. Créé en 1928 dans un ancien couvent de sœurs augustines de la congrégation de Notre-Dame de Paris, il avait été fréquenté par des personnalités prestigieuses comme Winston Churchill ou Joséphine Baker, et occupé par les forces alliées pendant la Seconde Guerre mondiale. À la fin des années quatre-vingt, il avait hébergé Michel Polnareff qui y passa huit cents jours sans mettre le nez dehors. Bref, ce chef-d'œuvre de l'Art déco, même menacé par la désuétude, était une légende de la capitale, pour laquelle j'étais heureux de travailler.

Dès l'ouverture, en octobre 2010, sous la houlette du directeur général Sylvain Ercoli, nous avons assuré notre mission sans bouder notre plaisir ni brider notre imagination. Contrairement à l'hôtel New Otani de Tokyo où nous n'avons qu'une boutique de vente à emporter et où nous confectionnons des desserts pour les banquets, il s'agissait ici de réaliser tous les produits sucrés de l'établissement : des desserts pour les restaurants aux viennoiseries pour les petits déjeuners en passant par les crêpes et autres pancakes pour le fameux brunch du week-end, les agréments pour les chambres ou encore les gâteaux pour le salon de thé. La direction souhaitait miser sur l'excellence et sur la créativité, ce qui nous a permis de nous amuser : au début, pour le restaurant italien Il Carpaccio, nous avions imaginé des desserts un peu fous, comme les spaghettis sucrés aux fraises, qui étaient devenus l'un des best-sellers de la carte. Cette aventure, commencée avec Alexandre Allard puis poursuivie avec Qatari Diar (la filiale immobilière du fonds souverain du Qatar) qui racheta rapidement l'hôtel, a duré douze ans. Le palace ayant beaucoup souffert économiquement lors de la crise sanitaire, notre collaboration a pris fin en 2020, d'un commun accord.

Entre-temps, j'avais commencé à travailler en 2014 avec le Ritz Carlton de Kyoto, qui avait proposé à nos équipes du Japon un partenariat du même genre. Posé au bord de la rivière Kamo, tout proche du quartier de Gion, célèbre pour ses maisons anciennes où officient les geishas, ce palace est un concentré du raffinement japonais : design épuré, boiseries claires, confort absolu mais discret, tout ce que j'aime ! J'y ai installé une boutique, qui écoule des kyrielles de macarons, et mes équipes y confectionnent les viennoiseries ainsi que les desserts des restaurants. Au Japon, nous sommes également présents dans l'hôtel Park Hyatt Niseko Hanazono, dans une station de ski de l'île d'Hokkaidō, au nord de l'archipel. Posé sur les pistes, zen et minéral, l'établissement offre des vues spectaculaires sur la chaîne de l'Annapuri et le mont Yotei. Nous y avons une très jolie boutique et salon de thé, et assurons également le *tea time* du restaurant principal.

Ces partenariats sont un pur bonheur pour le créateur que je suis. C'est très excitant de marier mon univers sucré avec celui d'un établissement de luxe. Ma collaboration avec La Mamounia, le plus célèbre hôtel de Marrakech, voire du Maroc, en est la plus belle illustration. J'avais rencontré son actuel directeur, Pierre Jochem, lorsqu'il dirigeait l'hôtel Raffles de Singapour. Il avait alors été question d'y installer un point de vente de pâtisseries, qui n'a finalement pas vu le jour. Mais Pierre, en bon Alsacien, a tout autant que moi de la suite dans les idées. Aussi, lorsqu'il a pris la direction de La Mamounia, avons-nous recommencé à discuter.

C'est en 2017 que nos projets se sont concrétisés dans cet hôtel dont Churchill – encore lui ! – aimait tant les jardins qu'il passait ses journées à les peindre. À ce moment-là, nous y avons ouvert une boutique et pris en charge toute la pâtisserie de La Mamounia, ce qui comprenait les *amenities* et les petits déjeuners de l'hôtel au Pavillon de la Piscine où nous proposions également un buffet de pâtisseries au déjeuner, ainsi que les desserts des restaurants (marocain, italien et français) et du bar Majorelle. En plus de tout cela, depuis 2020, après une période de travaux menés sous la houlette de Patrick Jouin et Sanjit Manku, nous intervenons dans de nouveaux espaces au sein de La Mamounia. Nous avons élaboré une carte salée pour le bar Majorelle, inauguré un salon de thé et nous nous occupons désormais d'un bar glacier au Menzeh dans le jardin. Enfin, nous réalisons les desserts pour les restaurants, L'Asiatique et L'Italien, imaginés par le chef Jean-Georges Vongerichten. C'est ainsi l'endroit où les savoir-faire de la Maison Pierre Hermé Paris sont les plus développés et j'en suis très fier, car La Mamounia a été élue plusieurs fois meilleur hôtel du monde. Quant à Pierre Jochem, il a été nommé meilleur directeur général d'hôtel indépendant au monde en 2021.

Dans ce lieu d'exception, j'ai noué des liens très forts avec les équipes, mais aussi avec les produits marocains qui me dictent des créations spécifiques : à partir du café marocain épicé, j'ai imaginé une tarte Infiniment café marocain, un macaron et une coupe glacée ; avec l'amande, l'orange et l'amlou (une pâte à tartiner d'origine berbère, à base d'huile d'argan, de miel et d'amandes grillées), nous réalisons un gâteau inspiré par les cornes de gazelle ; avec le citron et l'amlou, nous confectionnons un cake, etc. Mais la saveur la plus populaire, c'est Jardin de l'Atlas, qui mêle le citron, l'orange, la fleur d'oranger et le miel. Devenue l'un des emblèmes de La Mamounia, elle a également trouvé sa place parmi nos Fetish. Elle plaît autant à Paris, Tokyo et ailleurs, aussi l'ai-je interprétée en plus de dix produits : cake, glace, millefeuille, tarte, cheesecake…

La Mamounia est un hôtel chargé en histoire(s), à l'architecture si particulière que j'essaie d'interpréter certaines de ses caractéristiques à travers le goût : le dessin d'une mosaïque m'évoque un chocolat, un moucharabieh le décor d'un gâteau. C'est un enchantement pour tous les sens !

L'univers de chaque hôtel avec lequel je collabore génère beaucoup d'idées et de créations : pour le Brenners Park à Baden-Baden en Allemagne, j'ai mis au point un gâteau et un macaron Forêt-Noire, en écho avec l'environnement sylvestre. Pour les établissements de Laurent Taïeb à Paris (Madame Rêve, au-dessus de l'ancienne poste du Louvre et l'hôtel des Tours Duo, construites par Jean Nouvel dans le 13e arrondissement), j'ai créé une tarte tatin aux pommes, fruits secs et caramel moelleux, une tarte Duo fraise-yuzu et un très gourmand cheesecake Suzette.

Nous avons dans nos cartons un projet de collaboration avec un hôtel en Arabie saoudite. Je rêve déjà des saveurs chaudes et épicées que je pourrais travailler là-bas...

Le veau aux olives de Valérie

Toutes les familles corses cuisinent ce plat traditionnel, et chacune a son secret. Cette recette, que Valérie réalise souvent, est celle de notre ami Nicolas Stromboni, le meilleur caviste de l'île de Beauté, et l'un des meilleurs connaisseurs de son terroir. Il est l'auteur de Du vin, du pain, des oursins *(Éd. Marabout, 2016).*

Pour 6 personnes
préparation 25 min
cuisson 2 h 30

1 kg de veau corse coupé en morceaux
1 tranche de vuletta (ou guanciale italien) ou de bon lard salé et séché

100 g d'olives vertes
100 g d'olives noires
3 cuillères à soupe de concentré de tomates
1 oignon émincé
1 branche de céleri coupé en morceaux
1 verre de vin rosé patrimonio
3 gousses d'ail pelées
2 feuilles de laurier
2 brins de thym (sauvage de préférence)
1 cuillerée à soupe de poudre d'amandes
¼ de zeste d'orange bio
Huile d'olive
Sel et poivre du moulin

Faites chauffer un bon filet d'huile d'olive dans une cocotte, faites-y dorer les morceaux de veau. Sortez-les de la cocotte et réservez. Mettez le vin dans une petite casserole, faites-le chauffer et flambez-le. Dans la première cocotte, faites colorer l'oignon émincé, ajoutez 2 gousses d'ail, le céleri, la vuletta (ou le guanciale ou le lard) coupée en lanières. Laissez le tout colorer en remuant, puis ajoutez le veau, le concentré de tomate, laissez roussir 2 minutes et versez le vin flambé. Mouillez alors avec 1 litre d'eau minérale tiède (l'eau doit toujours dépasser la viande d'un doigt, n'hésitez à en rajouter tout au long de la cuisson). Ajoutez le zeste d'orange, baissez à feu très doux et laissez confire pendant 2 heures au minimum. Au bout d'une heure de cuisson, ajoutez les olives. Quand la viande se détache et fond, c'est prêt. Liez le jus avec la poudre d'amandes, ajoutez une gousse d'ail hachée, salez et poivrez si nécessaire. Laissez sur le feu encore 10 minutes et servez ou attendez le lendemain : ce sera encore meilleur réchauffé !

Les spaghettis bolognaise à la façon de Vincent Ferniot

Pour 6 personnes
préparation 25 min
cuisson 3 h 20

500 g de poitrine de veau haché (corse, si possible !)
170 g de talon de jambon blanc (corse, si possible !)
4 tomates roma
½ oignon blanc
1 carotte
1 petit bouquet de thym
1 gousse d'ail
12 cl de vin blanc
12 cl de vin rouge
25 cl de bouillon de veau
1 pincée de quatre épices
1 belle pincée de piment d'Espelette
3 g de sel fin
1 belle pincée de poivre noir de Sarawak moulu
35 g de concassé de tomates
10 g de sucre en poudre
2 à 3 cuillerées à soupe d'huile d'olive
50 g de beurre doux (pour la finition)
600 g de spaghettis
Une poignée de feuilles de basilic frais
Parmesan fraîchement râpé à volonté

Préparez la sauce bolognaise : taillez le talon de jambon en gros morceaux. Pelez, épépinez les tomates et coupez-les en tout petits dés. Pelez et ciselez le demi-oignon. Pelez et taillez la carotte en tout petits dés. Pelez et hachez l'ail.

Dans une grande casserole, faites revenir dans l'huile d'olive le talon de jambon, les oignons, les carottes, l'ail sans coloration, ajoutez les tomates, laissez évaporer l'eau des tomates, mouillez avec les vins blanc et rouge, portez à ébullition, ajoutez le thym, le bouillon, les épices, le sel, le sucre et le concassé de tomates, portez à ébullition puis laissez cuire à feu doux pendant 3 heures en remuant régulièrement. Vérifiez l'assaisonnement et rectifiez si nécessaire. Faites cuire les pâtes dans une grande quantité d'eau bouillante salée, égouttez-les, mettez-les dans le plat de service. Liez la sauce bien chaude avec le beurre doux, versez-la sur les pâtes, ajoutez le basilic et servez avec le parmesan.

Ma quiche au jambon et au comté

Pour 2 quiches de 6 personnes
préparation 30 min
cuisson 1 h
repos 4 h 30

- Pour la pâte :

400 g de farine
300 g de beurre doux + beurre pommade pour les moules
8 cl de lait frais entier
8 g de sucre en poudre
8 g de fleur de sel
1 jaune d'œuf

- Pour l'appareil :

10 œufs entiers
80 cl de crème fraîche liquide (à 30 % de matière grasse)

1 cuillerée à café de sel fin
Une belle pincée de poivre noir de Sarawak

• Pour la garniture :
160 g de comté 12 mois d'affinage
200 g de jambon Prince de Paris en tranches épaisses
200 g de poitrine fumée

Préparez la pâte : tamisez la farine. Coupez le beurre en dés. Faites dissoudre le sucre en poudre et la fleur de sel dans le lait. Dans le bol du robot équipé de la feuille, mixez le beurre avec le mélange lait/sucre/fleur de sel et le jaune d'œuf, jusqu'à obtenir une pâte homogène. Ajoutez la farine en mélangeant rapidement afin d'éviter de donner trop de corps à la pâte. Réservez la pâte au réfrigérateur sur une plaque bien filmée pendant 1 heure. Puis, sur un plan de travail fariné, étalez la pâte sur une épaisseur de 2 mm. Laissez-la reposer pendant 2 heures au réfrigérateur puis taillez-y deux disques de 25 cm de diamètre. Mettez-les sur une plaque au réfrigérateur encore 30 minutes. Beurrez généreusement deux moules à fond amovible (15 cm de diamètre et 4 cm de hauteur), réservez-les quelques instants au réfrigérateur, foncez-les et coupez le surplus de pâte. Laissez reposer pendant 2 heures au réfrigérateur.

Pendant ce temps, préparez l'appareil en mixant tous les ingrédients à l'aide d'un mixeur plongeant.

Préparez la garniture : taillez les tranches de jambon en petits carrés et la poitrine en petits dés. Râpez le comté.

Préchauffez le four à chaleur tournante à 170° (th. 6). Garnissez les fonds de pâte de papier cuisson et de haricots secs et enfournez-les pour 20 minutes. Une fois les fonds refroidis et vidés des haricots, disposez dans chacun 100 g de poitrine fumée et 100 g de jambon puis parsemez 80 g de comté, sans aplatir. Répartissez l'appareil dans les deux fonds jusqu'à ½ cm du haut afin que ça ne déborde pas. Cuisez les quiches au four à chaleur tournante à 160° (th. 4) pendant 40 minutes environ. Laissez tiédir ou refroidir, selon votre goût. Servez les quiches avec un mesclun de salade et d'herbes fraîches.

Sablés au chocolat pour Lily et Jill

Pour environ 50 sablés
préparation 30 min
cuisson 12 minutes
repos 1 h

150 g de chocolat noir 70 % de cacao (Valrhona)
175 g de farine
30 g de cacao en poudre (Valrhona)
5 g de bicarbonate de soude (en pharmacie)
150 g de beurre doux
120 g de cassonade blonde
5 g de fleur de sel de Guérande
2 g d'extrait de vanille liquide naturel
50 g de sucre en poudre

Coupez le chocolat en petits morceaux. Mélangez et tamisez la farine avec le cacao en poudre et le bicarbonate de soude. Ramollissez le beurre et incorporez-y la cassonade blonde, le sucre en poudre, la fleur de sel et l'extrait de vanille liquide. Mélangez puis ajoutez le mélange de farine cacaotée et le chocolat coupé en petits morceaux. Malaxez le moins possible et très rapidement. Façonnez des rouleaux de 4 cm de diamètre et d'environ 40 cm de long. Gardez-les au minimum 1 heure au réfrigérateur. Préchauffez le four à chaleur tournante à 170° (th. 6). Détaillez les rouleaux de pâte en tranches d'1 cm. Disposez ces tranches sur une plaque à pâtisserie recouverte d'une feuille de papier sulfurisé. Enfournez pour 11 à 12 minutes. Laissez refroidir sur une grille à pâtisserie.

Le temps de cuisson est très important. Pour être bons, ces sablés doivent être « sous-cuits ». L'utilisation de la fleur de sel permet de nuancer l'effet de la sensation salée. Si on doit la remplacer par du sel fin, il faut diminuer le poids de sel à 2 g. Ces sablés se conservent quelques jours dans une boîte hermétique, à l'abri de l'humidité. N'hésitez pas à confectionner la pâte dans cette quantité : elle se congèle très bien, il vous suffira par la suite de cuire les sablés au fur et à mesure de vos besoins.

Tarte aux pêches pour l'anniversaire de Caroline

<u>Pour 6 à 8 personnes</u>
<u>préparation 50 min</u>
<u>cuisson 1 h 10</u>
<u>repos 6 h 35</u>

• Pour la pâte brisée :
250 g de farine tamisée
190 g de beurre doux ramolli à température ambiante, coupé en dés
5 g de fleur de sel de Guérande
3,5 g de sucre en poudre
½ jaune d'œuf (10 g)
5 cl de lait frais entier à température ambiante

• Pour la crème pâtissière :
25 cl de lait frais entier
½ gousse de vanille
65 g de sucre en poudre
3 jaunes d'œufs
8 g de farine
17 g de poudre à flan
25 g de beurre à température ambiante

• Pour la crème d'amandes :
62,5 g de beurre doux
62,5 g de sucre glace
62,5 g de poudre d'amandes
½ œuf
6 g de poudre à flan
75 g de crème pâtissière

• Pour les finitions :
1,2 kg de pêches jaunes bien mûres
100 g de sucre en poudre
1 pincée de cannelle

Préparez la pâte : mettez le beurre, le sucre, la fleur de sel, le jaune d'œuf et le lait dans le bol du mixer. Mixez jusqu'à obtention d'un mélange homogène. Introduisez la farine, mixez jusqu'à ce que la pâte forme une boule. Enroulez la pâte dans du papier film et placez au frais pour 2 heures. Après ce délai, étalez-la sur un plan de travail fariné, sur une épaisseur de 2 mm. Laissez-la reposer encore 2 heures au frais et taillez-y un disque de 35 cm de diamètre puis foncez-en un moule à fond amovible de taille adaptée. Coupez la pâte qui dépasse des bords du moule, piquez le fond à la fourchette, et remettez au frais pour 2 heures. Faites-la alors cuire à blanc : préchauffez le four à chaleur à 170° (th. 5-6), garnissez le fond de pâte de haricots secs et enfournez pour 20 minutes.

Préparez la crème pâtissière : portez le lait à ébullition avec la ½ gousse de vanille fendue et grattée. Laissez infuser 30 minutes, filtrez. Fouettez le sucre avec les jaunes d'œufs, puis ajoutez la farine et la poudre à flan. Tout en continuant de fouetter, versez dans ce mélange le tiers du lait chaud, puis le reste du lait. Dans une casserole, portez à nouveau à ébullition tout en remuant, pendant 2 minutes. Laissez refroidir la crème pâtissière dans un saladier rempli de glaçons. Lorsqu'elle atteint la température de 60°, ajoutez le beurre en morceaux et mélangez. Collez un film étirable au contact de la crème et conservez-la au réfrigérateur. *(Il vous en restera, gardez-la pour une autre utilisation.)*

Préparez la crème d'amandes : placez le beurre en pommade dans un saladier. Ajoutez-y les ingrédients un à un dans l'ordre, en mélangeant bien après chacun et étalez cette crème dans le fond de tarte.

Terminez la tarte : préchauffez le four à 170° (th. 6). Rincez et essuyez les pêches, coupez-les en six sans les peler. Disposez les quartiers sur le fond de tarte en les mettant debout, bien serrés les uns contre les autres. Mélangez le sucre et la cannelle et saupoudrez la tarte avec les deux tiers de ce mélange. Enfournez la tarte pour 40 minutes. Laissez-la refroidir dans le moule, puis démoulez. Saupoudrez du reste de sucre à la cannelle et servez.

Cake au citron

Pour 2 cakes de 6 personnes
préparation 30 min
cuisson 1 h 05

• Pour la pâte :
375 g de farine
1 sachet de levure chimique
Le zeste de 3 citrons jaunes bio râpé
400 g de sucre en poudre
6 œufs moyens, à température ambiante
19 cl de crème fraîche liquide (à 30 % de matière grasse)
3,5 cuillerées à soupe de rhum blanc *(sauf si c'est pour des enfants !)*
1 pincée de fleur sel de Guérande
135 g de beurre doux
150 g d'écorce de citron confit coupée en petits dés
Un peu de beurre et de farine pour les moules

• Pour le sirop :
5 cl d'eau minérale
50 g de sucre en poudre
Le zeste d'un citron râpé
5 cl de jus de citron jaune frais

• Pour le glaçage (facultatif) :
250 g de marmelade de citron

Préchauffez le four à chaleur tournante à 180° (th. 6). Beurrez et farinez deux moules à cake. Tamisez ensemble la farine et la levure et ajoutez les dés d'écorce de citron confite. Faites fondre le beurre, laissez-le refroidir. Au-dessus d'un saladier, frottez les zestes et le sucre ensemble entre vos doigts jusqu'à ce que le sucre soit humide, granuleux et très parfumé. Ajoutez les œufs et fouettez le tout jusqu'à ce que le mélange soit pâle et mousseux.

Ajoutez alors, dans cet ordre : la crème fraîche, le rhum, la fleur de sel. Fouettez bien, puis à l'aide d'une maryse, incorporez le mélange farine-levure en trois fois, afin d'obtenir un mélange onctueux. Enfin, incorporez le beurre fondu refroidi en trois fois. Mélangez bien. Versez la pâte dans les moules, posez-les sur une plaque à pâtisserie. Enfournez et laissez cuire 1 heure environ, jusqu'à ce que les cakes soient bien cuits sur les bords, fendus au centre, et dorés. Vérifiez la cuisson à partir de 40 minutes : la lame d'un couteau piquée à cœur doit ressortir sèche. Si les cakes brunissent trop vite, couvrez-les d'aluminium.

Pendant la cuisson, préparez le sirop : dans une casserole, portez l'eau, le sucre et le zeste à ébullition. Filtrez le sirop obtenu et ajoutez le jus de citron. Sortez les cakes du four et démoulez-les sur une grille. Laissez-les tiédir puis badigeonnez-les de sirop à l'aide d'un pinceau. Laissez refroidir. Si vous souhaitez glacer les cakes, placez la marmelade dans une petite casserole posée sur feu doux et portez-la à ébullition. Utilisez un grand pinceau à pâtisserie pour badigeonner toute la surface (le dessus et les quatre bords) de chaque cake d'une fine couche de marmelade. Laissez sécher avant de servir.

Bien emballés dans du film alimentaire, les cakes se conservent à température ambiante environ une semaine. Vous pouvez également les emballer hermétiquement et les réserver au congélateur pendant un mois. Vous pouvez légèrement toaster les tranches de cake.
Variante : pour un cake à la vanille, remplacez le zeste de citron par la pulpe parfumée de deux gousses de vanille tendres et charnues que vous aurez grattées.

Mes crêpes

Pour 35 crêpes
préparation 10 min
cuisson 3 min par crêpe
repos 4 h 30

500 g de lait frais entier
2 gousses de vanille de Madagascar
100 g de beurre doux
4 g de zeste de citron jaune frais
10 g de zeste d'orange
200 g de farine
50 g de sucre en poudre
5 œufs entiers
3 cuillerées à café de rhum brun agricole

Préparez la pâte : faites bouillir le lait, fendez et grattez les gousses de vanille et laissez-les infuser dans le lait pendant 30 minutes. Laissez refroidir et filtrez. Faites fondre le beurre et laissez-le refroidir. Mélangez les zestes avec le sucre. Tamisez la farine au-dessus d'un saladier, ajoutez-y le sucre et creusez un puits au milieu. Mélangez le lait avec les œufs et versez-les dans un saladier. À l'aide d'un fouet, mélangez doucement en élargissant le cercle au fur et à mesure afin d'incorporer la farine dans le liquide. Dès que votre mélange est homogène, ajoutez le beurre fondu refroidi et le rhum. Laissez reposer au réfrigérateur pendant au moins 4 heures.

Faites cuire les crêpes : dans une poêle à crêpe à revêtement antiadhésif, versez une louche de pâte, répartissez-la bien dans tout le fond de la poêle et laissez cuire d'un côté. Retournez la crêpe, laissez cuire de l'autre côté, et servez aussitôt. Renouvelez l'opération jusqu'à épuisement de la pâte.

Le gâteau au chocolat de Suzy

Pour 6 à 8 personnes
préparation 10 min
cuisson 30 min

250 g de chocolat noir 60 % de cacao
250 g de beurre doux à température ambiante
180 g de sucre en poudre
4 œufs
70 g de farine

Préchauffez le four à chaleur tournante à 180 °C (th. 7). Beurrez et farinez un moule à manqué de 22 cm. Hachez le chocolat et faites-le fondre au bain-marie. Fouettez le beurre avec le sucre et ajoutez les œufs un par un. Ajoutez le chocolat fondu, mélangez, puis incorporez la farine tamisée. Versez la préparation dans le moule et enfournez pour 25 à 30 minutes, en maintenant la porte du four entrouverte avec une cuillère en bois. À la sortie du four, démoulez le gâteau sur une grille à pâtisserie. Laissez refroidir avant de déguster.

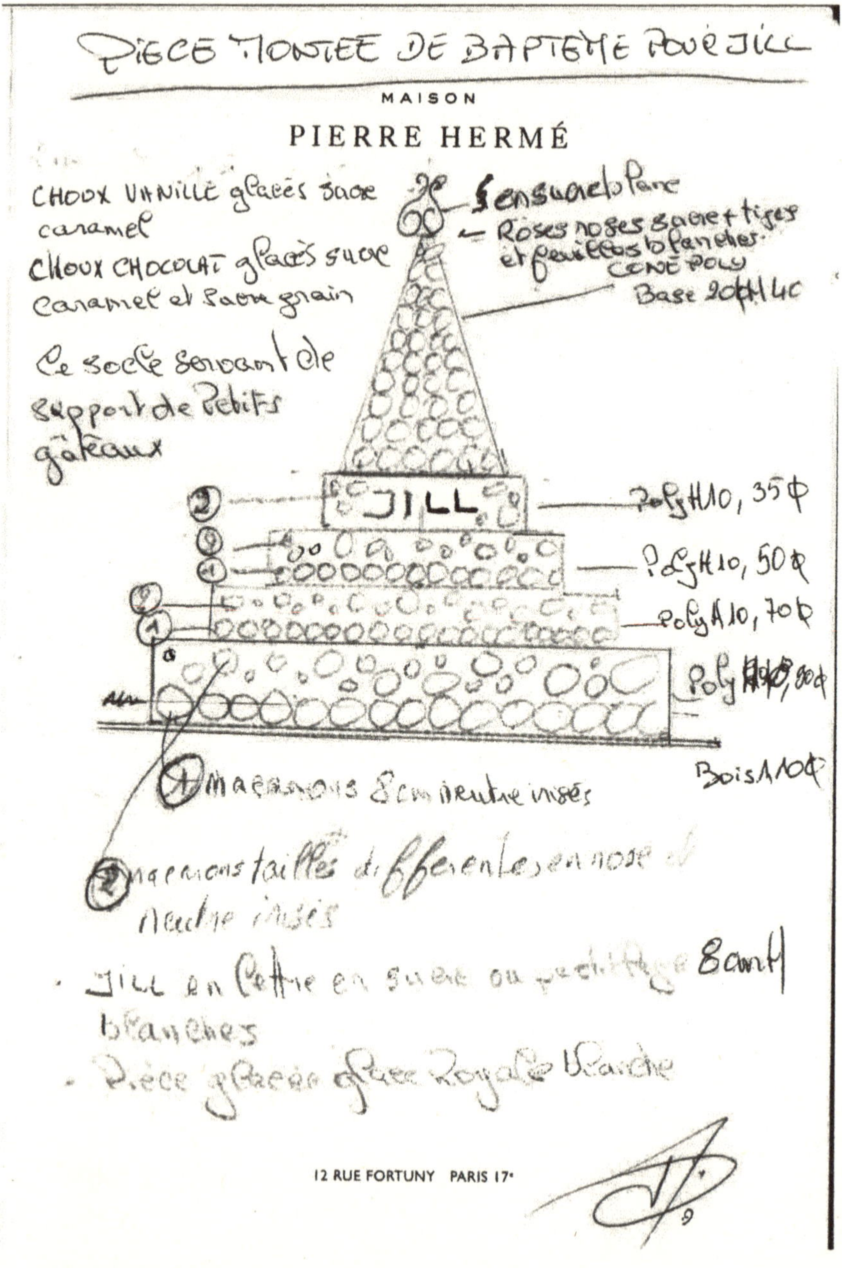
PIÈCE MONTÉE DE BAPTÊME POUR JILL
MAISON
PIERRE HERMÉ
CHOUX VANILLE glacés sucre caramel
CHOUX CHOCOLAT glacés sucre caramel et sucre grain
Le socle servant de support de petits gâteaux
Roses roses sucre et tiges et feuilles blanches
CONE POLY
JILL
Poly H10, 35 ¢
Poly H10, 50 ¢
Poly H10, 70 ¢
1 macarons 8 cm neutre irisés
2 macarons tailles différentes en rose et neutre irisés
· JILL en lettre en sucre ou pastillage blanches
· Pièce glacée glace royale blanche
12 RUE FORTUNY PARIS 17e

Chapitre 10

CONVERSATIONS

Art & délices

Il y a quelques mois, mon épouse et moi avons eu la chance de rencontrer à Lisbonne l'artiste plasticienne Joana Vasconcelos, dont j'avais pu admirer le travail « tentaculaire » au Palazzo Grassi, à Venise. Elle nous a fait visiter son atelier, un immense bâtiment industriel à étages au bord du Tage. Nous ne nous connaissions pas mais avons discuté pendant des heures, car plus nous parlions, plus nous nous découvrions des points communs et des fonctionnements analogues. Comme elle, j'ai construit une entreprise autour de mon savoir-faire. Comme elle, je mets en valeur des produits qui me sont chers. Comme elle, je fais travailler des dizaines de personnes. Comme elle, je trouve des idées, je les commercialise, tout en menant de nombreux projets de front. Le parallèle va jusqu'au processus créatif : lorsqu'une idée émerge dans la tête de Joana, elle la couche par écrit. Puis elle la dessine, l'affine jusqu'à ce que l'œuvre soit prête à être édifiée : à ce moment-là, ses équipes de confection puis de vente prennent le relais. Je ne procède pas autrement pour concevoir, faire fabriquer et vendre un gâteau.

D'ailleurs, l'œuvre sur laquelle elle travaillait ce jour-là était… un gâteau géant en céramique ! Il s'agissait d'une pièce exceptionnelle de vingt-cinq mètres de hauteur, dédiée au mariage, pour la propriété d'un client de la famille Rothschild au Royaume-Uni, l'idée étant que les mariés puissent monter sur cette œuvre extravagante. Tout en m'expliquant que pour élaborer un tel « monument », elle faisait réaliser les plaques de céramiques par des artisans portugais emblématiques comme Bordallo Pinheiro ou Vista Alegre avant de se rendre sur place pour installer la sculpture, Joana m'a lancé : « J'ai une idée : il faut que nous fassions un gâteau ensemble ! »

« Avec joie ! » ai-je répondu sans savoir comment elle envisage cette collaboration. Sans doute pas comme une version miniature de son gigantesque gâteau de mariage, cela n'aurait d'intérêt ni pour elle ni pour moi. Reproduire ne m'a jamais intéressé et je pense que cela n'amuserait pas Joana non plus. Je la laisse venir… Avec une artiste de cette envergure, on n'est pas à l'abri d'une énorme surprise !

Cette perspective est très excitante, comme le sont toutes les rencontres ou les collaborations que je mène à bien depuis fort longtemps avec des artistes en tout genre. Mes aventures avec eux se sont développées naturellement au cours des années, le point de départ étant sans doute le travail réalisé avec Yan Pennor's autour de La Cerise sur le gâteau.

J'ai toujours eu envie de sortir mon métier de son cadre strictement technique et gourmand pour le croiser avec d'autres disciplines. « Si tu diffères de moi, mon frère, loin de me léser, tu m'enrichis », écrivait

Antoine de Saint-Exupéry dans *Citadelle*. Cette phrase magnifique exprime la richesse du partage et du métissage. Tous les univers gagnent à être mêlés ! J'ai donc toujours recherché la compagnie et l'échange avec les artistes de toutes disciplines. Les moments passés avec eux me stimulent et constituent pour moi de véritables respirations dont il sort toujours des choses intéressantes. Avant tout, j'admire leur travail, mais j'aime aussi discuter avec eux de leurs inspirations, de leurs façons de faire, en un mot, de la création, qui est au cœur de leur vie comme de la mienne. Sans doute cela explique-t-il que j'aie vécu des rencontres très fortes.

Certaines ont donné lieu à des conversations qui nourrissent ma créativité et ma réflexion pendant des jours, des mois, des années ; d'ailleurs, il m'arrive d'acquérir une œuvre pour prolonger le dialogue avec le créateur, dans le silence de mon appartement.

D'autres rencontres ont débouché sur des collaborations concrètes. Je suis ainsi très honoré que Bernar Venet, l'un des plus grands artistes français, ait accepté de réaliser pour mes galettes des Rois, en 2018, la plus petite sculpture de sa carrière : en l'occurrence, une fève en forme de spirale, référence à son éternel bras de fer avec le métal. Quant au peintre et grapheur Cyril Kongo, que m'a présenté le chef Pierre Sang Boyer, j'ai beaucoup aimé discuter avec lui ; il a créé des dessins spécialement pour nos boîtes de macarons et de chocolats de la Saint-Valentin en 2021. Des exemples comme ceux-là, j'en ai énormément : la couronne des Rois conçue pour nous par la designer du papier Marianne Guély, les calligraphies de Nicolas

Ouchenir pour des coffrets de macarons et de chocolats cette année…

Chacune de ces collaborations part d'un point dans la relation entre l'artiste et moi : une conversation autour d'un voyage, d'une histoire, d'un livre, que sais-je encore… La création du peintre ou du dessinateur n'est jamais « plaquée » sur un élément de mon univers ; cela n'aurait aucun sens ! Au contraire, nous allons loin ensemble car je crois qu'au fond, nous partageons un langage commun. Lorsque l'idée d'un projet émerge, les artistes s'impliquent dès le départ et jusqu'au bout. Cela nécessite beaucoup de rencontres et de réunions, toujours passionnantes !

Ce fut le cas avec le designer suisse Thomas Boog, dont j'avais connu le travail en 2008 à l'hôtel Royal Monceau, lors de sa rénovation. À la demande de Philippe Starck, il y avait créé d'extraordinaires panneaux muraux recouverts de coquillages. En 2020, je suis allé lui rendre visite à sa galerie, où je suis resté pantois face à ses figures réalisées à partir de coquilles, cauris et autres escargots de mer. C'est d'une force incroyable ! Je lui ai proposé de travailler avec moi autour du chocolat pour des créations de Pâques (2021). Il a relevé le gant et conçu un monde marin complètement baroque. La pièce maîtresse de cette collection était un œuf avec un visage. Cela amusait beaucoup Thomas, car on dit toujours qu'un œuf n'a pas de face. Il a voulu prouver le contraire en créant La Face de l'œuf. Une œuvre très difficile à produire en chocolat, pour ne pas dire un défi technique, mais nous y sommes parvenus et le résultat, qui rappelait les visages d'Arcimboldo, était étonnant.

Avec Safia Ouarès aussi, nous avons travaillé main dans la main. J'avais beaucoup aimé l'univers onirique qu'elle avait dessiné pour Dior, à Noël 2020. Aussi lui ai-je demandé de réfléchir à ma collection de fêtes pour 2021. Nous avons dialogué autour du goût, des saveurs que je souhaitais mettre en avant, de ma façon de travailler. Une chose en amenant une autre, nous avons évoqué un conte de Noël de George Sand, qui était une grande amoureuse des forêts. Cela a fait cheminer Safia sur le thème de l'arbre de vie, qui l'a beaucoup inspirée. Elle en a tiré une fresque dans laquelle arbres, fleurs et nuages se mêlent en tourbillons infinis et colorés. Cette fresque étant constituée de multiples dessins, nous en avons isolé quelques-uns que Safia a retravaillés spécifiquement pour les décors de nos produits de Noël. De mon côté, j'ai eu l'idée de « découper » la fresque pour créer des tablettes de chocolat qui, assemblées entre elles, reforment l'œuvre de départ. Pour tout cela, y compris la position des décors sur les bûches, des fleurs sur les boîtes, de leur mise en scène dans les vitrines, je souhaitais que Safia soit satisfaite à tous points de vue de la cohérence de notre coopération. Comme j'aimerais qu'on le fasse avec moi lorsque l'on me propose une collaboration.

Parfois, mon travail avec les artistes se déroule différemment. Il arrive que je m'inspire de leurs œuvres pour proposer des créations originales. Ce fut le cas avec l'œuf de Pâques Supramat (2014) dont les bandes de chocolat colorées rendaient hommage aux « rubans » métalliques des œuvres de Beat Zoderer. Cette année, les galets lisses incrustés dans l'œuf Exubérant étaient un clin d'œil aux sculptures de

Béatrice Arthus-Bertrand. Il va sans dire que je procède toujours en accord avec les artistes, ou avec leurs ayants droit. Ainsi, il y a quelques années, fasciné par l'énergie qui se dégage des sculptures animalières de François Pompon (décédé en 1933) que j'avais vues à Saulieu, dans un musée qui fait face au Relais Bernard Loiseau, j'avais demandé et obtenu l'autorisation de reproduire en chocolat celle du lapin.

Il m'est difficile de citer tous les artistes qui ont accepté de travailler avec moi. Je vais toutefois essayer, en espérant n'oublier personne, au-delà de ceux dont j'ai déjà parlé : Philippe Baudelocque, Nicolas Buffe, Marjorie Colas, Vincent Bousserez, Louis-Marie de Castelbajac, Jean-Philippe Delhomme, Bernard Quentin, Tom Shannon, Hector Zamora...

Mon amour pour l'art m'a aussi fait jouer les « mécènes » avec le plasticien Fabien Verschaere, que j'avais rencontré grâce à Alexandre Allard. Son œuvre m'avait tellement frappé que je lui avais proposé d'aller travailler quelque temps dans les villes où la Maison Pierre Hermé Paris était présente à l'époque – Tokyo, Séoul, Londres, etc. – afin d'en tirer des inspirations différentes. J'avais une petite idée derrière la tête : concevoir des boîtes pour nos produits à partir des œuvres qu'il y produirait. Mais celles-ci se sont avérées tellement chimériques et débridées que cela n'a pas pu se faire. En revanche, l'artiste a pu créer autour du monde pendant deux ans !

Je n'oublie pas les illustrateurs comme Clo'e Floirat, Soledad Bravi, Nicolas Vial ou le regretté Georges Wolinski, qui m'avait dessiné en 2005 une carte de vœux très coquine, représentant une femme aux seins nus, dont les tétons étaient cachés par des macarons ! Je pense aussi aux galeries Vanuxem ou Punchinello, qui m'ont fait découvrir l'art tribal et les arts premiers, aux photographes qui mettent en valeur mon univers depuis trente ans comme Jean-Louis Bloch-Laîné, Bernard Winkelmann, Sergio Coimbra ou Laurent Fau, et bien sûr aux architectes, designers, décorateurs comme Laura Gonzalez, Matali Crasset, Kenya Hara, Patrick Jouin, Azuma Makoto, Masamichi Katayama, Olivier Lempereur, Andrée Putman, Santillane de Chanaleille, les Tsé & Tsé, avec qui j'ai partagé tant de choses.

Toutes ces rencontres sont des souvenirs exquis, mais comme souvent dans mon cœur et dans mon esprit, je sais que le plus beau reste à venir. En l'occurrence, cela pourrait prendre la forme d'une collaboration exceptionnelle avec Kunihiko Moriguchi. Cet immense artiste, un monsieur de quatre-vingt-un ans, élevé au rang de « trésor national vivant » au Japon, est le maître absolu du yūzen, la tradition de la teinture de tissu appliquée au kimono d'apparat. Représentant de la troisième génération de spécialistes du yūzen, il a profondément renouvelé cet art en substituant des motifs géométriques abstraits aux dessins conventionnels de fleurs et de paysages, ce qui fut une révolution au pays du Soleil-Levant !

D'abord formé à la peinture japonaise classique, M. Moriguchi a étudié à l'École des arts décoratifs, à Paris, au début des années soixante. Un peu plus tard, toujours en France, il a rencontré le peintre Balthus, qui l'a invité à la villa Médicis et l'a persuadé de se consacrer à l'art du yūzen. À ce moment-là, maître Moriguchi s'y refusait, car il pensait ne pas être à la hauteur de son père. Il a néanmoins écouté le conseil de Balthus et il a bien fait, puisque ses kimonos sont aujourd'hui exposés dans le monde entier, notamment au Victoria and Albert Museum à Londres ou au Metropolitan Museum à New York. Ce sont des chefs-d'œuvre, célébrant l'extrême épure, la simplicité raffinée et, en même temps, la culture la plus sophistiquée qui soit. Si les motifs créés par maître Moriguchi sont très contemporains, son travail respecte en tout point les processus techniques traditionnels. Aussi, lorsque je l'ai rencontré dans son atelier, à Kyoto, il y a quelques années, nous avons longuement discuté de la bonne manière de réinterpréter la tradition tout en la respectant. C'est sur cette base, fondamentale pour lui comme pour moi, que nous avons tissé une relation forte et amicale qui m'honore. Il m'a invité chez lui afin de me montrer comment il procède. C'est fascinant. Nous nous sommes également vus en France, car il a signé le dessin d'un service à café de la manufacture de Sèvres, dont j'étais l'ambassadeur pour une exposition sur les arts de la table. Et là, contre toute attente, il m'a dit :

« Pierre-*san*, j'aimerais bien collaborer avec vous. »

Je suis resté sans voix. Dans mes rêves les plus fous, je n'aurais pas osé imaginer des boîtes de macarons ou de chocolats ornées de dessins signés Moriguchi ! Et jamais je ne le lui aurais demandé ; j'aurais eu l'impression d'être incorrect. Mais il avait l'air d'en avoir réellement envie, peut-être aussi parce qu'il aime profondément notre pays et que ce serait sa première collaboration avec une marque française.

Sur ce, hélas ! est arrivée la crise sanitaire. Or, avec un artiste de cette trempe, pas question de travailler à distance, encore moins en visioconférence. Nous avons besoin de nous parler, de nous voir, de passer du temps ensemble pour lancer ce projet qui me tient tant à cœur, et qui devrait voir le jour en 2023. Je m'en délecte à l'avance.

Plus les années passent, plus je me sens perméable à l'art.

Au-delà d'une passion, c'est un langage qui me traverse de façon troublante et provoque chez moi des émotions intenses. Je peux rester cloué devant une toile de Francis Bacon : l'intensité, la force, la violence de sa peinture me donnent la chair de poule et me plongent dans des questionnements existentiels. Que dit-elle de cet homme et de sa vision de l'humanité ?

L'architecture me procure également de fortes impressions. Ainsi, en visitant la Fondation Maeght pour la première fois, j'ai ressenti une paix profonde qui, je crois, était due à la façon dont l'architecte Josep Lluís Sert a géré la lumière qui entre dans ces lieux magiques. Cela m'a fait penser à la chanson « Anthem » de Leonard Cohen, dans laquelle il dit : « Il y a une faille dans chaque chose, c'est par là qu'entre la lumière. »

Face à de tels chefs-d'œuvre, je réfléchis, je m'abreuve, je me recharge. Ces moments de tranquillité, de solitude, d'enfermement dans ma bulle, sont trop rares. Ils ne sont pas forcément d'une « utilité » immédiate, mais si l'on m'en privait, j'exploserais. Alors je les cultive et je les vis à fond.

Ode & thé

Je cultive aussi, jour après jour, mon amour des mots.

Ayant quitté le circuit scolaire classique à quatorze ans, je n'ai eu de cesse de me cultiver par tous les moyens possibles. La littérature en fait partie. Le théâtre, la poésie aussi. J'admire les gens capables de traduire leurs sentiments et leurs pensées par l'écriture. Je lis tout le temps, notamment des essais. Je suis très sensible à la justesse et à la précision des mots. C'est pourquoi j'aime tant la Comédie-Française, où je vais le plus souvent possible. J'éprouve une vraie joie à écouter de beaux textes remarquablement joués et mis en scène. En 2013, l'ex-administratrice générale du Français, Muriel Mayette, m'avait d'ailleurs invité à y faire une lecture-discussion avec le sociétaire Laurent Lafitte. J'étais pétrifié de me retrouver sur la scène de Molière. Mais j'étais tellement heureux que je me suis détendu. Et finalement, ce qui devait durer une heure s'est prolongé bien au-delà.

Je ne crois pas pour autant être doué ni pour la comédie ni pour l'écriture ! Mais mon appétit pour la culture ne date pas d'hier. Je me souviens qu'avec mon ami Philippe Conticini, entre 1990 et 1994, nous avions organisé dans le cadre de notre mouvement Arts et Desserts, une manifestation à la Maison de la Poésie. Nous y conviions des écrivains, des philosophes, des sociologues comme Michel Onfray, Michel Field, Claude Fischler… Notre objectif était, je vous le donne en mille, de croiser la pâtisserie avec d'autres domaines afin de la revaloriser, de lui donner la place qu'elle n'avait pas dans le paysage culturel et gastronomique en France à ce moment-là. Nous menions également des réflexions sur la propriété intellectuelle des recettes, en faisant intervenir des juristes, comme le doyen de la faculté de Sceaux ou Valfrido-Roland Piredda, spécialiste de la protection des œuvres gastronomiques. Tout cela était passionnant mais l'organisation de ces conférences était chronophage et nous avons arrêté quelque temps plus tard. N'empêche, cela a sans doute fait partie des éléments qui ont favorisé l'évolution de la pâtisserie contemporaine et accéléré l'avènement de la haute pâtisserie.

La Maison de la Poésie, je l'ai retrouvée en 2015 avec une joie non dissimulée. En effet, la journaliste Françoise Siri avait eu la délicieuse idée de m'y faire intervenir au côté de l'académicien François Cheng, lors d'une lecture-dégustation. J'avais déjà la chance de connaître ce grand poète, écrivain et calligraphe. L'ayant écouté un jour sur France Inter, je m'étais tant régalé de ses paroles sages et douces que je l'avais invité à venir prendre le thé chez moi à l'atelier de création. J'avais cru comprendre que ce frêle monsieur était très friand de pâtisseries. Et je ne m'étais pas trompé. Notre conversation, teintée de poésie gourmande, a beaucoup tourné autour des textures et des parfums des macarons. Ce fut un moment délicieux et je savourais le plaisir de l'avoir vécu, en me demandant si je serai amené à le revoir.

Quelle ne fut pas ma surprise lorsque je reçus, quelques jours plus tard, un joli courrier contenant une ode au macaron, écrite de sa main. Ce poème, je le garde toujours sur moi. Le voici :

À un macaron

Cette rondeur que recèle ton nom
Et qui est la marque de ton être,
Elle est celle de tous les astres du ciel,
Celle de tant de fruits terrestres.

À travers elle, nous songeons un instant
À la prodigieuse rotation de l'univers vivant,
Aux innombrables saveurs que nous prodigue
La ronde des saisons.

Mais la démesure de l'univers souvent nous écrase,
Nous les minuscules ;
Le foisonnement de la terre souvent nous bouleverse,
Nous les éphémères.

Nous rêvons d'un accord humblement murmurant,
À notre juste mesure.

C'est alors qu'à pas feutrés tu es venu vers nous.
Soudain tu es là, sous nos yeux médusés,
Sourire aimable et aimantant,
Couleurs et fragrances confondues,
Concentrant en toi la quintessence des saveurs,
Le tout enclos dans un petit rond.

Ayant l'exacte dimension de notre bouche,
Tu es d'instinct au rythme de nos bouchées,
Pénétrant en nous, craquant, fondant,
Divin éclair éveillant l'intime palais.

Tout est retrouvé : printemps-automne de mille vergers d'or,
Arrière-saison à l'arrière-goût qui dure encore...
Miracle d'ici : l'espace de quelques minutes a suffi
Pour que la finitude bascule dans l'infini !

François Cheng

Alors, quand il fut question de retrouver François Cheng pour cette fameuse lecture, me suis-je interrogé sur ce qui pourrait le toucher. J'ai eu l'idée de réaliser des macarons aromatisés de parfums inspirés par ses textes. Il a commencé la rencontre en déclarant : « Longtemps, en arrivant dans une ville, je demandais où était la meilleure pâtisserie. » Nous avions de quoi discuter et c'est ce que nous avons fait, en dégustant des macarons...

Senteurs & saveurs

Lire ce poème, qui rapproche naturellement saveurs et fragrances, n'est-ce pas la plus jolie façon de répondre à la question que l'on me pose souvent : « Comment se fait-il que vous fassiez des parfums ? »

Je ne me prends évidemment pas pour un parfumeur professionnel, mais il est incontestable qu'un lien intime existe entre le palais et le nez. Ils sont cousins sinon frères, et à mes yeux, ils fonctionnent de la même façon. Et puis, les explorations que je mène depuis quarante-cinq ans sur les saveurs m'ont beaucoup appris sur les senteurs.

Comme les pâtissiers, les nez travaillent les fruits, le cacao, le caramel, la vanille. Comme les nez, je travaille les fleurs, les épices, les herbes. Nos métiers sont liés et je m'étonne qu'avant mes collaborations avec Jean-Michel Duriez aucun pâtissier – à ma connaissance – n'ait fait appel à un parfumeur pour enrichir ses recherches de saveurs.

Le pont entre le goût et le parfum, c'est la capacité à créer une association inédite et intéressante. Cela commence par une projection intellectuelle – l'envie de marier la rose à la feuille de figuier, par exemple – et continue par l'aptitude à réaliser concrètement cette idée. Comme pour un gâteau.

Je porte du parfum depuis l'âge de douze ans. Le premier fut celui de Paco Rabanne, très à la mode dans les années soixante-dix. Sentant la fougère à plein nez, il comportait aussi une note de cumin dont, adolescent, j'appréciais le petit côté viril qui me donnait de l'assurance. Puis je suis passé à Pour Monsieur de Chanel, dont les arômes d'agrumes et de néroli séduisaient le jeune pâtissier que j'étais en train de devenir. Par la suite, j'ai beaucoup aimé Eau Sauvage de Dior, bouquet boisé et citronné, qui fut le parfum de toute une génération. Pendant longtemps, j'ai adoré Jardin en Méditerranée d'Hermès, pour la feuille de figuier, puis Concentré de Pamplemousse rose, de la même marque, mais aussi l'Eau Dynamisante de Clarins. Et pour les femmes, je raffole d'Aromatics Elixir de Clinique, que je détecte à des kilomètres !

En fait, je suis fou de parfums. Pour m'en être ouvert un jour, en 2013, à Reinold Geiger, président de L'Occitane, qui n'était pas encore mon actionnaire, je me suis retrouvé à en composer.

« Que dirais-tu de concevoir un parfum pour la période des fêtes ? Ce serait une collaboration inattendue ! » me proposa-t-il.

Enthousiaste à l'idée d'aborder un nouveau domaine sensoriel, je me suis lancé, et au lieu d'une senteur, j'en ai créé trois : Pamplemousse-rhubarbe, Néroli-jasmin-immortelle et Immortelle-mandarine-miel. L'immortelle faisant référence à mon épouse qui utilise une huile parfumée aux arômes épicés de cette fleur étrange.

J'avoue que ces premières créations ont été réalisées un peu « à l'arrache », car je travaillais en direct avec les fabricants de L'Occitane, sans contrôler certains éléments. Par la suite, lorsque nous nous sommes associés avec L'Occitane pour ouvrir la boutique du 86, Champs-Élysées, Reinold Geiger m'a proposé de continuer à créer des parfums. J'ai accepté, à condition que Jean-Michel Duriez fasse l'interface entre le service marketing et moi, pour que nous maîtrisions au mieux les impératifs olfactifs.

Depuis, j'ai conçu des bougies, dont une qui célèbre le parfum de l'orange, et une autre qui marie la note soufrée de la framboise au côté herbacé du thé matcha. Et j'ai créé pas moins de seize parfums pour L'Occitane. Le Rose-figuier raconte ma passion pour cet arbre dont la feuille mène la danse dans ce « jus ».

Le Cassis-rhubarbe, je l'ai voulu très vert, à l'instar des bourgeons de cassis et de cette plante potagère qu'est la rhubarbe.

Le Citron noir, lui, a été conçu en parallèle de mon macaron éponyme.

Et j'ai commencé à élaborer une autre senteur, Cédrat-bois de cèdre, que je porte en ce moment, tout en mettant au point un macaron aux pignons de cèdre.

Il ne faut pas pour autant y voir chez moi une envie d'utiliser les ingrédients de la pâtisserie en parfumerie. Au contraire, je me suis toujours efforcé de ne pas illustrer la note sucrée dans un parfum car je trouve souvent cela vulgaire, en dehors de l'incroyable et si délicat Angel de Mugler. Si je travaille sur des notes olfactives d'origine alimentaire comme je le fais actuellement pour ma prochaine création, une illustration des effluves du jardin et de la maison Majorelle à base d'amandes grillées, de fleur d'oranger et de cédrat, je m'arrange pour exclure les notes gourmandes de cette association.

C'est paradoxal, je sais, mais là n'est pas le moindre de mes traits de caractère…

NOEL 2016

PIERRE HERMÉ

12 RUE FORTUNY PARIS 17e

MACARON FOIE GRAS & NOISETTE

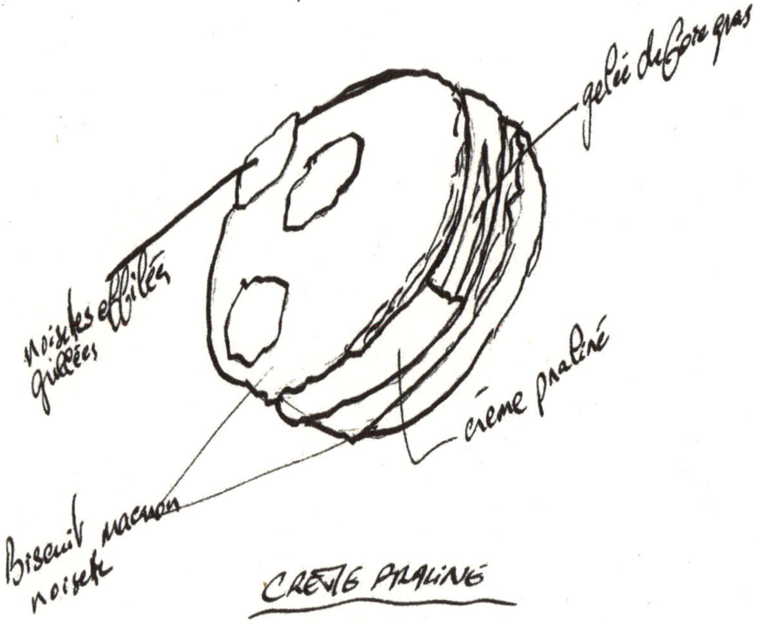

CRÈME PRALINÉ

150 g de beurre
200 g praliné PHP noisette 60/40 70/30
200 g de praliné maison croustillant
50 g de beurre de cacao

20.03.2016

Chapitre 11

ÉVOLUTION

Cosmétiques & cascara

Dans la vie et encore plus dans les affaires, rien n'est permanent… sauf le changement ! Cette dernière décennie me l'a démontré, charriant son lot de fluctuations, de bouleversements et de transformations. Les choses ont bougé, les événements nous ont parfois bousculés, mais notre navire a toujours surmonté les vagues, même en cas de tempête. Le capitaine est solide, les marins fidèles au poste et la maison Pierre Hermé Paris est ressortie des épreuves plus forte que jamais, enrichie de nouveaux savoir-faire.

Flash-back.

Un peu avant la signature de notre contrat avec le Ritz Carlton de Kyoto, en 2014, le fonds bancaire qui avait misé sur notre développement a souhaité vendre sa participation au capital, afin de réaliser sa plus-value. Rien de plus normal dans le business. Mon associé de l'époque, Charles Znaty, et moi nous sommes alors mis en quête de nouveaux partenaires, afin de poursuivre notre expansion nationale et internationale. De mon côté, j'avais déjà rencontré Reinold Geiger, le patron de L'Occitane, grâce à mon ami Olivier Baussan, qui avait fondé cette marque de cosmétiques naturels en 1976. Reinold Geiger, né au pied des montagnes autrichiennes, est un entrepreneur aussi discret que brillant. Entré au capital de L'Occitane en 1994, il en est devenu l'actionnaire majoritaire deux ans plus tard.

Ayant collaboré avec lui et son entreprise autour de la création de parfums, j'appréciais sa loyauté et son exigence, des valeurs que je porte très haut. Aussi, lorsqu'il s'est dit intéressé par l'idée de devenir actionnaire minoritaire de notre entreprise, cela nous a séduits. C'est ainsi que fin 2015, le fonds entrepreneurial du groupe L'Occitane (LOG Investment) est entré dans notre capital.

À ce moment-là, la Maison Pierre Hermé Paris comptait déjà cinq cents collaborateurs, de nombreux points de vente dans le monde. Nous étions également partenaires et opérions la pâtisserie de l'hôtel Royal Monceau (appartenant au groupe Raffles), du Ritz Carlton Kyoto, du New Otani à Tokyo et nous venions d'inaugurer les cafés Dior by Pierre Hermé à Séoul et Tokyo.

Un matin, en 2016, Reinold m'a appelé pour me faire une proposition étonnante.

« Mon cher Pierre, mon directeur général France a une opportunité d'emplacement sur les Champs-Élysées. Mais l'endroit mesure mille mètres carrés, c'est trop grand pour une boutique L'Occitane, alors je me disais que nous pourrions peut-être le partager pour en faire un concept store inédit où cohabiteraient senteurs et douceurs. Qu'en penses-tu ? Il faut faire vite car sur les Champs, les emplacements sont difficiles à trouver. On se rappelle dans l'après-midi. »

Vous l'aurez compris, Reinold est un homme rapide, qui ne goûte guère les tergiversations. La présence d'un *flagship* de L'Occitane sur les Champs-Élysées lui tenait à cœur, même si la marque avait déjà un corner dans la galerie attenante. Sans doute étais-je aussi un peu grisé d'y voir briller ma marque. Détail amusant : le local en question se trouve en face de celui de Ladurée, dont j'avais géré l'ouverture dix-huit ans plus tôt... Mais l'important n'était pas là. Ce qui m'intéressait au plus haut point, c'était le côté novateur et audacieux du projet. Aussi, après quelques heures de réflexion, mon associé Charles Znaty et moi avons accepté de relever le défi.

Il était énorme.

On m'a souvent dit qu'il était un peu incongru d'associer des cosmétiques et des pâtisseries dans un même lieu. Je trouvais au contraire intéressant d'écrire cette histoire, née de mon amitié avec Olivier Baussan, sur la base des valeurs que je partage avec L'Occitane : l'esthétique, la création, l'innovation, la qualité des matières premières. Et puis, cela me permettait aussi de développer de nouveaux métiers. C'était très excitant et même carrément fou, puisque, en neuf mois, nous avons conçu et construit ce lieu hybride comprenant un restaurant-salon de thé, un comptoir à gâteaux, un bar à pâtisseries, mais aussi un orgue à parfums, un bar à crèmes pour les mains, etc. Grâce au talent de l'architecte Laura Gonzalez, les espaces se sont admirablement mariés tout en restant distincts. Il nous a fallu également recruter cent quarante personnes, rien que pour la Maison Pierre Hermé Paris, et former ces collaborateurs à des métiers pour lesquels nous n'avions pas forcément de légitimité évidente, dans la mesure où nous les abordions pour la première fois (au sein de cette marque en tout cas) : la restauration et donc la cuisine salée, le service à table, l'art des baristas. Bien sûr, j'ai poussé tous ces savoir-faire à leur maximum, car je n'ai jamais su faire les choses à moitié.

Côté restaurant, mon idée était de proposer quelque chose de salé à manger aux clients qui venaient avant tout pour déguster des pâtisseries ! La carte était courte, comprenant des recettes personnelles que j'affectionne particulièrement comme la blanquette de veau ou les spaghettis à la poutargue, mais surtout des mets inspirés de la pâtisserie comme le pâté en croûte ou les bouchées à la reine, pour lesquels le travail de la pâte est primordial. Je me suis également amusé à introduire dans des plats salés des ingrédients relevant des desserts : des pains perdus salés, des framboises pour agrémenter un ceviche de poisson au leche de tigre, des pickles de clémentines et de la gelée de vinaigre balsamique blanc pour assaisonner des poireaux fondants…

Côté bar, je me suis beaucoup investi dans le travail du café. Je m'y intéressais depuis ma rencontre en 2013 avec Hippolyte Courty de L'Arbre à café, mais le 86, Champs-Élysées m'a donné l'occasion d'aller plus loin. Au point que cela a donné naissance à un nouveau métier, dans la Maison Pierre Hermé Paris, que nous avons développé par la suite dans d'autres adresses de notre marque. Si je me suis autant appliqué à apprendre le savoir-faire du barista, c'est probablement parce qu'il possède beaucoup de points communs avec celui du pâtissier : son travail requiert un matériel pointu pour tout peser – le café, le lait – et ne rien laisser au hasard. Surtout pas l'eau, qui nécessite un système de filtration particulier, faute de donner au café un goût douteux, que, soit dit en passant, je décèle à la première seconde.

C'est un univers passionnant qui m'a fait revivre l'euphorie de mes dix-huit ans, lorsque je découvrais l'œnologie. À l'instar du vin, le café est devenu une obsession. J'ai même acheté tout l'équipement du barista : la machine, la balance... À la maison, je pèse le café comme je le fais pour les ingrédients de la vinaigrette ! Je continue à me former en analysant le niveau de torréfaction, la sucrosité, les arômes des crus : chocolatés pour l'iapar rouge du Brésil, abricotés pour le gédéo d'Éthiopie... Évidemment, je ne bois du café que s'il est extrêmement bon. Sous forme d'expresso, mais aussi de *cold brew* (recette page 293). En été, j'en ai toujours au réfrigérateur.

Je m'intéresse aussi à la fleur de caféier, dont j'essaie de capturer l'arôme subtil de sucre de canne pour en faire un macaron. Ou à la cascara, qui n'est autre que l'enveloppe du grain, autrement dit la « cerise » de café, séchée au soleil, qui se consomme en infusion chaude ou glacée. Nous en proposons au 86, Champs-Élysées, sur la carte de nos boissons dont je suis très fier. Elle décline les cafés de spécialité sous toutes leurs formes : espressos, capuccinos, latte, flat latte, avec lait de vache, d'avoine, d'amandes ou de soja. Tout cela exige un niveau d'excellence que nos baristas atteignent grâce à un spécialiste formateur maison, car ni la science du café ni le *latte art* (qui consiste à faire mousser le lait et à créer de jolis dessins sur l'écume ainsi formée) ne s'improvisent !

Nous avons accompli le même travail minutieux sur le thé, dont l'univers est moins complexe. Néanmoins, ils sont rigoureusement sélectionnés et aromatisés pour nous, avec l'appui d'experts comme Carine Baudry. Et bien sûr, nous les servons infusés dans de l'eau chauffée à la température ad hoc, et utilisons des minuteurs pour le temps d'infusion.

Le 86, Champs-Élysées a ouvert en décembre 2017, quelques jours avant l'enterrement de Johnny Hallyday. Je m'en souviens, car ce fut le point de départ d'un certain nombre de surprises et de déconvenues.

La plus belle avenue du monde est un univers à part. En ouvrant notre concept store avec L'Occitane, nous ciblions autant les Parisiens que les touristes, espérant en faire un lieu de vie et de rendez-vous. Mais dans un premier temps, les grèves puis les manifestations des Gilets jaunes ont fait fuir les clients. Je les comprends car les violences étaient réelles ; nous avons d'ailleurs subi d'importants dégâts matériels sur la terrasse et la vitrine. Notre chiffre d'affaires s'est assez rapidement trouvé en berne, et la crise sanitaire qui a suivi n'a rien arrangé. Ce « paquebot » qui commençait à tanguer était un peu lourd à maintenir à flot pour une entreprise de taille intermédiaire comme la nôtre. Il ne fallait pas s'entêter, alors, nous avons pris la décision radicale de sortir de l'exploitation directe du 86, qui a été endossée par L'Occitane. Conséquemment, nous avons arrêté l'activité de restauration salée, pour ne maintenir que le salon de thé, la vente et la dégustation de pâtisseries.

Pour moi, les choses ne se sont pas arrêtées là. Après vingt-trois ans à mes côtés, mon associé Charles Znaty a vendu ses parts de la Maison Pierre Hermé Paris à L'Occitane, pour des raisons qui lui sont propres. Mon duo avec Charles a longtemps bien fonctionné, car sur le fond, nous avions de réelles affinités et une certaine complémentarité. Publicitaire de formation, il s'est appuyé sur ma créativité pour exercer ses aptitudes de communicant, ce qui a contribué au développement de la maison. Même si, naturellement, le nerf de la guerre résidait dans mon métier de pâtissier. Mais au fil de l'eau, nos envies et nos aspirations ont commencé à diverger. C'est la vie. Charles pouvait travailler dans d'autres domaines que celui de la pâtisserie, moi non.

Son départ m'a bien sûr contrarié, mais j'ai la capacité de ne pas me laisser atteindre. Depuis mes débuts, je sais où je vais, je connais mes forces, mes faiblesses et ma capacité de création. Je sais aussi m'entourer et me faire conseiller. D'ailleurs, deux ans avant le départ de Charles, j'avais pris l'initiative de recruter un directeur des opérations France, en la personne d'Olivier Cabarrot.

Alors j'ai continué à avancer. Je n'ai pas vécu la mésaventure du 86, Champs-Élysées comme un échec. Au contraire. Nécessité faisant loi, j'ai pris la décision qui s'imposait : la bonne. Je ne retiens que les aspects positifs de cette expérience. D'abord, elle nous a apporté beaucoup de visibilité, tant en France qu'à l'étranger. Ensuite, les réflexions menées et les métiers développés avec l'ouverture du 86, Champs-Élysées, nous les déployons désormais ailleurs avec succès.

Ainsi, le travail accompli sur la cuisine et la restauration s'épanouit dans notre salon de thé de Beaupassage (Paris 7e) et au bar Majorelle de La Mamounia à Marrakech. Mon approche sur le sujet est un peu particulière, puisque mon objectif est d'allier les savoir-faire cuisinier et pâtissier. Pour ce faire, je travaille avec Anaïs Dutilleul, notre cheffe exécutive de cuisine avec qui j'ai noué une réelle complicité. En gourmet averti, je sais précisément ce que je veux manger d'une manière générale, et je suis encore plus exigeant sur la qualité des plats que je souhaite proposer à nos clients. Mais si j'ai une vraie connaissance de la cuisine sur le plan des produits et des techniques, je n'ai pas la pratique du métier d'Anaïs, dont le talent va au-delà : c'est en effet la première fois que je rencontre une cuisinière sachant se fondre dans la méthode du pâtissier que je suis, avec toute la précision, la rigueur et la régularité que cela requiert. Elle a su s'imprégner de nos modes opératoires, comme celui qui consiste à peser chaque ingrédient par exemple. Non seulement elle convient que cela donne de bons résultats, mais elle considère que cela apporte une dimension nouvelle à son métier. C'est donc main dans la main que nous continuons d'améliorer nos recettes, comme celle du pâté en croûte dont je n'étais pas entièrement satisfait. Je m'en suis ouvert au chef Mathieu Pacaud, fils du chef Bernard Pacaud, qui m'a dit : « Viens chez Apicius, je te montrerai la recette de mon père ! »

Nous nous y sommes donc rendus avec Anaïs, qui est aussi passionnée que moi lorsqu'il s'agit de découvrir les secrets de cuisine de chefs brillants.

En parallèle du pâté en croûte et de bien d'autres choses, nous avons aussi travaillé à l'élaboration d'un vol-au-vent contenant du veau, de la volaille, des quenelles, des champignons, que j'affectionne particulièrement car il s'agit d'une charcuterie pâtissière emblématique, une véritable ode au feuilletage ! Bref, nous avançons...

Peut-être y aura-t-il d'autres salons de thé dans lesquels nous proposerons les plats salés de la Maison Pierre Hermé Paris. Mon intention n'est pas de les multiplier, mais il serait dommage de ne pas exploiter le savoir-faire d'excellence et l'importante « bibliothèque » de plats salés que nous déployons depuis cinq ans. Basés sur un sourcing exigeant (poissons issus de la pêche durable, légumes locaux parfois cultivés sur les toits de Paris et majoritairement bio, œuf de poules bio...), ils sont fidèles à l'univers de la marque.

Quant aux cafés Pierre Hermé Paris, complémentaires de notre univers pâtissier, ils rencontrent un accueil tellement favorable que nous en avons ouvert quatre dans la capitale (rue Saint-Placide, boulevard Saint-Germain, gares de Lyon et Montparnasse), un à La Mamounia, un au Qatar et un en Thaïlande. Quelque chose me dit que cela ne va pas s'arrêter là...

Présent & pamplemousse

Aujourd'hui, la Maison Pierre Hermé Paris se porte comme un charme.

Nous employons environ six cent cinquante collaborateurs dans nos ateliers, notre siège, nos filiales japonaises (à Tokyo mais aussi à Kyoto, Kobe et Yokohama) et nos boutiques, du Japon au Royaume-Uni en passant par Hong Kong, la Thaïlande, le Qatar, l'Arabie saoudite, le Maroc, l'Allemagne, Monaco, Nice ou Strasbourg. À Paris et en région parisienne, nous détenons plus d'une vingtaine de points de vente, dont trois sur la tour Eiffel, avec laquelle nous avons développé une collaboration exclusive. En hommage à la Dame de fer, nous avons créé deux macarons, estampillés « La tour Eiffel, Paris 1889 » : Jardin de la tour Eiffel allie la vivacité de la menthe fraîche à l'intensité d'une ganache au chocolat pure origine Brésil de la plantation Païneiras, tandis que Jardin sur la Seine associe la suavité de la framboise à la volupté du chocolat pure origine Madagascar de la plantation Millot. Ces douceurs sont vendues dans un bar à macarons au deuxième étage, au bistrot du premier étage et enfin dans le bar à champagne du sommet de la tour. C'est un honneur et un bonheur pour notre maison d'être présente dans le monument le plus emblématique de France !

Enfin, nous sommes en plein développement de boutiques dans des zones de flux comme les aéroports et les gares : pour l'instant nous en avons ouvert cinq au Japon, Bâle-Mulhouse et Roissy suivront.

Ce succès, en France et à l'international, repose en grande partie sur nos macarons. S'il perdure, c'est sans doute parce que nous veillons à ce que leur qualité soit toujours optimale et que nous proposons constamment des goûts inédits, en plus des classiques que sont les saveurs uniques (les Infiniment vanille, pistache, café, praliné, etc.) et des Fetish (Ispahan, Mogador, etc.). Ainsi, tous les deux mois, les collections évoluent en fonction des saisons, de mes idées et de mes créations. Parmi les derniers macarons en date : Infiniment pamplemousse, Jardin de Jouvence (mélisse et citron), Infiniment praliné aux noix de pécan, Jardin de La Mamounia (citron et amlou).

L'un de mes chouchous, c'est le macaron Infiniment café marocain, descendant de la tarte éponyme, que j'ai créée en souvenir d'un café épicé, bu dans une échoppe de la place Jemaa el-Fna à Marrakech. Avec Steve Thierry, le chef pâtissier de La Mamounia, tandis que nous dégustions notre café, de nos tasses s'échappaient des arômes de cardamome, d'anis étoilé, de nigelle, de sésame blond, de cannelle, de gingembre, si délicieux que l'envie me prit de les capturer pour les introduire dans un gâteau. J'ai donc demandé au chef de revenir avec une petite balance pour peser au gramme près les épices constituant le mélange du cafetier. Ce dernier s'est prêté de bonne grâce à notre requête. Je l'en remercie car cela a donné la tarte Infiniment café marocain au parfum corsé mais subtil que j'ai ensuite interprétée en macarons, proposés à Marrakech et en France, où ils font aussi un tabac. Ce mot me fait penser qu'il y a quelques années j'avais créé un macaron sur mesure à l'infusion de feuilles de tabac de cigare Cohiba Behike pour un client amateur !

À la suite des périodes de confinement et à la demande de nos clients en région, j'ai eu l'idée de créer une nouveauté : les pâtisseries Nomades, des entremets aux saveurs Fetish de la maison, que nous expédions en froid négatif (à – 18°) et qu'il suffit de faire décongeler durant huit heures au réfrigérateur pour qu'ils retrouvent leurs goûts et leurs textures optimales.

Nous avons aussi considérablement développé la vente de nos pâtisseries fraîches ces dernières années, puisqu'elles sont désormais disponibles dans dix points de vente parisiens, le dernier venant d'ouvrir sur l'île Saint-Louis. Nous nous appuyons, pour ce faire, sur notre atelier de Rungis, où une cinquantaine de pâtissiers et de pâtissières confectionnent les gâteaux individuels, auxquels s'ajoutent les gros gâteaux, les viennoiseries et les glaces.

À ce propos, on me demande souvent : « Monsieur Hermé, est-ce que vous faites toujours les gâteaux ? »

Je réponds que nos gâteaux sont exactement les mêmes, que je sois présent ou non. Car les pâtissiers et les pâtissières de la Maison Pierre Hermé Paris sont d'un professionnalisme, d'une rigueur et d'une exigence telles qu'ils ne tolèrent aucune approximation. J'aurais beau inventer les meilleures pâtisseries du monde, si les « chefs d'orchestre » de nos ateliers (Sébastien Claverie en tête, épaulé de Paul Filippi, Yannick Neubert, Vincent Vuillemey, Alexandre Braizat, Élisa Faivre, Valentin Le Maréchal) n'étaient pas là pour organiser leur fabrication, les gâteaux, les macarons, les chocolats ne seraient pas dans nos vitrines chaque jour de l'année. Si tous les autres métiers de notre entreprise sont évidemment importants, ils entourent, soutiennent, développent et valorisent le travail de nos pâtissiers, dont le métier est le cœur du réacteur de la maison.

Questionnements & avocat

« Vingt fois sur le métier remettez votre ouvrage », dit l'adage populaire.

Dans mon cas, ce serait plutôt cent fois !

Car je suis mon critique le plus sévère.

D'abord en matière de goût, même (et surtout !) s'il s'agit du domaine dans lequel je me fais le plus confiance. De ce point de vue, lorsque je me suis déjà fait un avis, celui des autres ne m'affecte que rarement. Si je trouve qu'une pâtisserie n'est pas aboutie, je la peaufine jusqu'à ce qu'elle me donne totale satisfaction. Cela peut prendre du temps, parfois des mois ou des années. Mais quand je suis sûr d'un produit et que je sais qu'il est bon, je deviens imperméable aux critiques. Par exemple, si l'on me dit : « C'est trop original, voire carrément bizarre », loin de me décourager, cela me donne envie de persévérer.

Je ne dis pas que j'ai toujours raison, mais dans le domaine gustatif, c'est quand même arrivé quelquefois !

Lorsque j'ai créé des macarons aux parfums inédits (huile d'olive-vanille ; foie gras-noisette ; caviar ; vinaigre balsamique vingt ans d'âge, etc.) ou un entremets au chocolat, à l'avocat et à la banane, certains tordaient le nez. Je comprends que l'on n'aime pas, mais j'ai du mal à admettre que l'on manque de curiosité et/ou que l'on ne reconnaisse pas un accord gustatif intéressant. Cela dit, je ne demande qu'à en débattre et à argumenter. Le monde ne serait pas drôle si l'on était toujours tous d'accord !

Quand j'ai créé l'association de saveurs Ispahan, tout le monde me jurait que cela ne se vendrait jamais. Si je ne m'étais pas montré aussi tenace, j'aurais lâché l'affaire. À tort, puisque, aujourd'hui, c'est notre gâteau phare et qu'il est copié par des dizaines de pâtissiers en France et dans le monde : j'en ai même trouvé à Bogota, dans une pâtisserie baptisée « Marie-Antoinette » ! Je précise au passage que le fait d'être copié ne me gêne pas. Je crois qu'il faut au contraire prendre cela comme un hommage, comme le signe que je laisserai une trace dans mon métier.

Certaines critiques glissent donc sur moi comme de l'eau sur les plumes d'un canard. Mais cela ne signifie pas que je n'écoute pas les remarques que l'on m'adresse.

Lorsque nous mettons en vente une fois, deux fois, trois fois une création que je considère comme réussie, mais que les clients ne l'achètent pas, j'accepte que ce soit un échec. Je m'interroge, je me remets en question… quitte à revenir à la charge quelque temps plus tard !

Si un client nous écrit parce qu'il n'est pas satisfait de l'un de nos gâteaux, il n'est pas rare que le service client me sollicite. Si le problème est plus embêtant, je m'implique à fond. Il y a des années, un monsieur est tombé sur une petite vis en croquant dans un gâteau, ce qui lui a abîmé une dent. Je l'ai immédiatement appelé pour prendre de ses nouvelles, lui présenter mes excuses, et lui assurer que nous prendrions en charge ses soins dentaires, ce qui était la moindre des choses. Ensuite, nous avons récupéré la vis et mené une enquête minutieuse pour remonter à la source de l'incident. Depuis, nous avons renforcé les contrôles afin que cela ne se reproduise jamais.

Si un journaliste critique l'une de nos créations, comme c'est arrivé récemment avec l'une de nos galettes des Rois (à la fleur d'oranger) qu'il trouvait trop parfumée, j'essaie de comprendre pourquoi, d'en discuter avec lui et d'élucider le sujet, le cas échéant.

Si un collègue ou confrère me dit, en goûtant l'une de mes créations, que quelque chose pourrait être amélioré, je prête l'oreille.

Si Valérie, mon épouse, me fait une remarque sur un produit, je l'écoute attentivement car elle est l'une des rares personnes à me dire ce qu'elle pense sans complaisance. Cela ne signifie pas qu'elle ait toujours raison. La preuve : un jour, je lui ai fait tester les douceurs Irrésistibles, que nous allions mettre en vente. Il s'agissait d'amandes, de noisettes caramélisées ou enrobées à la vanille. Valérie les goûte et me dit, texto : « Bof, ce n'est vraiment pas terrible... »

J'étais contrarié car je les trouvais vraiment bonnes. Je les ai donc fait goûter à mon entourage pour récolter les réactions des uns et des autres et, en quelques minutes, les boîtes étaient vides. Ma femme a reconnu qu'elle était passée à côté de ces petites choses délicieuses qu'elle a reconsidérées depuis avec une certaine gourmandise !

À vrai dire, quand quelque chose « cloche », je le sens. Appelons cela de l'intuition ou de l'expérience, peu importe. Je ne trouve pas forcément la solution tout de suite, en revanche je n'ai de cesse que de la chercher.

L'époque étant complexe, ma réflexion est permanente. Beaucoup de choses ont changé avec la pandémie : les habitudes de consommation, les moyens de communication, le recrutement des collaborateurs. Je précise au passage que nous avons traversé cette période sans dommage, car les équipes de la Maison Pierre Hermé se sont mobilisées sans compter. Nous nous sommes adaptés au contexte en créant les pâtisseries Nomades et en boostant le développement de notre site, qui est aujourd'hui notre première boutique.

De surcroît, j'ai changé d'associé entre-temps. Après six ans à nos côtés, notre actionnaire a souhaité céder ses participations. Nous nous entendions très bien, mais à la sortie de la crise sanitaire, le fonds d'investissement LOG a souhaité recentrer ses activités sur les métiers d'origine du groupe L'Occitane. Par ailleurs, même si son chiffre d'affaires avoisine les cent millions d'euros, la Maison Pierre Hermé Paris faisait figure de Petit Poucet *versus* les deux milliards d'euros de L'Occitane !

Nous avons donc remis à plat notre actionnariat, et c'est l'homme d'affaires franco-brésilien Walter Butler et sa société Butler Industries (connue entre autres pour ses investissements dans le Paris Saint-Germain, le groupe Flo dans le passé ou le Paradis latin il y a quelques années), qui a eu un vrai coup de cœur pour la Maison Pierre Hermé Paris. Chaleureux, vif, gourmand, bon vivant, Walter apprécie le fait qu'elle soit incarnée par un créateur, qu'elle ait une dimension internationale et d'importantes potentialités. Il est rentré dans le capital fin 2021. Nous nous étions rencontrés l'été précédent et sa perception des valeurs et de la culture de notre marque m'a immédiatement séduit. Non seulement il les respecte, mais il cherche à les comprendre en profondeur pour s'y appuyer et accompagner le développement de l'entreprise.

Forts de nos échanges, de nos réflexions, nous allons cheminer ensemble, en renforçant les points forts que sont nos différents savoir-faire, la qualité de nos produits, la créativité, la formation interne... Mais aussi en modernisant nos moyens de recrutement, en questionnant les conditions de travail de nos équipes, en perfectionnant l'accueil et le service en boutique, en renforçant notre présence sur les réseaux sociaux... Rien que de très normal, car la vie d'une entreprise est faite de situations transitoires, rien n'y est jamais acquis.

Ces sujets, je les prends à bras-le-corps à deux titres. D'abord en tant qu'entrepreneur, responsable de centaines de salariés. Et en tant que chef pâtissier, car si l'on ne traite pas ces dossiers dans le détail avec la plus grande attention, cela risque de rejaillir sur le travail du goût, qui reste mon cœur de métier.

Sourcing & pâte de noisettes

Un autre travail de fond retient également ma plus vive attention depuis quelques années : celui du sourcing de nos ingrédients, qu'il s'agisse des farines, du lait, du beurre, des œufs, des fruits secs ou frais...

Une marque de haute pâtisserie se doit d'être à la pointe sur ce sujet. Elle l'est aussi d'un point de vue commercial, car les clients, remarquablement informés, n'achètent plus seulement une tarte aux pommes mais aussi les valeurs qui y sont attachées. Les critères de qualité ont beaucoup évolué depuis trente ans et ce, au niveau du goût, de la traçabilité, du mode et de la chaîne de production, des circuits de vente, etc. On l'a vu avec le chocolat, sur lequel Valrhona – notre premier fournisseur de matière première en valeur, puisque nous en achetons cent cinquante tonnes par an – réalise un travail remarquable.

Mon rêve absolu serait de ne travailler qu'avec des produits éthiques et biologiques achetés en direct auprès des producteurs, en circuits courts. La réalité nous impose des contraintes qui ne nous permettent pas d'atteindre cet idéal, mais nous nous y employons chaque jour. Intraitables depuis toujours sur la qualité de nos ingrédients, nous allons encore plus loin aujourd'hui en mettant au point des cahiers des charges extrêmement rigoureux. Nos fournisseurs doivent s'y soumettre, faute de quoi leurs produits n'entrent pas dans nos ateliers. Cela concerne des centaines d'ingrédients ; et chacun faisant l'objet d'une enquête approfondie, c'est un travail de longue haleine. Ces investigations partent de différents constats et desiderata, mais le critère primordial est évidemment le goût.

Ces derniers temps, nous avons beaucoup travaillé sur le sujet des fruits et des légumes, notre démarche consiste à les acheter directement à leurs producteurs quand cela est possible. De zapper les gros revendeurs, donc. Notre objectif est de pouvoir décliner l'identité des fruiticulteurs et maraîchers, de dire où, quand, et dans quelles conditions ces poires, ces pêches ou ces coings ont poussé. Nous y parvenons en grande partie pour les pommes et les fraises, mais plus on a recours à des producteurs engagés en termes d'agriculture vertueuse et de qualités organoleptiques, plus les approvisionnements sont courts et aléatoires. Par définition, ils sont fortement dépendants des saisons et des conditions climatiques. Ainsi, l'un de nos producteurs de fraises en cueille de divines pendant un mois, pas un jour de plus. Donc, pour couvrir le reste de la saison de ces fruits rouges, nous avons recours à des producteurs dans d'autres régions de France et sommes en permanence à la recherche d'autres fruiticulteurs.

Même chose pour les agrumes : certains producteurs peuvent fournir en citrons, oranges ou clémentines nos petites entités comme La Mamounia, mais lorsqu'il s'agit d'avitailler l'ensemble de la Maison Pierre Hermé Paris, c'est une autre histoire. Pour autant, nous ne faisons aucune concession sur la qualité et faisons confiance à Cédric Casanova qui nous déniche de merveilleux citrons en Sicile, entre novembre et avril.

Ce travail de *re-sourcing* est phénoménal mais satisfaisant car nous progressons activement : il y a quelques années, une partie de nos fruits provenaient de producteurs avec qui nous traitions en direct, tandis qu'aujourd'hui ce pourcentage est de 85 %. Il est peu probable que nous arrivions à 100 % mais nous nous en rapprochons autant que possible.

Même chose avec les produits issus de l'agriculture biologique : lorsque nous disposons de la qualité gustative souhaitée et des quantités nécessaires, nous choisissons évidemment le bio. C'est désormais le cas, entre beaucoup d'autres choses, avec les amandes. Cela s'avère plus complexe avec les œufs ou les laitages qui, s'ils ne sont pas (encore) biologiques, proviennent de poules élevées en plein air ou d'élevages raisonnés.

Cette démarche globale a un coût, dont il nous appartient de maîtriser l'impact. Mais plus que les considérations mathématiques, ce que je trouve exaltant dans cette recherche de produits d'excellence, ce sont évidemment les idées qui en découlent…

Bergamote & espressos

… Et elles ne manquent pas.

À soixante ans, j'ai plus que jamais envie de créer. Il me reste tellement de choses à faire. C'est inépuisable ! Et ce qui est magique, c'est que cela m'amuse toujours autant, si ce n'est de plus en plus.

Il y a bien sûr les nouvelles associations de saveurs, dont les idées me traversent sans cesse.

Parmi les dernières, j'aime bien Aurora, une association entre la bergamote et la rose, qui m'a donné du fil à retordre. En macaron, cette saveur fonctionnait très bien, mais quand j'ai voulu la transformer en gâteau, elle m'échappait. Je ne parvenais pas à y retrouver le parfum de la bergamote, qui tout à coup ne délivrait plus que son acidité. Nous avons fait cinq ou six essais, ce qui est beaucoup, pour mettre au point ce joli gâteau qui reprend certains codes esthétiques d'Ispahan.

J'ai aussi un petit faible pour Kokoro, dont le nom évoque l'âme et l'esprit en japonais. Je l'ai créé à la demande de Christophe Drapier, le chef exécutif du Japon, qui souhaitait y proposer un gâteau aux fruits exotiques pour la saison estivale. Il s'agit d'un baba imbibé de sirop d'agrumes, ananas et vanille, surmonté d'une crème aux zestes de citron vert et à la vanille et de morceaux d'ananas rôti caramélisé, assaisonné d'une touche de gelée au fruit de la Passion. Au regard du succès remporté par ce gâteau au Japon, nous le confectionnons désormais aussi en France, à la saison des fruits exotiques et des agrumes de ce côté de la planète, c'est-à-dire en hiver.

À propos d'agrumes, c'est en goûtant récemment le confit de citrons verts fabriqué par Marcel Santini de la confiserie Saint-Sylvestre en Corse, que j'ai réalisé que je n'avais jamais pensé à faire un macaron Infiniment citron vert. Sans doute était-ce trop évident ! Ce produit s'est avéré tellement bon, frais, vif que l'idée en a découlé tout naturellement. Et en un essai, nous tenions notre recette...

Autre chapitre de création : une collaboration mondiale avec Nespresso, qui travaille pour la première fois de son histoire avec un créateur de saveurs.

Ayant repéré ma forte inclination pour le café, les équipes de Nespresso m'ont contacté afin de travailler avec moi sur des cafés d'exception (nature ou aromatisés), des carrés de chocolat, une bougie, des sablés, un gâteau, etc. Dans un premier temps, ils m'ont proposé de faire une sélection parmi des produits déjà mis au point en amont. Cela ne correspondant pas du tout à ma façon de travailler, j'ai souhaité en discuter avec Guillaume Le Cunff, le président de Nespresso, avant de décliner. J'ai tout de suite apprécié cet homme, ne serait-ce que parce qu'il s'est engagé à faire certifier sa marque par le label B-Corp cette année, ce qui signifie que l'entreprise répond désormais aux meilleures exigences sociétales et environnementales. Je lui ai expliqué en toute transparence qu'en matière de goût, soit je faisais les choses à fond, soit je ne les faisais pas.

« Je refuse de plaquer mon nom sur des produits juste pour encaisser des royalties. Si je m'implique à vos côtés, c'est pour vous apporter quelque chose de différent, afin de donner du sens à notre collaboration. »

Très ouvert, Guillaume Le Cunff m'a donné son feu vert sans hésiter. Ensemble, on a fait tomber quelques barrières dans ses équipes, très attachées à leur mode de pensée et parfois déstabilisées par le mien. Mais ayant l'habitude de vaincre les résistances à la nouveauté, j'ai pu élaborer une gamme que je trouve très qualitative et différenciante. Elle comporte un café nature biologique (tolima, Colombie), dont j'ai supervisé le sourcing, le traitement après récolte et la torréfaction ; des cafés aromatisés, l'un à la noisette, l'autre à la framboise, étudiés pour être bus avec ou sans lait ; un sablé à la framboise et à la cannelle de Ceylan ; une bougie inspirée par le goût du sucre panela et les notes réglissées de la fleur de caféier ; un chocolat 70 % de cacao à la baie de Timur et une bûche de Noël à la vanille, à la noisette et au praliné noisette aux grains de café moulus.

Ce travail, mené en profondeur, m'a pris un temps fou mais il m'a beaucoup amusé car il était inédit pour moi. Et comme toujours, il débouchera sur d'autres choses : je travaille déjà sur un macaron à la fleur de caféier. Sans compter qu'il m'a aussi fait voyager en Colombie où nous avons sillonné les plantations de café pour rencontrer des producteurs à la source, et accessoirement tourner un film afin de promouvoir cette collaboration…

MON *COLD BREW*

Pour 4 personnes
préparation 5 min
repos 8 h

1 litre d'eau filtrée
70 g de café iapar rouge du Brésil

Moulez le café assez gros. Mettez le café moulu dans une carafe en verre, versez l'eau par-dessus. Placez au frais pour 8 heures minimum. Filtrez et dégustez avec des glaçons.

JARDINS 2015

PIERRE HERMÉ

12 RUE FORTUNY PARIS 17e

MACARON JARDIN DE VALERIE

CREME A L'IMMORTELLE

450 g de crème liquide
500 g de chocolat blanc (Valrhona)
0,3 g d'essence naturelle bio d'immortelle (AQUARONE ALERIA)

EQUILIBRE

8/10 g biscuit macaron
7 g de crème à l'immortelle
3 g de cédrat confit — cubes / en pâte
voir Mr Santini pour le cédrat

12/04/14

31.03.14

Chapitre 12

PROJECTIONS

Eau de pois chiches & lait d'amandes

S'il me reste bien des territoires à explorer, l'un d'entre eux occupe de plus en plus de place dans mon esprit et au sein de la Maison Pierre Hermé Paris. Il s'agit de la pâtisserie végane.

Pour un pâtissier de formation classique comme moi, l'idée de confectionner des gâteaux sans aucun produit d'origine animale est une remise en question totale et absolue. Les gâteaux, j'ai appris à les faire avec des œufs, du lait, du beurre, de la crème, qui sont les fondements mêmes de la pâtisserie. Les remplacer constitue une gageure tant en termes de goût qu'en termes de techniques. Mais c'est une formidable occasion d'innover. Alors cela me passionne.

Une maison comme la nôtre ne peut pas ignorer la montée en puissance de la tendance végane. Pour des raisons multiples et variées, les consommateurs sont de plus en plus nombreux à opter pour une alimentation sans protéines animales. Certains par convictions écologiques et éthiques, d'autres pour des raisons de culture, de santé ou de religion, d'autres encore pour tout cela à la fois. Alors, au même titre que les restaurants qui proposent désormais des options véganes ou a minima végétariennes, il devenait fondamental pour moi de proposer de bons gâteaux à ces nouveaux gourmands !

J'emploie l'adjectif « bon » à dessein : si j'ai mis du temps à avancer sur le sujet de la pâtisserie végane, c'est parce que je bloquais sur le goût, qui reste la principale entrée en matière de tout ce que j'entreprends. Or, pendant longtemps, aucun gâteau végane ne me convainquait. Je les trouvais tous fades, lourds, pâteux. Je m'y intéressais depuis quelques années pourtant, car j'aime être précurseur, créer la surprise et devancer les envies. Mais je ne parvenais pas à trouver le déclencheur gustatif qui me donnerait envie d'aborder cet univers. Jusqu'au jour où une jeune cheffe pâtissière, qui travaillait dans un restaurant de Hong Kong, est venue me faire goûter ses gâteaux véganes. Comme ils étaient vraiment bons, ce fut un premier déclic. Il y en a eu d'autres, comme ma rencontre avec Andréa Rocagel, fondatrice de Luna Création, une jeune femme avec qui j'échange régulièrement depuis trois ans et qui confectionne des « lunes » végétales, des petites bouchées au cœur fondant, aux parfums originaux.

À peu près au même moment, Valrhona m'a fait tester des échantillons de chocolat aux laits végétaux : l'un au lait d'amandes, l'autre au lait de riz. Si ce dernier avait une saveur trop prononcée, le premier était très bon et je l'ai gardé dans un coin de ma tête. Un peu plus tard, j'ai goûté les gâteaux de Rodolphe Landemaine, un pâtissier « classique » devenu végane militant, qui a créé les boulangeries Land & Monkeys.

Ses éclairs, tartes et cookies sont tout simplement épatants. Enfin, au même moment, la Maison du Chocolat, en la personne de son chef Nicolas Cloiseau, m'a proposé une collaboration éphémère autour de gâteaux spécialement créés pour l'occasion. Lors de nos réunions de travail, Nicolas m'a fait goûter ses chocolats aux ganaches 100 % véganes, que j'ai trouvé excellents, purs et cristallins. À cet instant, cela a fait tilt : j'allais confectionner mes premiers gâteaux véganes.

Ce qui, dix ans auparavant, me serait peut-être apparu comme une punition, s'est alors transformé en opportunité créative. Je me suis mis à enquêter sur les produits, à dialoguer avec des spécialistes comme Karine Castro, fondatrice de l'Institut de la gastronomie végétale. Cette nouvelle piste de travail s'est révélée semée d'embûches… sur lesquelles je n'ai pas buté, bien au contraire. Ces obstacles sont pour moi des raisons supplémentaires d'explorer à fond la pâtisserie végane. Apprendre de nouvelles choses sur mon métier, l'aborder autrement pour le faire évoluer, à quoi pourrais-je rêver de mieux à ce stade de mon parcours ?

Pour notre maison, la pâtisserie végane est un chantier colossal doublé d'un défi passionnant. Il ne suffit pas de réfléchir différemment, il faut repartir de zéro, changer de mode de pensée, oublier ce que nous savons sur les ingrédients, les bases, les pâtes, les techniques pour en initier de nouvelles : remplacer le blanc d'œuf par l'aquafaba (l'eau de cuisson des pois chiches), le beurre par des purées d'oléagineux, dénicher la bonne crème végétale, revoir les procédés de mélanges, mettre au point le bon tourage de la pâte feuilletée, adapter les pétrissages, les temps de repos, etc.

Quand tout cela est accompli, il importe enfin de rebooter notre palais pour appréhender le goût des gâteaux sans lait ni beurre !

Aussi, pour créer nos deux premiers gâteaux véganes, nous avons fait d'innombrables essais. Je voulais qu'ils atteignent une saveur irréprochable au même titre que toutes mes créations. Mon objectif était que les clients apprécient Rose des sables (une tarte au praliné, au chocolat au lait d'amandes et à la rose) et Fleur de cassis (un entremets au cacao du Belize, aux cassis et aux bourgeons de cassis) comme s'ils savouraient un Ispahan ou un Montebello, sans le prisme de l'étiquette végane.

Je crois que, pour ces deux pâtisseries, le but était atteint. En les dégustant à l'aveugle, personne n'a deviné qu'ils étaient véganes. C'est pourquoi, au fil du temps, nous intégrons ces nouveaux venus dans notre gamme. À mon sens, la pâtisserie végane n'a pas vocation à être marginale ; nous nous fourvoierions si nous voulions faire du végane pour faire du végane. Elle doit au contraire faire partie de notre proposition « normale » sans que nous ayons besoin d'en faire tout un tapage. Dans la mesure où l'on y introduit dès le départ notre approche exigeante des goûts, des textures, et où ils sont aussi bons que nos autres créations, les gâteaux véganes ne doivent pas être « discriminés » dans nos boutiques. À nous de les mettre en valeur, de les faire durer dans le temps, de leur donner une place dans notre assortiment de pâtisseries que, du coup, nous sommes appelés à redéfinir.

Car une nouveauté en entraîne toujours d'autres. Les produits que je ne connaissais pas me donnent des idées, d'où des innovations : une bûche Rose des sables pour le 86, Champs-Élysées, des macarons véganes... Ces derniers se sont avérés très bons lorsqu'ils étaient produits à petite échelle, moins lorsqu'ils étaient fabriqués en plus grandes quantités. Je revois donc ma copie, car la haute pâtisserie étant un vrai luxe, elle ne tolère pas l'approximation. D'autant que les gâteaux véganes ont des coûts de revient souvent plus élevés que les pâtisseries classiques, en raison du prix des matières premières : développée par de petites sociétés de la *food tech*, rien que la production des protéines végétales nécessite des investissements considérables. J'échange d'ailleurs beaucoup avec ces jeunes entrepreneurs qui me demandent mon avis sur tel ou tel produit.

Bref, c'est un nouveau chapitre qui s'ouvre, et ce n'est que le début ! Je vais continuer à le creuser avec mon équipe de recherche et de développement constituée de Yann Evanno, Manon Derouet et Thomas Bassoleil. Plusieurs pistes se dessinent : imaginer de nouveaux produits bien sûr, mais aussi, pourquoi ne pas adapter nos grands classiques en mode végétal ?

Je travaille aussi à un livre dont j'espère qu'il deviendra une référence de la haute pâtisserie végane. Pour l'instant, il n'en existe pas encore sur ce sujet. Je le réalise avec Linda Vongdara, une cheffe experte du genre, qui y consacre sa carrière et l'enseigne à l'école Okara. Nous allons croiser son savoir-faire technique et mon expertise du goût pour poser les bases de cette nouvelle discipline.

Je crois qu'un tel ouvrage va rencontrer une demande, car sans détenir de boule de cristal, j'ai la conviction que la pâtisserie végane est promise à un grand avenir. Si elle fait encore figure d'aspérité dans le paysage pâtissier, cela ne va pas durer. Elle est en train de devenir une envie, un besoin pour certains, elle va se normaliser petit à petit, c'est le sens de l'histoire, et j'y réponds présent !

Raison & citron

J'ai également répondu présent lorsque, en 2018, Frédéric Bau m'a proposé de réinterpréter l'un de mes gâteaux en version « raisonnée », c'est-à-dire avec moins de sucre, de matières grasses et donc de calories, mais avec autant de gourmandise.

« Tu sais quoi ? J'adore ta tarte Infiniment vanille… », m'a dit un jour mon ami. « Mais je la trouve vraiment très opulente, a-t-il poursuivi. Accepterais-tu que je la revisite ? »

Fidèle à ma constante envie de sortir du cadre, de bousculer les codes pour proposer de nouvelles expériences, j'ai acquiescé.

À mon éternelle condition expresse : je ne ferais aucune concession sur le plaisir. Ce qui signifie que le goût et la texture de la tarte « raisonnée » devraient procurer autant de volupté à la dégustation que des pâtisseries classiques. Loin de moi l'idée de proposer des gâteaux de régime, je reste avant tout un marchand de bonheur… et un gourmand !

Frédéric a relevé le défi. Avec lui, j'étais en confiance, car il travaille depuis dix-sept ans sur ce sujet, qu'il a admirablement traité dans un ouvrage de référence (*Gourmandise raisonnée*, Éd. de La Martinière, 2020). Il a défriché ce terrain avec un nutritionniste, Thierry Hahn, ce qui m'a permis d'apprendre beaucoup de choses à ses côtés. Et accessoirement de gagner du temps sur ce thème que je vais continuer à développer, puisqu'il répond aux préoccupations de bien-être et de santé d'une partie croissante de nos clients.

La pâtisserie raisonnée, de même que la pâtisserie végane, nécessite une profonde remise en question. Je n'envisage pas cela comme une difficulté mais comme l'occasion de repenser intégralement certaines de mes recettes, voire d'en créer de nouvelles avec des produits que je n'utilisais pas auparavant.

Concrètement, nous avons diminué autant que possible le sucre blanc, substitué des matières grasses végétales aux matières grasses animales (de l'huile de noisettes à la place du beurre dans la pâte à choux par exemple), imaginé de nouvelles techniques pour créer des textures inédites, comme celle de la « guimauve » légère comme un nuage que nous avons mise au point pour la tarte Infiniment citron, à base d'eau, de jus de citron et de gélatine.

Nous avons beaucoup discuté, testé, goûté, jusqu'au moment où nous avons été satisfaits de nos travaux, qui ont consisté à revisiter deux de mes recettes fétiches (la tarte Infiniment vanille et la tarte Infiniment citron) et à en créer deux nouvelles (Orphéo, un chou au chocolat et à la noisette, et Constellation, un biscuit en forme d'ode à la fraise, parfumé à l'orange et à la cardamome).

Il nous a fallu de nombreux échanges et dégustations pour atteindre nos objectifs en termes de goût et de texture. Frédéric a alors fait goûter la tarte Infiniment vanille en double aveugle à un groupe de quatre cent vingt-cinq personnes. La moitié du groupe testait la tarte Infiniment vanille classique, l'autre moitié la version allégée. Résultat : même indice de satisfaction des deux côtés !

Loin de me frustrer, l'expérience m'a agréablement surpris.

Mieux : en générant de nouveaux goûts et des recettes différentes, elle nous a permis de réaliser de très bonnes choses, non seulement capables de rivaliser avec mes créations classiques, mais parfois de les remplacer. Ainsi, notre crème au citron habituelle va céder sa place à la crème au citron raisonnée. Plus acide, 20 % moins sucrée, moins grasse, plus parfumée, cette dernière est tout simplement meilleure que la précédente. Comme elle comporte moins de jaunes d'œuf et de beurre, le goût du citron est plus percutant, plus incisif. Elle est donc adoptée pour toutes nos préparations nécessitant de la crème au citron, tandis que notre recette originelle est allée rejoindre nos archives.

Quant au chou Orphéo, il nous a permis, grâce à une méthode de foisonnement révolutionnaire, d'élaborer une « chantilly » sans un gramme de crème. Elle ne contient que du lait, de la gélatine et du chocolat dont le goût ressort avec une acuité et une pureté sans égales. Voilà qui augure bien de la suite…

Perspectives & néogourmandises

Lorsque nous proposons des pâtisseries véganes ou raisonnées en boutique, nous éprouvons encore le besoin de le préciser. Mais cela ne durera pas, car si aux yeux des personnes de ma génération, cela mérite d'être souligné, les *digital natives* n'en voient plus l'utilité. Ils sont nés avec la cuisine végane, allégée, sans lactose, sans gluten... À ce propos, ne trouverait-on pas étrange que nous nous mettions un panneau « sans gluten » sur nos vitrines de macarons ? Pourtant, par définition, ne contenant pas de farine de blé, les macarons sont sans gluten. Néanmoins, le *no glu*, comme disent les Anglo-Saxons, est aussi un axe de travail pour moi. D'ailleurs, certaines de nos créations comme Ispahan ou la tarte Infiniment vanille raisonnée n'en comportent pas, sans que j'en fasse forcément un argument de vente.

Toutes ces nouvelles pistes que j'explore à l'instar d'un certain nombre de mes confrères, démontrent que la pâtisserie évolue en parallèle de la société. Les préférences alimentaires des consommateurs occupent de plus en plus de place dans leur façon de vivre et font désormais partie de l'identité de chaque personne. Il est donc indispensable que nous, pâtissiers, les prenions en compte, en multipliant nos propositions, en réfléchissant différemment.

La pâtisserie contemporaine, sans renier ses bases issues du passé, doit désormais se projeter vers l'avenir.

Cet avenir, je l'imagine pluriel, encore plus créatif, plus diversifié. Au-delà des gâteaux véganes, raisonnés, libres de gluten, de nouvelles lignes que je ne soupçonne pas encore vont se dessiner. De même que le *lifestyle* mélange aujourd'hui la gastronomie, la décoration et le voyage, tous les arts pâtissiers sont appelés à se mêler dans un futur proche. La pâtisserie de boutique se rapprochera de la pâtisserie de la restauration et de l'hôtellerie, le véganisme se fondra dans la pâtisserie de luxe qui, elle-même, se parera de mille teintes culturelles. Incontestablement, nous marchons vers un univers pâtissier sans limites. Ma vision du paradis !

Télévision & transmission

« Ce n'est pas parce que tu as vidé le frigo que tu es créatif ! » ai-je lancé un jour à l'encontre d'un bon candidat de l'émission « Le meilleur pâtissier, les professionnels » (M6), à laquelle je participe en tant que membre du jury.

En prononçant cette phrase, je me suis dit qu'elle risquait de provoquer un *bad buzz* sur les réseaux sociaux, sur lesquels les internautes sont toujours prompts à juger sans recul. Mais contre toute attente, à la suite de cette diffusion, j'ai reçu des retours positifs et bienveillants, me signifiant que j'avais remis le candidat en question sur de bons rails : ceux du goût et du sens. Ce jour-là, j'ai eu l'impression d'être compris et d'avoir accompli ce qui me semblait juste en acceptant de participer à une émission de télévision.

J'ai longtemps refusé de le faire car ce n'est pas mon métier. Mais au-delà des bons moments que nous passons avec Cyril Lignac, Philippe Conticini, Jean-François Piège, Christelle Brua sur le tournage, cette émission me réjouit, car elle permet de faire connaître notre métier à près de trois millions de téléspectateurs et de confronter mes points de vue avec la jeune génération de pâtissiers.

Ce que j'ai accompli depuis quarante-six ans, je ne l'ai pas fait pour m'en gargariser tout seul dans mon coin. Je l'ai fait avant tout pour perpétuer le métier, pour donner à mes successeurs ce que j'ai appris et mis au point.

La transmission est l'un des sujets qui me tient le plus à cœur ; c'est d'ailleurs la raison pour laquelle j'ai accepté de parrainer le comité pédagogique de l'Institut culinaire de France, du groupe Galileo.

De 2005 à 2010, la Maison Pierre Hermé Paris a dirigé à l'école Ferrandi un atelier de formation à la haute pâtisserie, qui s'adressait aux professionnels. Nous avions hélas dû arrêter pour nous consacrer à notre développement, qui était intensif à cette période.

Mais le sujet de l'enseignement de la pâtisserie n'a jamais cessé de me trotter dans la tête. Je voudrais l'aborder dans un futur proche, d'une manière différente de ce qui se fait actuellement. Car à l'aune de mon parcours, je réalise que la formation d'un chef pâtissier ne consiste plus seulement à apprendre à faire des gâteaux. Les jeunes qui ont envie de se lancer dans mon métier aujourd'hui doivent savoir qu'il est fondamental de se former plus largement. Aussi, j'aimerais mettre en place un cursus global proposant, en plus des cours de pâtisserie, des cours d'informatique, de sourcing, de gestion, de management, de communication classique et digitale, d'initiation aux arts…

Tout ce que j'ai dû apprendre sur le tas au fil du temps, je voudrais le leur transmettre afin qu'ils deviennent de bons pâtissiers-entrepreneurs à la sortie de l'école. La pâtisserie ayant considérablement évolué ces vingt dernières années, la profession a besoin de former des recrues à un niveau élevé. J'ai un rôle à jouer dans ce domaine, me semble-t-il, et nous réfléchissons actuellement à la création d'une école interne.

En attendant, j'ai un message pour les futur(e)s pâtissie(è)r(e)s.

Je voudrais leur dire de s'éduquer autant que possible sur les produits et sur le goût. D'être ouverts, curieux, d'écouter leur instinct sans se laisser guider par les modes et les tendances afin de ne surtout pas les singer.

Je voudrais qu'ils aient la culture du partage et de l'échange, car elle est essentielle dans notre métier. Je l'ai apprise à l'école Lenôtre, et l'ai perpétuée avec tous mes confrères et amis au sein de Relais & Desserts. On est toujours plus riche en livrant ses petits secrets qu'en les gardant pour soi.

Je voudrais enfin qu'ils sachent à quel point ce métier est merveilleux. La pâtisserie a longtemps été à la remorque de la cuisine. Trop souvent, les apprentis y arrivaient par défaut. Désormais, notre profession rayonne. Elle est reconnue, valorisée, valorisante. Je suis heureux d'avoir contribué à faire émerger cela. Si les jeunes viennent aujourd'hui à la pâtisserie par vocation, par choix, par passion, je pense y être pour quelque chose. Et c'est ma plus belle récompense.

Les années passant, je m'aperçois que je n'ai aucune envie de m'arrêter. La passion entretient mon énergie pour travailler et créer sans relâche.

J'ai encore plein de rêves et une ambition chevillée au corps : celle de voir la Maison Pierre Hermé Paris devenir la plus grande entreprise mondiale de haute pâtisserie dans les dix années à venir. Je me bats chaque jour pour atteindre cet objectif.

Cela ne m'empêche pas de penser à l'après. Je me dois de poser les bases de ma succession, de pérenniser l'entreprise qui emploie aujourd'hui six cent cinquante personnes et qui devra, un jour, se passer de moi sans être démunie. C'est très présent dans mon esprit et je l'envisage sereinement ; cela fait aussi partie de la transmission.

On me dit parfois que si, un jour, j'optais pour une improbable retraite, je resterais le « gardien du temple ». Je réponds toujours par la phrase de Mahler : « La tradition n'est pas le culte des cendres, mais la préservation du feu » !

Trophées et bonheurs

En recevant le titre de « meilleur pâtissier du monde », en 2016, je l'ai dédié à Gaston Lenôtre. C'était une évidence car ce grand monsieur m'a montré le chemin.

Cette reconnaissance m'a fait plaisir, mais j'essaie de garder la tête froide. Un titre, c'est le regard des autres. Temporaire, de surcroît : un jour, on est meilleur pâtissier du monde et puis le lendemain, on ne l'est plus. La preuve : plusieurs pâtissiers de talent comme Christelle Brua, Cédric Grolet, François Perret ont reçu cette distinction depuis et c'est formidable !

Les choses sont un peu différentes avec les décorations honorifiques comme celles que m'ont remises : le Mérite agricole (officier, 1996), la Légion d'honneur (chevalier, 2006) ou les Arts et Lettres (commandeur, 2019). Elles me touchent car elles soulignent le rôle que j'ai pu jouer dans la reconnaissance de mon métier. Je suis encore bien plus heureux lorsqu'elles distinguent mes collaborateurs comme Colette Pétremant (chevalier des Arts et Lettres), Mickaël Marsollier (chevalier des Arts et Lettres) ou Richard Ledu (chevalier de l'ordre du Mérite agricole), car c'est ensemble que nous avons hissé la Maison Pierre Hermé Paris au niveau des grandes marques françaises du luxe. Nous sommes d'ailleurs membres du Comité Colbert, aux côtés des grandes marques françaises comme Hermès, Chanel, Dior, Krug, le Plaza Athénée, Christofle ou Bernardaud, pour ne citer qu'elles.

Mais la plus grande surprise de ma vie est survenue quand le musée Grévin m'a appelé pour me demander si j'acceptais qu'ils fabriquent mon effigie en cire. J'ai éclaté de rire parce que cela ne m'avait jamais traversé l'esprit. J'étais tellement flatté et heureux que j'ai dit oui tout de suite.

Pourtant, j'ai un rapport compliqué avec la célébrité. Quand on me reconnaît dans la rue, j'oscille entre gêne et fierté, tout en m'enjoignant de ne pas me laisser impressionner. Dans ces moments-là, je me répète mon mantra : « La célébrité n'est que la conséquence de ce que tu fais, et non la raison pour laquelle tu le fais. » J'ai toujours préféré la notoriété à la célébrité.

Si les gens me demandent de poser pour un selfie avec eux, je m'exécute avec plaisir, non sans leur glisser à l'oreille : « Vous savez, je ne suis pas un héros, je ne fais que des gâteaux ! »

Même si c'est très agréable de figurer près d'Alain Ducasse ou d'Anne-Sophie Pic au musée Grévin – où un certain Cyril Lignac, que j'avais engagé comme commis pâtissier au Korova en 2000, vient de nous rejoindre –, il faut relativiser.

Je ne perds jamais de vue ce qui est important pour moi : créer avec des gens que j'aime et que j'apprécie, avancer et faire avancer les autres.

Je sais d'ailleurs que parfois, dans mon dos, on m'appelle le « parrain de la pâtisserie ».

Je ne sais pas si je suis légitime à ce titre de « parrain », j'espère d'ailleurs qu'il a une connotation plus positive que mafieuse, en l'occurrence ! Mais ce qui est sûr, c'est que j'ai toujours cultivé la bienveillance, la transparence, l'entraide au sein de mon milieu professionnel.

Je partage volontiers mes recettes et mes tours de main.

Je place beaucoup de gens. Parmi les pâtissiers formés dans la Maison Pierre Hermé Paris, certains restent dans l'entreprise et ils en constituent le socle, d'autres s'en vont. Je les aide alors, s'ils en formulent la demande, à trouver un poste ailleurs, parfois même à s'installer. Quoi qu'il arrive, nous gardons toujours contact. Car si nous leur avons transmis notre savoir-faire, ils nous ont beaucoup donné en retour. Parfois, certains reviennent quelques années plus tard à des postes différents, pour un nouveau challenge.

Je n'éprouve pas d'amertume lorsqu'un pâtissier quitte la maison. Au contraire, il est naturel d'avoir besoin d'évoluer et de vivre des expériences différentes. Je suis d'ailleurs toujours le premier à aider mes confrères à trouver un commis ou un chef. En revanche, je n'aime pas que l'on vienne recruter des collaborateurs dans mes équipes sans m'en parler ; c'est indélicat. Pour quelqu'un de loyal comme moi, cela ne passe pas, et ceux qui l'ont fait s'en souviennent.

Grâce à Mickaël Marsollier, mon fidèle collaborateur, coordinateur du savoir-faire, véritable mémoire vivante de la maison, nous réunissons de temps à autre nos « anciens ». Cela représente bien plus d'une centaine de personnes que j'ai énormément de plaisir à revoir. Je serai toujours là pour eux.

CERISE SUR LE GÂTEAU

Aujourd'hui, je suis un homme heureux.
Un pâtissier épanoui.
Un entrepreneur serein.

Mes luxes sont simples :
Du bon café.
Du temps pour moi.

Mes bonheurs sont intenses :
Ma passion intacte pour la pâtisserie me donne toujours l'impression de m'amuser et non de travailler.
L'amour de ma femme enchante ma vie. Je n'ai aucun regret, si ce n'est celui de ne pas l'avoir rencontrée plus tôt. J'aurais aimé avoir un enfant avec Valérie. Même si Hadrien, avec qui je suis fier d'avoir tissé une vraie complicité, est aujourd'hui mon fils.

Mon voyage dans tous les replis de la vie continue.
Je n'en aurai jamais fini avec les saveurs à découvrir, les pays à explorer, les personnes à rencontrer.
Je n'arrêterai jamais d'apprendre, de me cultiver, de me remettre en question, pour aller au bout de moi-même.
Cette éternelle quête de sens est à mes yeux la clé de voûte d'une existence épanouie.

Aujourd'hui, plus que jamais, je reste fidèle à ma philosophie : je ne m'intéresse qu'à l'avenir, car comme le disait un génie facétieux, c'est là que j'ai décidé de passer le restant de mes jours.

TABLE

Partie I
LES BASES

Partie II
L'ÉPANOUISSEMENT

COMPOSITION ET MISE EN PAGES
NORD COMPO À VILLENEUVE-D'ASCQ

ACHEVÉ D'IMPRIMER
PAR NORMANDIE ROTO IMPRESSION S.A.S.
61250 LONRAI
EN SEPTEMBRE 2022

N° d'impression : 2203074
Dépôt légal : septembre 2022

Imprimé en France